U0521885

本书出版得到广西民族大学广西民族文化保护与传承研究中心建设经费资助

多维视野的壮族
形象建构研究

欧宗启 ◎ 著

中国社会科学出版社

图书在版编目(CIP)数据

多维视野的壮族形象建构研究 / 欧宗启著. —北京：中国社会科学出版社，2020.11
ISBN 978-7-5203-7642-6

Ⅰ.①多… Ⅱ.①欧… Ⅲ.①壮族—研究—中国 Ⅳ.①K281.8

中国版本图书馆 CIP 数据核字(2020)第 255587 号

出 版 人	赵剑英
责任编辑	任　明
责任校对	刘　娟
责任印制	郝美娜

出　　版	中国社会科学出版社
社　　址	北京鼓楼西大街甲 158 号
邮　　编	100720
网　　址	http：//www.csspw.cn
发 行 部	010-84083685
门 市 部	010-84029450
经　　销	新华书店及其他书店

印刷装订	北京君升印刷有限公司
版　　次	2020 年 11 月第 1 版
印　　次	2020 年 11 月第 1 次印刷

开　　本	710×1000　1/16
印　　张	17.5
插　　页	2
字　　数	296 千字
定　　价	98.00 元

凡购买中国社会科学出版社图书，如有质量问题请与本社营销中心联系调换
电话：010-84083683
版权所有　侵权必究

壮族形象建构的历史、现实逻辑及其主体间的关系（代序）

就在本书初稿完成的时候，时间于不觉间亦已经来到了 2018 年。而 2018 年，对于壮族来说则是一个具有特别意义的年份，因为这是广西壮族自治区成立 60 周年的大庆纪念年。在中国文化中，一个甲子年总是被赋予许多积极的意义，比如难得、不容易、成熟、完满、转型开始等等。具体到壮族而言，60 甲子年，则不仅意味着壮族 60 年风雨历程的成长和巨大的进步，同时也意味着壮族在新中国赋予的官方合法性民族身份下发展已有了 60 年的历史了。经过这 60 年的发展，壮族的面貌与之前相比自然是发生了翻天覆地的变化，但在这巨大的变化面前，不少壮族人，却总觉得有一丝丝的遗憾与困惑，那就是经过 60 年的发展，作为全国人口最多的少数民族，且在宋代就已经有了族名的民族，社会存在感仍然不是很强，表现在如果不是特别提起，人们很难主动想到壮族。为此，还有人在网上的"悟空问答"发起"外省人是如何看待壮族"的问答活动，想通过这个问答来大致了解壮族在全国人的眼里到底是个什么样子、处在一个什么样的位置上。这些情况表明，壮族人的自我关注意识在不断地提高。从内涵上看，这种自我关注，包括关注自我形象、自我名声、自我性格、自我特点以及自我发展等。很显然，这种自我关注意识的提高，自然相比于以往回答"壮族有什么特点"的问题时回答"壮族的特点就是没有特点"所显示的水平是高了一大截了。它表明，壮族比以往更加乐意去思考"我是谁"之类确证自我形象、自我身份的问题了。而这样一种重视壮族自我形象的树立和建构的意愿，无论是作为一种现实的现象看，还是作为一种发展趋势看，其实也都是有其坚实的历史和现实的逻辑的。

一 壮族形象建构的历史逻辑

从历史来看，过去各朝代历史文献的歧视性壮族书写，就具有激发壮族形象建构意识的内在逻辑。

对于历史文献，壮族人的态度毫无疑问是复杂的，一方面要了解壮族过去的历史，需要依赖这些写于各个朝代的历史文献；另一方面对于历史文献中的那些带有歧视性和偏见性的壮族书写又深感"无地自容""痛心疾首"，恨不得能将这些文字删除掉，因为在这些历史文献里，壮族的衣食住行、性格乃至地理山川，似乎都被标上了"蛮"与"恶"的标签，由此所建构出来的壮族形象就具有鲜明的贬义、歧视的色彩。而这样的壮史书写，自然也会让壮族中的有能力者萌生出想写一部没有偏见和歧视的壮族历史著作来。新中国的成立，让这样的愿望得到了实现。中国共产党实行民族平等政策，周恩来总理甚至亲自安排了壮族历史著作的撰写。

当代壮族历史的撰写，表面上看是为了消除历史文献的汉族中心主义的消极影响，恢复壮族历史的本来面貌，但往深层它还具有重构壮族历史形象的客观作用，因为一部消除了偏见和歧视的壮族历史著作，无疑有助于建构有尊严、有创造力、有气度的壮族形象。同样，我们现在倡导壮族形象建构，主要的触发因素其实也就是历史文献对壮族形象的负面书写，并且倡导壮族形象建构的目的之一也是为了消除这种负面的影响。可见，倡导壮族形象建构是有其坚实的历史逻辑依据的。

二 壮族形象建构的现实逻辑

除了历史逻辑之外，倡导壮族形象建构还有着现实的逻辑因素。这些因素一方面在喻示着倡导壮族形象建构的合理性，另一方面也在显示着倡导壮族形象建构是有着坚实的现实逻辑依据的。这些逻辑依据概括起来主要表现在以下几个方面。

（1）国家的民族政策就存在着激励壮族形象建构的内在逻辑

如今在我们中华民族大一统的大家庭里，有56个民族，这是一个在长期的历史发展中形成的你中有我、我中有你的相互依存、相濡以沫的命运共同体。但这个命运共同体并不是只要融合，不要个性，而是"各美其美"与"美美与共"的统一。在这一个共同体中，允许和鼓励各个民族发展和展现自己独特的文化，而且在进行民族识别的时候，也是以是否具有独特的语言、文化、历史、习俗、服饰、生活习惯和生产方式作为判断的重要依据的。并且在获得民族的资格之后，按照国家的民族政策，少数民族还会获得一些"民族优惠政策"，如高考升学加分、专门的人大代表名额、民族干部的培训与选拔以及民族区域自治等。这些以少数民族身份获得的优惠性政策，反过来又强化了各少数民族对自己独特的民族文化的保护、传承与重构。因为如果一旦没有了这些独特的民族文化，那么，一个民族成为中华民族共同体中的一员的资格就会成疑。也正因为如此我们才看到，云南澜沧县的拉祜族为了凸显自己的民族节日与本县彝族的"火把节"、佤族的"新米节"的不一样而依据自己的民族传说再造和重构了一个独特的葫芦文化和拉祜族的"葫芦节"。

壮族自然也不例外，也在依据自己独特的传统因素重构和建设自己的独特文化，比如，田阳县重构布洛陀文化系统，创立了布洛陀民俗文化旅游节，武鸣区重构骆越王母文化，创立了"三月三"歌圩暨骆越文化旅游节，宁明县重构以花山壁画为核心的花山文化，创立骆越王节，而广西区政府则以壮族传统的"三月三"节为基础举办全区性的"三月三·嘉年华活动"等。这些文化再造活动，都具有凸显壮族文化身份的明显意图。而且壮族这样做，也是得到国家民族政策所允许和鼓励的。在中华民族共同体的框架下，民族特征越是明显的民族，其民族身份的合法性也就越坚固。而倡导壮族形象建构所具有的对壮族民族特性的凸显与强调的意图，其实也是国家民族政策所允许和鼓励的。可见，在国家的民族政策中是存在着激励壮族形象建构的内在逻辑的。

（2）全球化和城镇化也具有从反向激发壮族形象建构的内在逻辑

全球化和城镇化是我们当今正在经受的两大社会潮流，它们在造就中国社会经济繁荣发展的同时也产生了去民族个性的"陌生化"和"稀罕性"的不良效应。

全球化去民族个性的"陌生化"和"稀罕性"的不良效应表现在，它会以一定的文化"同质化"挤压民族文化的生存空间，甚至造成某些民族文化品种的消失。这种状况就像马克思、恩格斯在《共产党宣言》中所预言的那样："资产阶级，由于开拓了世界市场，使一切国家的生产和消费都成为世界性了。……过去那种地方的和民族的自给自足和闭关自守的状态，被各民族的各方面的相互往来和各方面的相互依赖所代替了。物质的生产是如此，精神的生产也是如此。各民族的精神产品成了公共的财产。"① 当然，从现今的世界情形看，最有可能成为世界"公共财产"的是发达国家的文化，因为全球化是一种有主导性的全球化，它所带来的物质和精神产品的全球流通，并非是平等性和均衡性的，而是存在着一种势差，即物质产品和精神产品大都是由发达经济体流向发展中的经济体，而美国是发达经济体中的代表，因此，物质产品和精神产品的全球化在很多的领域大都体现为美国化，如美国的苹果手机、波音飞机、麦当劳、可口可乐、好莱坞电影、NBA、米老鼠和唐老鸭、迪士尼乐园、美剧、微软等就全球流行。当然，其他发达国家的优势产品，也有能做到全球流行的，如德国产的奔驰、宝马、大众汽车，日本产的丰田、本田汽车、索尼电子产品等。当这些优势产品的流通量比较大的时候，就会对其他国家的物质生产和精神生产产生挤压，导致民族性的、传统性的东西不受待见，乃至被抛弃。这就是全球化引发的去民族个性的"陌生化"和"稀罕性"的不良效应的体现。

城镇化的去民族个性的"陌生化"和"稀罕性"的不良效应表现在，它吸引大量的农民进城务工谋生和居住，由此造成的结果是，一方面进城的农民在接受城镇的生产和生活方式的同时，也接受了城市的文化，另一方面是由于进城农民的增多，在造成农村空心化的同时，也抽调了民族传统文化的有生传承力量，并使民族传统文化出现了传承的危机。而这种危机的呈现，也正是城镇化去民族个性的"陌生化"和"稀罕性"的具体体现。

面对全球化和城镇化所引发的这种去民族个性的"陌生化"和"稀罕性"的效应，许多国家和民族较为一致的反应就是大力保护与传承民族传统文化，一方面对一些濒危的民族传统文化以非物质文化遗产的方式来加以保护；另一方面又大力做好民族传统文化的创造性转化和创造性发展的工作，以抵制文化同质化对民族传统文化的侵蚀。壮族也是如此，一方面设立非遗传承人制度，另一方面又通过再造各种节庆活动等方式，为壮族传统文化的展示和创造性转化提供平台，意图以壮族传统文化的内生活力，抵消全球化和城镇化大潮所造成的去民族个性的"陌生化"和"稀罕性"的效应。可见，倡导壮族形象的建构，正是对全球化和城镇化

---

① [德] 马克思、恩格斯：《共产党宣言》，《马克思恩格斯选集》第1卷，人民出版社1995年版，第276页。

大潮所造成的去民族个性的"陌生化"和"稀罕性"效应的一种反向性的回应。由此可见，现今的全球化和城镇化也具有从反向激发壮族形象建构的内在逻辑。

（3）当代文化的图像化、视觉化的发展趋向也存在着助推壮族形象建构的内在逻辑

随着电影、电视的发明以及电子数码技术的迅速发展，当代文化正日趋向着视觉化和图像化方向发展，以至于英国社会学者安吉拉·默克罗比就说："图像硬是挤进了社会生活的肌理之中。……甚至在我们为账单、住房和抚养孩子操心的时候，图像也仍然和我们在一起。"① 环顾今天的生活环境，你随处都可以感受到视觉化和图像化的现象，不仅电影、电视提供图像，摄影、照片、广告海报、印刷画、网络图像、卡通读物、图像化书刊也无处不在地提供着各种图像。

至于这种转向的决定性力量是什么，美国学者尼尔·波兹曼有自己独特的看法。他认为这是被来自摄影术和电视的辐射带动的。在他看来摄影术创造了以照片的方式来反映世界的表达方式，尽管"照片把世界再现为一系列支离破碎的事件。在照片的世界里，没有开始，没有中间，也没有结束，就像电报一样。世界被割裂了，存在的只是现在"②，但是照片却成就了图像的作用，以照片为中心的各种图像——照片、印刷画、海报、图片和广告，大量地侵入了符号语境，而且还试图代替语言诠释、理解、验证现实的功能，比如在"新闻"报纸和杂志中，图像就把文字驱赶到背景里，有时甚至把它驱逐出境，到了 19 世纪后期，对于无数的美国人来说，"看"取代了"读"，成为了许多人进行判断的基础。摄影术带来了图像中心的文化语境，使"我们的文化正处于从以文字为中心向以形象为中心转换的过程中"，"那些如今已经习惯于用图画、雕塑或其他具体形象表达思想的人，会发现他们无法像原来一样去膜拜一个抽象的神"③。

而电视则是电报和摄影术传统功能的延伸和扩大，它"为电报和摄

---

① ［英］安吉拉·默克罗比：《后现代主义与大众文化》，田晓菲译，中央编译出版社 2001 年版，第 28 页。
② ［美］尼尔·波兹曼：《娱乐至死》，章艳、吴燕莛译，广西师范大学出版社 2009 年版，第 67 页。
③ 同上书，第 10 页。

影术提供了最有力的表现形式,把图像和瞬息时刻的结合发挥到了危险的完美境界"①。

它一方面每天为我们提供成千上万个图像和美丽的奇观,以及难得的视觉愉悦,另一方面又让人们形成了一种与之相适应的电视思维方式:看重图像、娱乐与情感满足而轻理性。

在摄影术和电视的长期熏陶下,人们逐渐习惯于看重图像,并以"看"取代"读"。而倡导壮族形象建构,所包含的要求人们多以形象的方式去诠释和理解我们所做的一切与壮族的建设相关的行为,在思维上就与这一图像化、视觉化的思维相一致。可见,倡导壮族形象建构是可以很轻松地从当代文化的图像化和视觉化的现象中找到相关的支持和依据的。当代文化的图像化、视觉化的发展趋势中的确存在着助推壮族形象建构的内在逻辑。

(4) 重形象打造的当今社会文化氛围也具有助推壮族形象建构的内在逻辑

与当代文化的图像化、视觉化转向趋势相一致,当今时代社会各界也很重视各行业形象的打造和建构,而且从事形象学研究的人也是逐渐多了起来。

从学术研究的层面看,我国学界受西方的比较文学形象学和萨义德等后殖民主义理论的影响,自2001年之后也热衷于研究各类形象学的问题,比如研究西方的中国形象问题、研究全球化语境的中国国家形象的塑造问题、研究各类文艺作品中的国家形象、他国形象、少数民族形象的建构问题等等。随着这些研究的逐渐增多,学界也逐渐形成了一股形象学研究的热潮。

从政府的层面看,由政府出面组织的形象打造活动在新时代也是层出不穷。自北京2008年举办奥运会之后这种现象就特别的多了起来。如在中央国家级层面,有中国国家形象的打造活动,在省级政府层面,有诸如山东省、贵州省、福建省借道央视分别打造的"好客山东"形象、"多彩贵州"形象、"清新福建"形象,还有广西打造的"壮美广西"形象,都是比较有名气的。就地、县级政府层面看,广西就有不少,如南宁市政府

---

① [美] 尼尔·波兹曼:《娱乐至死》,章艳、吴燕莛译,广西师范大学出版社2009年版,第70页。

打造的"美丽南宁"形象、"绿城南宁"形象,上林县政府打造的"壮族老家""徐霞客最眷恋的地方""世界长寿之乡""首府南宁后花园"的上林形象,武鸣区政府打造的"中国壮乡"形象等,也都为众人所知。政府出面打造的国家和地方区域形象,虽然是公共性的,但是由于有官方的舆论和媒介的宣传支持,其形象的树立效果也是非常明显的。

从企业、机构的层面看,企业应该是最早重视形象打造的社会组织了。就我们国家来看,自20世纪80年代实行改革开放、发展商品经济的时候开始,企业就已经主动通过广告的形式来打造企业形象和品牌形象了。受此长期的熏陶和影响,在2000年之后,像学校之类的事业单位,随着竞争意识的形成,也开始重视学校形象和学校品牌的打造。这单从大学的热衷更名中就可以窥见其中的热度。另外,出于发展社会经济的需要,政府也很重视为自己所辖地区的企业和农产品打造公用品牌,如广西区政府就出面为广西的特优农产品组织、打造广西"桂字号"品牌形象,田东县政府为本县的芒果打造"田东芒果"品牌形象,平南县政府为本县的石峡龙眼打造"富硒石峡龙眼"品牌形象等等,都是政府机构出面为企业和农产品打造产品品牌形象的具体表现。

从行业层面来看,行业形象问题就一直都是改革开放以来社会舆论风口的主角,像医疗、教育、旅游、餐饮、食品、治安等行业形象,就一直是媒体的热点。由此亦可见出,行业形象具有全民共同参与打造的性质,因此,一旦成为舆论的话题,它的影响面都是非常大的。

就个人层面来看,今天随着生活水平的提高,人们对自己个人形象的打造与维护比以往任何时候都重视得多了。人们不仅通过美容、护肤、保健等途径打理和维护个人的"颜值",而且也很重视对代表着个人形象的个人肖像权和名誉权的维护,有时还不惜为此打官司。

在社会各界都很重视形象的树立和打造的社会文化氛围下,倡导壮族形象的建构,就显得非常的合乎情理,而且也易于为人所理解。可见,重形象打造的当今社会文化氛围也是具有助推壮族形象建构的内在逻辑的。

(5) 广西急需奋起直追的现实任务亦具有促进壮族形象建构的内在逻辑

广西是壮族自治区,因此,广西的总体发展状况很大程度上也就是壮族的发展状况的反映,两者相为表里,相互促进。而现阶段广西的经济实力、发展水平都处在全国比较靠后的位置上,这可用广西区党委书记鹿心社在2019年3月18日举办的广西全区省级领导和厅级主要负责同志专题研讨班上作报告的话来做具体说明。在报告中，鹿心社指出，对标全国和兄弟省份，发展不平衡、不充分仍是广西最突出的问题，后发展欠发达地区这个最大区情没有变，全国脱贫攻坚主战场这个最大实际没有变，处于转型升级、爬坡过坎阶段这个最大特征没有变，更紧迫的是竞争态势中的无力感，十年前落后于广西的江西、重庆，分别已于2016年、2018年超过广西。环顾周边省份，形势同样严峻：东面的广东没法比，《粤港澳大湾区发展规划纲要》新鲜出炉，一个世界级城市群呼之欲出；西面的贵州、云南过去十年分别年均增长11.7%和10.7%，大有后来居上之势。对广西而言，"标兵渐行渐远，追兵越来越近"。而造成广西发展不快的最根本的原因在于解放思想、改革创新、扩大开放、担当实干的差距。为此，广西必须着力破除各种陈旧落后的思想观念和思维定势，做到"六破六立"，才能以思想大解放推动事业大发展。[①]

落后就要奋起直追，就要解放思想，真抓实干，以便努力改变落后的面貌，重构广西在世人面前的形象。广西这一当前的主导任务，与倡导壮族形象建构的发展和提升壮族的主导目的是相契合的。由于广西与壮族是互为表里的关系，因此，完成广西当前的主导任务的过程实际上也是在完成壮族形象建构的阶段性任务的过程，两者是相互呼应、相互促进的。可见，广西急需奋起直追的现实状况与现实任务，亦具有促进壮族形象建构的内在逻辑。

总之，倡导壮族形象建构不是空穴来风，也不是空中楼阁，而是有各种实实在在的历史与现实的依据与逻辑的。

三 壮族形象建构的主体及主体间的关系

壮族形象建构是不是只有壮族人才能参与或者是只与壮族人有关的呢？回答这个问题，首先我们要明确，壮族形象建构的执行主体当然主要是壮族自己，但是壮族形象的建构不只是壮族人的事情，其他人也是可以参与的，只要他愿意，别人实际上也很难干涉。当然，这参与的非壮族人，大概也可以分为两类，一是国内的愿意站在壮族的立场并以壮族我者

---

① 张红璐、陈燕：《鹿心社：思想再解放 大胆向前冲》，（2019-04-02），http://cpc.people.com.cn/n1/2019/0402/c64102-31009400.html。

身份出现的非壮族人，二是站在与壮族我者相对的他者立场上的非壮族人。前一类的非壮族人，大致可以当作壮族人看，而后一类人则是地地道道的他者了。这样看来，参与壮族形象建构的主体实际上就只有这两类，一类是壮族人和站在壮族立场上并以壮族我者身份出现的非壮族人，另一类就是非壮族的他者，这既有国内的非壮族的人，当然也有外国人，他们的文化身份、立场、态度都外在于壮族。

壮族人和站在壮族立场上的人通过自己的"说"与"做"，身体力行地建构出的壮族形象，叫"自塑"壮族形象。而非壮族的他者所建构出来的壮族形象，叫"他塑"壮族形象。可见，壮族形象的建构从来就不止于壮族的"怎么说"和"怎么做"，还在于他人"怎样理解"和"怎样评论"。所以，壮族形象的建构绝不单是壮族人自己的事情，而是由壮族自我的"自塑"与他者的"他塑"来构成的。那么，这两个壮族形象建构的主体之间存在着怎样的关系呢？

总体上看，两者的关系还是比较多样复杂的。有的时候，两者之间是自说自话，各建各的壮族形象，彼此毫不相关。但在很多时候，两者则又是一种相互依赖、相辅相成的关系。这时，他者的"怎样理解"和"怎样评论"，都是建立在壮族我者"怎么说"和"怎么做"的基础上的，所以，壮族我者的"自塑"形象可以在很大的程度上决定他者的"他塑"形象，两者体现出一种相向而行、相互一致的关系。当然，在两者有关联的情况下，也有相逆相反的情况出现。这时，他者所"他塑"的壮族形象完全不同于壮族的"自塑"形象，这是因为他者的异质性因素起到了关键性的作用，他虽然了解壮族的"自塑"形象，但他却不认可，他对此有自己的想法和看法。这时，他者的"他塑"与壮族的"自塑"之间虽然有关联，但却呈现出一种互不认可的关系。

所以，总体上看，在壮族形象的建构中，"他塑"与"自塑"之间彼此毫不相关的情况，其实是比较少的，在全球化的时代，各国、各民族间的隔绝状态已经被打破，即便是看似彼此不相干的独自建构，最终还是很有可能被双方通过各种途径而相互了解到。因而，壮族形象的建构其实很多都是在"自塑"与"他塑"的互动中完成的。比如，壮族的族称，其实就是中原汉人与壮族人在历史上不同时期互动的结果，当然其中有主动强加和被动接受的区别，但两者的互动总是不可或缺的。像秦、汉之前，对壮族的称谓，主要是西瓯、骆越，隋朝之前则主要是俚、僚，宋至在建国之前有僮、俍族称，新中国成立之后，才拥有了现如今壮族、壮人的称呼，当然语音与宋时的族称是相同的。壮族族称的变化过程，其实很大程度上正是壮族形象的"自塑"与"他塑"在历史上生动互动的体现。展望未来，壮族形象的建构总体上还会是在"自塑"与"他塑"的互动构架中进行，只是互动的内容、互动的方式会比以往更加丰富多样，由此所建构出来的壮族形象的境界相信也会更加的开阔和深远。

目　录

绪论 …………………………………………………………………（1）

第一章　历史文献的壮族形象建构 ………………………………（9）
　第一节　历史文献"他塑"的壮族形象 …………………………（9）
　第二节　历史文献"他塑"壮族形象的实质 ……………………（17）
　第三节　历史文献"他塑"壮族形象的当代启示 ………………（22）

第二章　壮族口述作品的壮族"自塑"形象 ……………………（27）
　第一节　壮族口述作品"自塑"的壮族形象 ……………………（27）
　第二节　壮族口述作品"自塑"壮族形象的特点 ………………（36）
　第三节　壮族口述作品"自塑"壮族形象的当代启示 …………（39）

第三章　当代壮史书写的壮族形象建构 …………………………（43）
　第一节　当代壮史书写所建构的壮族形象 ………………………（44）
　第二节　当代壮史书写及其壮族形象建构的转型升级 …………（53）
　第三节　当代壮史书写及其壮族形象建构的原则 ………………（61）

第四章　文化认同与壮族形象建构 ………………………………（65）
　第一节　文化认同与精神性壮族形象建构 ………………………（66）
　第二节　文化认同与物质性壮族形象建构 ………………………（68）
　第三节　新时代壮族形象建构的文化认同的再造 ………………（75）

第五章　壮族英雄叙事的壮族形象建构 …………………………（82）
　第一节　壮族英雄叙事所建构的壮族形象 ………………………（82）
　第二节　壮族英雄叙事再出发所面临的挑战 ……………………（88）
　第三节　壮族英雄叙事再出发的创作策略 ………………………（94）

第六章　山歌活动的壮族形象建构 ………………………………（101）
　第一节　外族人依据山歌活动所建构出来的壮族形象 …………（101）

第二节　壮族人通过山歌活动所建构的壮族自我形象 ……（109）
　　第三节　新时代弘扬壮族山歌形象建构功能的策略 ………（136）
第七章　文人书面文学的壮族形象建构 ………………………（141）
　　第一节　黄佩华小说世界中的壮族形象 ……………………（142）
　　第二节　文人书面文学建构壮族形象的策略 ………………（149）
　　第三节　文人书面文学建构壮族形象面临的问题及其解决 ……（154）
第八章　仪式活动的壮族形象建构 ………………………………（166）
　　第一节　布洛陀祭祀仪式活动的壮族形象建构 ……………（166）
　　第二节　宁明骆越根祖祭祀仪式活动的壮族形象建构 ……（173）
　　第三节　蚂蝎祭祀仪式活动的壮族形象建构 ………………（177）
　　第四节　以仪式活动来建构壮族形象的共性规律 …………（181）
第九章　品牌创建活动的壮族形象建构 …………………………（185）
　　第一节　工农业产品品牌的壮族形象建构功能的打造 ……（186）
　　第二节　文化品牌的壮族形象建构功能的打造 ……………（191）
　　第三节　地望品牌开发中壮族形象建构功能的打造 ………（198）
　　第四节　利用品牌创建来建构壮族形象的共同规律 ………（203）
第十章　全球视野的壮族形象建构 ………………………………（207）
　　第一节　外国人以全球视野"他塑"的壮族形象 …………（207）
　　第二节　国内人以全球视野来推介"自塑"的壮族形象 …（220）
　　第三节　壮族形象海外推介所面临的国际风险与挑战 ……（229）
第十一章　壮族形象建构的共性规则 ……………………………（238）
　　第一节　原则性规则 …………………………………………（238）
　　第二节　操作性规则 …………………………………………（243）
　　第三节　理念性规则 …………………………………………（250）
参考文献 ……………………………………………………………（254）
后记 …………………………………………………………………（266）

绪　论

一　研究缘起

笔者对壮族形象建构问题发生兴趣始于 2004 年博士课堂上阅读和讨论刘禾的《语际书写——现代思想史写作批判纲要》一书的时候。她的"书写"（writing）一词，突然让笔者想起了历史文献对壮族的"书写"。以前，笔者出于研究壮族审美意识的需要，曾经翻看过这些历史文献，对于其中一些有关壮族的叙述，印象非常深刻，因为有的"书写"简直不把壮族当人看，而刘禾的"书写"理念，让笔者觉得历史文献的壮族"书写"里有值得深究的问题。

刘禾说，在跨语际翻译中译入语会改变本源语的某些词汇的含义，以适应译入语国家的文化情势的需要，比如"国民性"一词（或译为民族性或国民的品格等），最早来自于日本明治维新时期的现代民族国家理论，是英语 national character 或 national characteristic 的日译，但在经由梁启超等晚清知识分子从日译转译入我国之后，该词语在我们国家的语境中，就已经没有了在 19 世纪欧洲殖民国家里用以标明欧洲优越于殖民地国家，以及西方征服东方、剥夺那些被征服者的发言权的含义了，而是被用来发展我国的现代民族国家理论，并把中国的落后挨打归结为"国民性"的缺陷，如奴性、无知、自私和缺乏自由的理想等，并认为中国的国民性必须经过改造，才能适应新时代的生存需要。"国民性"这样的译后含义，的确已经跟该词在 19 世纪欧洲的国民性理论中的含义完全不同了。刘禾据此指出，跨语际翻译中的语言，亦即"书写"，在译入语文化语境的作用下具有改变本源语实际含义的功能。以跨语际翻译中的这一"书写"含义，来看历史文献的汉族作者对壮族的叙述，就可以发现两者具有相通之处。即汉族作者以汉语来"书写"壮族的民族性，实际上等同于以汉语来"翻译"壮族的现实并以适应汉文化语境的某种需要为基本出发点，这导致了他们的壮族"书写"，也跟跨语际翻译中的"书写"一样具有一种改变的功能，亦即改变或者是歪曲了壮族的民族特性。他们所谓的"书写"壮族，实际上已经与真实的壮族有了出入。这就是那些如今看起来"不太公正""不人道"的壮族叙述出现的缘由。而这样的叙述，因为与壮族的民族特性密切相联，因而其壮族形象的建构功能非常明显。这自然让笔者想到了壮族形象的建构问题，但问题的深化与清晰，还是要等到笔者了解了萨义德的东方学和法国的比较文学形象学理论之后。

由于刘禾的关于跨语际翻译中的"书写"的思想，是受了以萨义德为代表的西方后殖民主义理论的影响与启发的结果，比如她在书中就明确地说到，萨义德的《东方学》影响巨大，"真正做到了跨学科、跨语言、跨国界的突破，是我们了解当代理论来龙去脉和发展动态的必读书"[1]，所以，笔者就由刘禾而顺势追溯到了萨义德的《东方学》。

萨义德的《东方学》真的让笔者有种大开眼界的感觉，他在该书中谈到的西方科学家、传教士、学者、作家、商人、士兵和帝国的行政官员关于东方的描述，直接就让笔者将之与历史文献的壮族"书写"联系在了一起。之前在脑海中出现的壮族形象的建构问题，就逐渐变得深刻起来了。萨义德的一些话语稍作改变就可以直接套用来阐释历史文献的壮族"书写"。

比如萨义德认为，欧洲人对于东方的看法大致有两种类型：一种是早期的"浪漫化东方"，另一种是带有19世纪和20世纪早期欧洲殖民主义强烈而专横的政治色彩的"妖魔化东方"。前者是欧洲人凭空创造出来的"东方"，它在欧洲自古以来就代表着罗曼司、异国情调、美丽的风景、难忘的回忆、非凡的经历；而后者则是欧洲人从欧洲比东方优越、比东方先进的文化霸权理念出发所构建出来的"东方"。这时的"东方"，是作为理性的、贞洁的、成熟的、正常的欧洲的对立面而出现的，往往代表着非理性的、堕落的、幼稚的、不正常的形象含义。萨义德认为，无论是哪一种关于东方的看法，欧洲东方学关于东方的论述，对所谓的东方的真实性都很少依赖，也无法有效地依赖，因为东方学的一切都置身于东方之外，它更多地依赖于西方而不是东方，特别是依赖于西方的许多表述技

---

[1] 刘禾：《语际书写——现代思想史写作批判纲要》，三联书店1999年版，第4页。

巧，而且也正是这些技巧使东方可见、可感，使东方在关于东方的话语中"存在"。

而这些关于"东方"的话语被一些人创造了出来之后，又被更多的西方人前赴后继地当作是普遍的真理而用于描述现实世界的东方和重构东方人的形象，而且由于他们所用以言说的西方的观念、学说和思潮的不同而使"东方"呈现出诸多不同的面目，有语言学的东方、弗洛伊德的东方、斯宾格勒的东方、达尔文的东方、种族主义的东方，等等。所以，萨义德因此认为，东方学作为欧洲的一种关于东方的知识，在某种意义上创造了东方、东方人和东方人的世界。东方学，就是西方人用以控制、重建和君临东方的一种机制。在这一机制下，东方被描述为一种供人评判的东西，一种供人研究和描写的东西，一种起惩戒作用的东西，一种起图示作用的东西。在东方学的视野中，西方和东方之间存在着一种权力关系、支配关系和霸权关系。

由萨义德的东方学回到历史文献的壮族"书写"，你就可以体会到那些"不太公正""不人道"的壮族叙述，原来实际上就是一种"妖魔化壮族"，而其背后自然也隐含着一种权力关系。至此，笔者对由历史文献所激发起来的壮族形象的建构问题的理解也随之得到了深化，但是要真正地产生研究的兴趣，还要得等到了解了法国的比较文学形象学之后。

比较文学形象学，主要是法国比较文学界创造的一种理论，又被称为文学形象学，主要研究文学作品中所表现的异国形象或者他者形象。它拒绝将一国文学中的异国形象看作是对一个先存于文本的异国的表现或一个异国现实的复制品。在他们看来，一国文学作品中的这一异国形象，虽然或者表现为对异国的直接描绘，或者表现为或多或少的模式化了的对于一个异国的总体认识，但本质上都属于一种文化对于另一种文化或一个社会的想象，因而是一个幻影、一种意识形态、一个乌托邦的迹象，而不是对异国现实的复制品。它反映的是创造了它的那个个人或群体所属的意识形态和文化的空间，是作家所属的社会和文化对于异国的一种集体想象的产物，是一个民族国家对另一个民族国家的诠释。

因此，法国比较文学形象学将关于这种"异国形象"的成因归结为所谓的社会集体想象，"异国形象"就是社会集体想象物。而所谓的社会集体想象物，就是指"全社会对一个集体、一个社会文化整体所作的阐释"①。它部分地与事件、政治、社会意义上的历史相联。文学史家则将它定义为"是对一个社会（人种、教派、民族、行会、学派……）集体描述的总和"②。而"套话"，作为他者定义的载体，则是"陈述集体知识的一个最小单位，它希望在任何历史时刻都有效。套话不是多义的，相反，它具有高度的多语境性，任何时刻都可使用"③。它浓缩了一定时间内一个民族对异国的"总看法"，因而"套话"也就成了一个民族或社会言说他者时最为惯用的话语。

而关于异国形象的种类，法国比较文学形象学则将之分为两种类型：一是意识形态的异国形象，二是乌托邦的异国形象。凡是按本社会的模式、完全使用本社会话语重塑出的异国形象，就是意识形态的异国形象。它是社会群体的基本价值观投射到他者身上的结果，具有整合他者为自己的功能。而凡是用离心的、符合一个作者（或一个群体）对相异性独特看法的话语塑造出的异国形象，则是乌托邦的异国形象。它是由于向往一个根本不同的他者社会而对异国的表现，是对群体的象征性模式所作的离心描写，因而具有颠覆群体价值观的功能。因而，它可以摆脱既有的意识形态框框，从而在一种新的启示下"解读"一个异国。

从上述法国比较文学形象学的理论回到历史文献的壮族"书写"，笔者对其所建构出来的壮族形象的理解又进一步了。历史文献的壮族"书写"，可以理解为汉文化对壮族社会的想象，是汉族意识形态投射的结果，也是中原汉族社会的集体想象的产物，其中的书写话语充斥着不少"套话"，如"蛮""悍"等，体现了一定时间内汉族对壮族的"总看法"，但并非是对于壮族的现实的复制。随着对壮族形象建构问题的认识的加深，笔者也终于下定了研究的决心。于是，从 2005 年开始，就开始进行相关的文献调研，放眼当时的学术界，也尚未见到有人探索过这一问题。

---

① ［法］达尼埃尔-亨利·巴柔语，转引自孟华主编《比较文学形象学》，北京大学出版社 2001 年版，第 24 页。

② ［法］见帕斯卡·奥利：《在两个五月之间：1968—1981 法国文化史》，转引自孟华主编《比较文学形象学》，北京大学出版社 2001 年版，第 30 页。

③ ［法］达尼埃尔-亨利·巴柔：《总体文学与比较文学》，转引自孟华主编《比较文学形象学》，北京大学出版社 2001 年版，第 12 页。

二 研究涉及的基础性问题及研究思路、研究框架

但是到了真正动手做研究的时候，才发现难度要比想象的大得多，相关的基础性问题接踵而至。而只有到了此时，笔者才深切地感受到从萨义德和法国形象学那里获得的那些所谓的启示、思路和相关的话语，是远远不够的。这些相关的基础性问题主要有以下三个方面：

第一，是如何表述的问题。也许有人会反驳性地问：你连如何表述都不会，为何还选择这一问题来做研究？老实说，这也的确是笔者没有预想到的，直到拿起笔要开始写的时候才发觉，不仅不知道该从何说起而且也不知道该如何说，不仅因为这个问题没有人研究过，所以，也无从依傍和参考，而且还因为这个话题是个跨学科的话题，不能专用任何一个学科固有的话语体系、思路框架和学科方法来进行，所以，以前笔者所熟知的那套文艺学的形象分析思路和相关的理论话语在这个课题的很多场合都派不上用场，完全进入了一个不知所措的陌生语境中。既然没有一套现成的话语可供借鉴，所以，就只能自己摸索着去找了。

为了能找到相应的表述方式与话语，笔者还是到萨义德的《东方学》和法国比较文学形象学的有关著作中去慢慢地琢磨和体会，加上不断的反复练手后，才算是初步地找到了言说壮族形象建构话题的切入点、思路、框架和言说方式。不过，要想做到熟练和显现出充分的表达成效，还是需要在研究和表达的实践中反复地打磨。

第二，是如何将壮族形象的建构问题讲深讲透的问题。壮族形象的建构问题，当然绝不能仅仅停留在对壮族形象本身的分析研究上，必须要深入到形象背后的规律和道理层级上面，否则，就有可能使研究流于肤浅。可怎样通达形象背后的规律和道理层？这一问题的确曾经困扰了笔者好长时间，也是经过了长久的摸索之后才初步解决的。

从学术研究思路的角度看这一问题，实际上涉及的是一个在研究的过程中将推理转向何方的问题。对此，香港经济学家张五常的解决办法值得借鉴。他说，一个理论或一个假说的发展，在推理上转向何方，作者其实是有几个方向可以选择的，而非只有一个方面，政策建议的文章，则作别论。也正因为有多个可选的转向，所以，他的朋友们老是猜不中他的推理转向，最后他就自揭老底地说，自己通常是往有趣或过瘾

的方向转。① 而何谓有趣和过瘾？看来这又是一个人人异所见的问题了。不过，这却说明了，研究过程中将推理往哪个方向转，跟研究者的学术问题、学术个性、学术积累以及学术悟性有着很大的关系。虽然张五常也不能为大家提供一个放之四海而皆准的答案，但是对于他的这个推理转向的说法，笔者很有共鸣感，因为他说出了一个所有的研究者都会面临的普遍问题，就是无论你研究什么问题，其实最终都会面临着一个将推理转向何方的问题。只不过有的人的解决方案，能够给人一种出乎意料的绝妙感，而有的人的方案则显得平庸、俗套罢了。而这自然也就决定了他们各自的研究水平了。

还是回到壮族形象建构问题上，要想将研究引向深入，推理该向何方转呢？一开始笔者想到利用三段论逻辑推理法，但它通常用于解决推理转向已经明确之后的具体问题，解决不了推理转向本身的问题。经过反复的摸索之后，笔者找到了这样一个解决推理转向的研究思路：首先，是分析某一具体建构活动所建构出来的壮族形象；然后，转向分析形象建构背后起到支配作用的权力关系，即文化价值观和意识形态，归纳其建构机制、建构策略；最后，是着眼于未来，探讨该建构活动的未来的发展问题，分析其未来的建构策略和建构方法等。经过这样三个层次的推理转向之后，就可以将一个壮族形象建构活动的研究引向深入了，同时每一章的内容框架也就因此而搭建了起来。

第三，是该选择哪个维度的壮族形象建构活动来作为研究的对象。具有壮族形象建构功能的生活活动是很多的，但我们不可能一一都对此进行研究，而且实际上也没有这个必要。因此，选择就成了研究的首要任务了。

那么，我们该从中选择哪一类的活动来作为研究的对象呢？这又是一个曾经困扰过笔者比较长时间的问题。经过较长时间的摸索，后来确立了一个选择标准：就是这一活动必须蕴涵有丰富的壮族形象建构信息。原因有三：一是只有这样的生活活动才能经得起深入的分析研究，要不然，三言两语就可能被说尽了；二是这样的生活活动充分体现了活动主体自由自觉的能动性；三是只有这样的生活活动才可以提炼出更有普遍性、更有价

---

① 张五常：《思想文章，传世知难行易》，(2017-8-29)，http://finance.ifeng.com/a/20170829/15621400_0.shtml。

值的壮族形象建构规律来。依据这样的标准,笔者精选了九个自认为符合这一标准的生活活动来作为分析研究的对象。然后,依此设立分设九章的内容来进行研究,并另设两章来总结和提炼相关的壮族形象建构规律。最终,以总共这十一章的内容,搭建起了全书的研究框架。

当然,这九个维度的选择,还与笔者的认识、兴趣和所长有着密切的关系,并不意味着壮族形象建构问题的研究就只能从这九个维度来进行,它们很大程度上只是笔者基于目前的认识、能力和时间条件所作出的选择。笔者希望通过对这九个寓含着壮族形象建构功能的生活活动的研究能为自己和他人今后进一步开展相关研究提供思路、框架、话语等方面的基础和参考,并为最终建构出一套包含多维度话语的成熟的壮族形象建构话语体系开辟道路。

三 研究的方法

每一个问题的研究,都离不开方法,壮族形象建构的问题也不例外,但是该用什么样的方法来研究这一问题呢?由于具体的研究对象有九个维度,而且涉及不同的学科,因此,研究方法必然也是多样的,但概括起来主要有以下几种:

首先,是跨学科的研究方法。就总体来看,九个维度的壮族形象建构活动,实际上就跨了多个学科,所以,每换一个维度研究就得换用另一维度的学科知识和方法,这是一个层面的跨学科研究方法。而就单个维度看,在有些维度的研究里,随着研究推理的转向,也会涉及不同的学科知识。所以,无论从哪个角度看,本课题的研究都离不开跨学科的研究方法。

当然,对于任何一个研究者来说,因跨学科研究方法涉及多学科的知识和方法,所以,使用起来都极富挑战性,不仅要求研究者随学随用,而且还要能根据建构活动和建构内容的不同而随时切换相关的学科知识、方法与话语。

其次,是文献调研法。就是通过对文献的收集、整理与阅读,来了解和掌握与相关维度的壮族形象建构活动密切关联的文献资料。对这些资料的运用,都需要研究者有敏锐的判断能力,不仅要懂得判断它们的可用程度,而且也要知道在什么地方、什么位置以何种方式使用它们,以便提高论述的力量。所以,文献调研也是本课题研究不可或缺的研究方法。

最后，是田野调查方法。就是通过实地调查，来了解和掌握有关壮族形象建构活动的第一手资料。文献调研，虽然可以解决不少研究材料上的问题，但是对于某些维度的壮族形象建构活动，研究者如果没有亲临现场观察和体验过，那么，描述和分析起来都会觉得不够踏实，对自己仅凭文献资料写出的文字很可能都会觉得没有信心。所以，陆游所说的"纸上得来终觉浅，绝知此事要躬行"，用在这一方面上是完全贴切的。总之，田野调查不仅可以让我们获得鲜活的有关壮族形象建构的第一手材料，让我们的相关论述更接地气、更反映实际，而且还是补充文献资料不足的一个重要的途径。所以，田野调查是我们在进行壮族形象建构研究时必须要采用的方法。

第一章

历史文献的壮族形象建构

壮族是一个只有语言没有文字的民族，同时也是一个没有记史传统的民族，因此，也就没有一部记载自己民族历史的历史著作。壮族的历史只在中国历代王朝和民国时期的汉族书写者的历史、游记、地方志、博物志、风俗志等著作中有着一些不成系统的记载。这些著作可以总称历史文献。也正由于它们对壮族有所记载而具备了壮族形象的建构功能。当然，由于这些汉族作者在记载壮族的时候多是以中国（中原）中心的观点来看被当作是边缘的壮族，所以，其描述壮族的风格与基调以及由此所建构出来的壮族形象，很多都令壮族人感到不舒服。而这种不舒服感觉，从根本上说乃是由"他们无法表述自己，他们必须被别人表述"[1]的状况所决定的。那么，历史文献中的这种"中国"中心—"夷狄"边缘的书写结构模式到底建构出了怎样的壮族形象？体现出了怎样的建构规律？对我们今天又有着怎样的启示意义？这些就是本章所要探讨的问题。

第一节 历史文献"他塑"的壮族形象

由于历史文献的书写者大都是作为壮族之他者的汉族人，所以，相对壮族这个我者而言，他们在历史文献中对壮族形象的建构，就算是一种地地道道的"他塑"壮族形象了。那么，在汉族的这种历史的"他塑"模式下，壮族到底被塑造成了什么样的形象呢？下面我们就来作一具体的分析。

---

[1] ［德］马克思：《路易·波拿巴的雾月十八日》，见《马克思恩格斯选集》第 1 卷，人民出版社 1995 年版，第 579—689 页。

由于壮族在不同的历史时期里曾先后以越、南越、骆越、西瓯、俚、僚、僮、俍等称呼出现在历史中，所以，在历史文献中出现这样的称呼的书写都可以看成是对壮族的描述。而这些壮族描述尽管是在不同的历史时期作出的，但经常会出现一些高频词汇。而这些反复出现的高频词汇，在比较文学形象学里被称为"套话"。

"套话"原指印刷业中使用的"铅板"，后被转借到思想领域，指那些一成不变的旧框框、老俗套，而在符号学研究中，它则指人们"思想的现成套装"，亦即人们的各种先入之见。到了19世纪，美国学者瓦尔特·利普曼，则直接将它定义为"我们头脑中现存的形象"。到了20世纪，法国比较文学家巴柔则在此基础上将套话定义为"形象的一种特殊而又大量存在的形式"①。可见，"套话"就是形象。既然"套话"直接的就是形象，所以，下面我们就从历史文献的壮族书写中的这些"套话"入手来分析历史文献的书写者到底据此建构出了怎样的壮族形象？概括起来，大致有以下几种壮族形象类型。

一 与"蛮"字相对应的缺乏教化的野蛮的壮族形象

"蛮"字，应该是历史文献用来描述壮族先人最多的词汇，如将壮族的居住地称为"蛮荒""蛮貊""蛮地"，壮族的风俗则称为"蛮俗"，壮族的语言则称为"蛮语"，壮族的服饰则称为"蛮服"。在历史文献的汉族书写者眼里，壮族真可谓是无处不"蛮"。为何"蛮"字用得如此之多？这可从"蛮"字的含义演变中见出缘由。

首先，看"蛮"字的本义。对此，学者们的认识并不完全一致。有的认为"蛮"是壮族的自称，是壮语"板"的汉语音译，后被转用于对南方少数民族的"通称"。② 有的认为"蛮"是人、人群的意思。③ 我们暂且撇开其本义渊源，先从其实际的使用意义入手来看其意义的演变。"蛮"，《说文》的解释是"南蛮，蛇种"。那么，"南蛮"又是指什么？《礼记·王制》曰："中国戎狄五方之民"，"东方曰夷，被发文身，有不火食者矣。南方曰蛮，雕题交趾，有不火食者矣。西方曰戎，被发衣皮，

---

① 孟华：《试论他者"套话"的时间性》，转引自孟华主编《比较文学形象学》，北京大学出版社2001年版，第185—186页。

② 李连进：《"蛮"为古代壮族族称考》，《民族语文》1994年第4期。

③ 朱文旭：《"蛮"语义及其文化现象》，《西南民族学院学报》1997年第4期。

有不粒食者矣。北方曰狄，衣羽毛穴居，有不粒食者矣"。由此，可知"南蛮"是由"南方曰蛮"而来，泛指与汉族的文化、衣食习俗不同的南方少数民族。这大概是"蛮"字成为中国南方的少数民族通用泛称的开端。壮族作为南方的少数民族中的一员，被冠以"蛮"字来指称也就是很自然的了。

其次，看"蛮"字的引申义。如果说"蛮"字的"南方"本义还没有显性的贬义色彩的话，比如，《周礼》称周围的少数民族为"四夷八蛮"，《尔雅·释地》则说："九夷八狄七戎六蛮谓之四海"，这些说法里，"蛮"字主要是表示地理方位的含义。从时间上来说，战国之前，"蛮"字的含义主要是这一状态。但随着中原文化的大繁荣以及建立在此基础上的华夏自我中心意识和优越感的增强，尤其是儒家文化影响的加深和扩大，到了汉代，人们把断发文身等中原不见的习俗归结为《诗》《书》礼仪教化的缺乏。如《尚书·禹贡》魏王肃注就说："蛮，慢也，礼仪简慢。"这时的"蛮"字，就已经具有了"缺乏礼仪教化"的明显的贬义。在此"蛮"字意义的背景下，"蛮"字与其他词进行搭配使用，所产生的引申义，也都带上了贬义的色彩，如"蛮荒"就表示了"南方荒无人烟的地方"的意义，像柳宗元在《礼部贺册尊号表》中说的"臣获守蛮荒"，其中的"蛮慌"，结合柳宗元被贬的遭遇来理解，其贬义的色彩自然是很明显的，只有落后的荒无人烟的地方才是被贬之人最好的发配之地。后来，在此基础上，"蛮"字又发展出"野蛮""不讲理"的含义，而且在此基础上还组合出许多常用词，如野蛮、蛮横、蛮干、蛮不讲理等。到了现代，"蛮"字就常用此意义，而其"南方"的地理含义则反而不常用了。

明了"蛮"字的意义演变，下面我们就来具体看看，历史文献具体是如何用"蛮"字描述壮族的。总体情况，就如民国时代的《平乐县志》所说的："鄙夷之，遂别其名，曰猺、曰獞，统而名之曰蛮。其字从犬以虫，几不以人类相视。"

自汉至唐的历史文献，常把壮族贬称为"南蛮"或"蛮夷"，"南蛮杂类"，甚至还辱称为"贼""寇""蜓""獽""蛾"等。如《汉书·严朱吾丘主父徐严终王贾传》曰："越人名为藩臣，贡酎之奉，不输大内，一卒之用不给上事。自相攻击而陛下发兵救之，是反以中国而劳蛮夷也。"《隋书·南蛮列传》："南蛮杂类，与华人错居。……俱无君长，随山洞而居，古先所谓百越是也。其俗断发文身，好相攻讨，浸以微弱，稍属于中国，皆列为郡县，同之齐人。"这两处的"蛮"字贬义色彩都很明显，尤其是"南蛮杂类"直接就是骂人的话了，其含意是指壮族是一个与汉族不同的、南方的不懂礼义教养的落后的民族。

宋代以后，"蛮"字则更突出"野蛮"的意味，并且常与"盗""贼""寇"连用，在有关侬智高的书写中含"蛮贼""蛮众"之类意思的词语如"蠢尔溪蛮""狡顽""尾掉蜂蝎唇张豺狼""譬如虎狼""寇盗""贼""叛蛮"的使用频率最高，如《平蛮京观志》中"贼首侬智高其夜焚城自遁。天声远振，皇泽重宣，永镇群蛮"[①]。

故此后"诸蛮""诸贼"之类的说法，就屡见于史籍了，如《明史·广西土司》曰："蛮僚顽犷，散则为民，聚则为盗，难以文治，当以兵临之，彼始畏服。"清人黄山冈《粤述》说："诸蛮铸铜为鼓，俗好相杀，多构仇怨。欲相攻则鸣其鼓，到者如云。"清道光《天河县志》（今罗城县）云："蛮壮野犷"，"恃险抄掠……恣行劫杀，目无法纪"。民国《宜山县志》云："蛮壮狡猾……恃险负固，盘踞作奸，勾结为非，不可胜指。"在这些描述中，"蛮夷"与"蛮壮"的称呼因都与"盗""抄掠""作奸"等内容相联系，因而"野蛮""蛮横"的味道就非常明显。与此义相近的用法，还有"蛮性""蛮悍""蛮贼"等，用以强调壮族的蛮横、蛮贼、难以服治的特性。

由上所述可见，历史文献中以"蛮"字为核心词根构成的一系列套话，所标示出来的壮族形象是一个南方的缺乏礼仪教化的野蛮的壮族形象。

二 与"禽兽"一词相对应的不开化有如禽兽般的壮族形象

"禽兽"，也是历史文献常用来描述壮族先民的一个"套话"，其意是表示壮族先民有如禽兽一般的不懂得人伦道德与礼仪、风俗怪异。自汉代开始流行起来，如东汉的班固《汉书·严朱吾丘主父徐严终王贾传》就说："骆越之人父子同川而浴，相习以鼻饮，与禽兽无异，本不足郡县置也。"其《南蛮传》又云："骆越之民，无嫁娶礼法，各因淫好，无适对

[①] （宋）余靖：《平蛮京观志》，转引自（清）谢启昆《广西通志》，广西人民出版社1988年版，第4968页。

匹，不识父子之性，夫妇之道。"两句结合起来看，"禽兽"之意就很明显了。《三国志·吴书·张严程阚薛传》云："秦置桂林、南海、象郡，……山川长远，习俗不齐，言语同异，重译乃通，民如禽兽，长幼无别，椎结徒跣，贯头左衽，长吏之设，虽有若无。"这里的"禽兽"一词就与《汉书》的无异。《魏书·獠列传》云："（獠）性同禽兽，至于愤怒，父子不相避，惟手有兵刃者先杀之。"《周书·异域上》亦云："（獠）性又无知，殆同禽兽，诸夷之中，最难以道义招怀者也。"《宋史·蛮夷列传》云："诸蛮族类不一……父子别业，父贫则质身于子，去禽兽无几。"在这些描述中，"禽兽"又多了一层的野蛮残忍的意味。受此思维与观念的影响，一些历史文献的作者，亦甚至直接就以"鸟声禽呼""鸟语兽行""鸟语夷面"来形容包括壮族在内的少数民族，如《魏书·司马睿列传》就说："巴、蜀、蛮、獠、溪、俚、楚、越，鸟声禽呼，言语不同，猴蛇鱼鳖，嗜欲皆异。"这句话竟用了大致六种动物来描述包括壮族在内的少数民族，其蔑视之情，也可谓极矣。于是，到了明清两代的历史文献，在称呼壮族等少数民族的时候，干脆其字就一律从犬以虫了，如"僚"写成"獠"，"僮"写成"獞"，的的确确表现出了一种"几不以人类视之"的轻蔑态度。

由上所述可见，"禽兽"套话"妖魔化"壮族形象的特征是最为明显的，所建构出来的壮族形象，是一个不开化有如禽兽般的壮族形象，反映出了古代持"中国"中心的书写者对处边缘地位的壮族的歧视与偏见。

三　与"荒怪"一词相对应的风俗鄙野荒诞奇怪可笑的壮族形象

"荒怪"，是历史文献描述壮族风俗时用得比较多的一个"套话"。一旦描述到壮族风俗，很多书写者都喜欢用到这个词，以表示壮族的风俗鄙野、荒诞、奇怪。虽然直接用"荒怪"一词来指称壮族风俗，大概始于南宋人周去非的《岭外代答》云："人物强悍，风俗荒怪……生理苟简，冬编鹅毛木棉，夏缉蕉竹麻绽，抟饭掬水而食"，但是以这样的眼光去描述壮族风俗的其实早在汉代就有了，如《汉书·五行志》就说："粤地多妇人，男女同川，淫女为主，乱气所生，故圣人名之曰蛊"。《后汉书·南蛮西南夷列传》亦云："《礼记》称'南方曰蛮，雕题交阯'。……其西有啖人国，生首子辄解而食之，谓之宜第。味旨，则以遗其君，君喜而赏其父。取妻美，则让其兄。今乌浒人是也。"此后，以此"荒怪"眼光去写壮族的风俗就一直不绝如缕。

如《宋史·蛮夷列传》说，抚水州（今环江一带），"诸蛮族类不一，大抵依阻山谷，并林木为居，椎髻跣足，走险如履平地，言语侏离，衣服斑斓，畏鬼神，喜淫祀"。明人邝露《赤雅》亦云："僚俗与僮同，而嗜杀尤甚。居无酋长，深山穷谷，积木以居，名曰干栏。射生为活，杂食虫，……僚族鼻如垂钩，隅目好杀。"这段描述，简直就把壮族看成青面獠牙的野蛮人了。明代叶钱在为朱辅著的《溪蛮丛笑》所写的序中也说五溪之蛮，苗、瑶、僚、壮、仡佬，"不巾不履，语言服食，率异乎人。由中州官于此者，其始见也，皆讶之。既乃笑之，久则恬不知怪。……（朱辅）手录溪蛮事，识其所产、所习之异，目曰丛笑，诚可笑也。士大夫来是方者，其可阙诸"。

至清代与民国，壮族的风俗，仍未被汉人看惯。如清乾隆《柳州府志》云："婚姻不用媒，妇尝招婿而冒女性之宗。宗之紊乱，恬不为怪。"民国《平南县鉴》云，壮人"椎结贯耳，出入佩刀，有所要约，必以酒肉。得肉少许，酒半酣，虽行械斗，无不愿往。……言其风俗，鄙陋殊甚"。民国《迁江县志》云："架板为居，上楼男女，下息牛、羊，不习诗书，不勤生理，婚嫁不避同姓，疾病专事鬼神，其俗尤荒陋也。"看来，壮族的许多风俗，在汉族的眼里就是难逃一"怪"字。

由上所述可见，"荒怪"套话所建构出来的壮族形象，是一个风俗鄙野、荒诞、异怪可笑的壮族形象，反映了壮族文化与汉文化之间鲜明的异质性。

四　与"悍"字相对应的生性暴戾好斗的壮族形象

"悍"字，是历史文献描述壮族性格时，使用频率颇高的一个字，以它为词根组合出来的一系列词组，也因此跟着成为高频词。这些词有"犷悍""强悍""轻悍""顽悍""蛮悍""鸷悍""剽悍"等，因而"悍"字及其组合词，也具有"套话"的属性。它们在历史文献中的使用，可谓不绝如缕，如《汉书》就说："粤人之俗，好相攻击"（《高帝纪下》），"越人愚戆轻薄，负约反覆，其不（可）用天子之法度"（《严朱吾丘主父徐严终王贾传》）。《魏书·獠列传》说，僚人"好相杀害"，"性同禽兽，至于愤怒，父子不相避，惟手有兵刃者先杀之"，"若报怨相攻击，必杀而食之"。《隋书·地理志下》则说："诸蛮则勇敢自立，皆重贿轻死,唯富为难","俗好相杀,多构仇怨,欲相攻则鸣此鼓,到者如云"。明人魏浚著的《峤南琐记》则称:"粤右狠兵,鸷悍天下称最。……其性贪淫……在有司善御之,不则剽掠之,惟一动不可复制矣。"清代顾炎武的《天下郡国利病书》也说壮族"性喜仇杀、好斗、轻生"。

各地方志也以同样的调子来描述壮族的性格,如清乾隆《柳州县志》云:"瑶壮杂处,其性顽悍,好劫杀。"清道光《天河县志》(今罗城县)云:"蛮壮野犷,侍险剽悍,伏莽跳梁。"清光绪《宾州县志》(今宾阳县)云,瑶壮杂处,"盖其天性桀暴,扰服无常,蛮僚称乱,因利乘便,连结煽动,而我民被其害矣"。民国《思恩县志》云:"思邑本为蛮疆,古为蛮、壮、瑶杂居之地。犷悍未驯,时有暴动。"民国《桂平县志》引旧省志云:"壮者,撞也,粤之顽民,性喜攻击撞突,故谓之壮。"这样的描述在历史文献中还有许多,不再详引。

从上面所述可见,历史文献中由"悍"字构成的词语及相关近义语构成的系列套话,反映的就是壮族人如何的好构怨、好斗、好剽掠、好杀、好乱,如何的顽劣,似乎在汉族作者的眼里,壮族就是一个动不动就要杀人、要抢劫、要作乱的民族。因此,由他们所建构出来的壮族形象自然也就是一个生性暴戾好斗的壮族形象了。

五 与"信鬼"一词相对应的信鬼迷信的壮族形象

"信鬼",是历史文献描述壮族的民间宗教信仰时经常用到的一个"套话"。它较为真实地反映了壮族的精神信仰。对壮族的这一信仰习俗,历史文献早有记载,如《史记·孝武本纪》就说:"越人俗信鬼"。《魏书·獠列传》也说僚者,"其俗畏鬼神,尤尚淫祀"。《宋史·蛮夷列传》亦云壮人,"畏鬼神,喜淫祀"。清代顾炎武的《天下郡国利病书》也说壮人,"有病不事医药,专信巫鬼,杀牲同宰牛,罄竭所有"。

地方志对此的记载就更具体了。民国《永福县志》云:"稍富者病则卜,吉期作星,索鬼神合祖,先盛宰牲畜寨(赛)神,彻二昼夜,诸亲毕集助牛酒,除平厂(场)地,鸣锣鼓,衣锦衣,燕用簸箕盛肉十余斤,鸡豚无算(数)。"清光绪《镇安府志》亦云壮人,"疾病不事医药,宰猪犊割鸡凫禳之,名曰'祭鬼'"。清朝《西隆州志》(今隆林县)也云壮人,"好疑事鬼,以鸡骨卜卦。有病不信医药,惟巫觋之言是听。禳送杀牲，谓之祭鬼神，祭毕即将牲物从路旁烹"。民国《贵县志》云："夷僚疾病，击铜鼓沙锣以祀鬼神。"从这些记载可以看到，壮族信鬼具有普遍性，并且认为人得病是鬼作祟的结果，多将祭鬼神看作为治病的一种手段，认为要想病好，就要拜祭鬼神，讨好鬼神，以让它不再出来作祟，病自然就好了。信鬼习俗至今仍在民间广泛流传，可见这种信仰的确存在且根深蒂固，所以，广西过鬼节（又叫中元节）的习俗，也一直保持得很好。

由上所述，我们可以看到，"信鬼"这一套话，的确是壮族信仰习俗的反映，是比较符合实情的，所以，由它所建构出来的壮族形象，是一个信鬼的壮族形象。不过，历史文献的书写者们大肆地提到这一点，并不是为了准确地反映壮族的民间信仰，而是别有深意，就是想借此批判和嘲笑壮族的迷信无知，因为这一信仰与汉族儒家避言鬼的传统是相反的，孔子不是有"未能事人，焉能事鬼？未知生，焉知死"的说法吗？

六 与"同化"一词相对应的汉化了的壮族形象

"同化"一词，是明清以后的历史文献描述壮族用得较多的一个"套话"。与其同义的还有"同""同风""道一""同一""无异"等。它们与"同化"一起，共同反映了在历代王朝长期的汉化政策作用下壮族所发生的汉化变化，而且这种变化是全方位的，不仅表现在衣食住行以及语言方面，也表现在性格和思想观念方面。而且对此汉化之变化，历史文献都做了较为翔实的叙述。

清光绪《容县志》就说其县之壮人因受汉文化的"渐染熏陶，日新月异，炳焉与中土同风矣"。明崇祯《梧州府志》则说其府之壮人："莫不翕然贴服，革面洗心，土田尽隶版图，耕织无殊编户，愚者荷锄来，秀者业诗书，其人俱同一色。为蛮为民，无非族类，一道同风于斯，为盛猗欤？"清同治《象州志》描述其壮人也说："久习华风，渐更夷俗，其衣装则已改矣，其语言则已通矣。"清道光《武缘县志》（今武鸣县）描述其壮人，过去是"凶顽秉性，陋劣成风，几不可化"，今则"赖我圣圣相承，恩威渐披，百年于滋，乃风鹤无惊，悉成乐土"，"故俗标悍相高，诸鄙陋皆称移易……穷经好义直追李白"。民国《雷平县志》（今大新县）描述其壮人亦说："生活简单，据苦耐劳，是其特性。迩者风化所及，今亦改良，与中原民族渐归同化矣。"清代顾炎武《天下郡国利病书》说：

"壮之奏贡赋，垂七十年矣，夷尽变而夏矣。加意抚循，夷汉同风，是在司牧者哉。"

诸如此类的描述还有很多，这表明壮族的汉化在广西各地已经普遍地发生着，壮族的形象正在急剧地向着汉族的方面转化，而书写者很显然也很乐意于看到这种变化的出现，因而一律都带着一种喜悦的笔调来加以描述，欣悦这"圣圣相承，恩威渐披""风化所及"所带来的壮族变化。由此可见，"同化"及与其近义的一系列套话所构建出来的壮族形象，就是一个汉化了的壮族形象，体现的是在历史进化过程中壮族不断向汉族转化的一种历史事实。当然，这种汉化，其实都只是表象，实际上很多都是融而不合，只要条件一合适，壮族就复现了。所以，新中国成立后，民族平等政策一实施，很多人就又恢复了壮族的民族身份。

以上就是汉族作者以他者的眼光来看待壮族我者时用套话所"他塑"出来的六种主要的壮族形象。从这六种壮族形象中，我们可以看到，前四种带有明显的歧视性、偏见色彩，不是对真实的壮族的全面反映，而后两种虽然歧视色彩较弱，真实性程度较高，但也体现了汉族书写者鲜明的汉文化价值取向。总之，无论是带着揶揄之情来写的，还是带着欣悦之意来写的，其结果都是书写者的汉文化价值观的体现。可见，历史文献的书写者所"他塑"的壮族形象，都是受汉文化价值观操控的结果。

第二节 历史文献"他塑"壮族形象的实质

那么，具体是些什么样的汉文化价值观在操控历史文献的汉族作者"他塑"壮族形象？这是我们需要进一步探讨的问题，而且也只有弄清这一问题，我们才能理解历史文献"他塑"壮族形象的实质。

一 历史文献"他塑"壮族形象受汉文化的天下秩序观和夷夏观操控

书写行为的背后往往有价值观在操控，历史文献的壮族书写也同样如此。表面上看，历史文献的汉族作者在以套话来建构壮族形象，但往深里看却是汉文化的天下秩序观和夷夏观在支配着汉族作者如此地书写。下面我们就来具体阐释这两种汉文化观念的内涵。

什么是汉文化的天下秩序观？所谓"天下"，在中国文化当中具有双重内涵，一是指理想的伦理秩序，二是指对以中原为中心的世界空间的想象，但总的来看，还是以后一含义为主导的。这一天下秩序观，始于西周，完成于隋唐，因体现的是中原王朝的天下秩序观，因此又称为天朝秩序。其具体形态体现为一个同心圆的"差序格局"结构，即以中原为中心，由内到外，依亲疏、远近的不同分为这么几个圈层：

"第一层是大一统王朝直接治理的郡县，如汉人的主要居住区域本部十八省；第二层是通过册封、羁縻、土司等制度间接统治的边疆地区，如明朝时期的西藏、云南和东北；第三层是关系或远或近的朝贡国，如朝鲜、越南、暹罗、琉球等，这些都是中华文明的化内之地。最后一层则是化外之地，即四周尚未开化、与中原王朝对立或没有关系的蛮夷。"[1]

对于这一天下秩序观，通常见到有两种解读，一是认为这是一种倡导"天下一家"的带有和平色彩的天下秩序观；二是认为这是一种带有偏见和歧视色彩的天下秩序观，但实际上这两种解释各自都有偏颇，真正的天下秩序观应该是这两个方面内涵的统一。

就第一种理解来看，汉文化的天朝秩序，作为一个同心圆的空间结构，中心是清晰的，边缘是模糊的，内圈与外圈之间、化内之地与化外之地，经常处于弹性的变动之中，与现代的民族国家的含义是不一样的。现代的民族国家其疆界是明确的，而中国古代的天朝秩序中的各圈层的界限却是动态的、可变的。不过，通过长期的互动，处于中心的中原（中国）与其他圈层的"夷狄"的界限在一定的历史时期里实际上又是相对明确的，彼此间有默认的活动空间和"势力范围"，中原与夷狄之间实行的是中原（中国）为中心的中心—外围权力结构的朝贡制，中原王朝凭借自己强大的经济文化的实力与威望吸引中心之外的各圈层的族类自动前来归附，而且只要他们每年向朝廷交纳一定的贡物以示归顺臣服就可以了，一般不会出兵占地，但是一旦这种均衡被打破，双方还是会发生矛盾冲突的。当然，如果双方守信克制，那么，就会是"胡汉一体""四夷如一家"的"天下大同"的和谐景观。而这就是天朝秩序观里最理想的一面，也是经常被赞赏的一面。

但同时我们也要看到汉文化的天下秩序观的另一方面，就是这种以中

---

[1] 许纪霖：《从边疆看中国：一种不可忽视的历史视野》，《社会科学报》2015年第827期。

原为中心的天下同心圆结构，天然地就存在着以中心为尊、为贵、为文明，其他圈层的族类为次、为贱、为落后，甚至为禽兽的理念。这一天下观的含义，就是认为在中原（中国）之外再也不存在比中国更强大、富饶、文明的国家了，其他国家的君主与臣民只有好好地向中原（中国）学习，才能永不为落后的"夷狄"。这就是同心圆结构中隐含的不平等的"差序格局"。这在《礼记·王制》所提到的"中国戎狄五方之民"的关系论中就有明显的体现。其文曰："东方曰夷，被发文身，有不火食者矣。南方曰蛮，雕题交趾，有不火食者矣。西方曰戎，被发衣皮，有不粒食者矣。北方曰狄，衣羽毛穴居，有不粒食者矣。"这一段文字对中原中心之外的"四夷"的描述，既带有鲜明的区分意识，同时也带有鲜明的轻视意味，讥讽他们还处在"不火食""不粒食"的愚昧落后的不文明的状态当中。这实际上就是一种歧视。而这样的歧视、偏见一直就潜藏在汉文化的天朝秩序观里。《史记》卷43《赵世家》所载战国赵公子成的论述，就鲜明地体现出了中原汉人对于中原与夷狄文化水平上的落差的认知："中国者，盖聪明徇智之所居也，万物财用之所聚也，贤圣之所教也，仁义之所施也，诗书礼乐之所用也，异敏技能之所试也，远方之所观赴也，蛮夷之所义行也。"这个话的意思是中原（中国）文明高过夷狄，夷狄应该来向中原（中国）学习，当然其中也隐含了另一层含义：文明高的中原（中国）不必向落后的夷狄学习。而有落差、有区别，优势的一方就往往会有一种对于弱势一方的优越感和歧视感。一旦双方有矛盾的时候，这种优越感和歧视感就会显性地呈现出来，而没矛盾的时候，则会隐性地存在着。

以上两个方面的意思就像一枚硬币的两面同时存在于中原汉族文化的天下观里，"万邦来朝，八方来仪"与"天朝上国，傲视蛮夷，睥睨天下"，是并行不悖的。前一个方面的意思之所以是主导的方面，是因为王朝一旦坐稳了江山，都会极力推行，而只有在出现矛盾的时候才会推行第二个方面的意思。而这样的两面意义也同样体现在汉文化的夷夏观中。

所谓夏就是指华夏，指中原地区，所谓夷，是指夷狄。所谓夷夏观，就是关于双方之间关系的看法，又称夷夏之分、"华夷之辨"。对"华夷之辨"，范文澜就有过比较精当的阐释，他指出中国古代对华、夷的区分，"最基本的含义还是在于文化。文化高的地区即周礼地区称为夏，文化高的人或族称为华，华夏合起来称为中国。对文化低，即不遵守周礼的人或族称为蛮、夷、戎、狄。例如杞君朝鲁君，用夷礼，杞被贬称为夷；后来杞国朝鲁用周礼，杞又得称为诸夏"①。由此可见，夷夏的区分，不在于血缘和种族的区别，而在于文化的区别，即以是否接受中原文化、中原的礼仪秩序为标准进行区别，只要夷在文化上接近或者认同了中原汉文化，夷就可以转变为夏，反之，当夏入夷，认同夷文化的时候，夏也可以成为夷。也正因为夷夏的区分，是文化的而不是血缘、种族的，没有绝对的界限，而是相对的、有弹性的，因而夷夏之间往往表现出相对平等、相互尊重的态度。这样的意思唐代韩愈在《原道》中也有体现，他说："诸侯用夷礼则夷之，进于中国则中国之。"因此，在最初的时候，如在春秋、战国时代，"蛮、夷、戎、狄"等称呼，并没有显性的歧视和侮辱性的含义，各诸侯国经济文化上较先进的自称华夏，他们把较为落后的小国或部族称为戎、狄、蛮、夷，就像汉代贾谊所说的那样："凡天子者，天下之首也。何也？上也。蛮夷者，天下之足也。何也？下也。"② 华夏和戎、狄、蛮、夷组成了当时的天下，彼此之间只有一个大概的内外之界限，即所谓的"内诸夏而外夷狄"，"中国"对他们也只有"羁縻不绝之义"。

但后来由于北方游牧的"夷狄"经常进犯中原华夏地区，导致了夷夏的矛盾冲突时有发生，使"华夷之辨"渐生出"华夷有别"来。这在西汉和西晋表现得最为明显。西汉武帝、宣帝时代，匈奴屡在边地制造事端，甚至杀汉的使者，进而引发汉朝的讨伐，汉将陈汤还发出了"明犯强汉者，虽远必诛"的时代强音。西晋时，塞外以匈奴、鲜卑、羯、羌、氐为代表的"五胡"，趁西晋的八王之乱，内迁反晋，还陆续建立数个非汉族政权，至关中内"戎狄居半"，于是，引发了江统写《徙戎论》，大谈仇视夷狄的"华夷有别"论，其文曰："春秋之义，内诸夏而外夷狄。以其言语不通，贽币不同，法俗诡异，种类乖殊，或居绝域之外，山河之表，崎岖川谷，阻险之地，与中国壤断土隔，不相侵涉，赋税不及，正朔不加，故曰：'天子有道，守在四夷。'……非我族类，其心必异，戎狄志态，不与华同。"可见，王戎由夷夏有别，推出了"非我族类，其心必异"的仇视论，原本夷夏之间相互宽容、相互接纳对方的和谐关系，在

---

① 范文澜：《中国通史简编》（修订本）第一编，人民出版社1956年版，第177页。
② 《贾谊集·解悬》。

冲突的背景下不见了。这样一种变化，使中原汉族的夷夏观也像其天下秩序观一样也具有正反两面的含义。

明了汉文化的天下秩序观和夷夏观的内涵之后，我们再来看历史文献的壮族形象书写和壮族形象的建构，就可以发现，建构者是受了汉文化的天下秩序观和夷夏观中的中原中心为贵、夷狄边缘为贱以及"华夷有别"的观念的影响和操控的。在这些观念的支配下，书写者就以中国（中原）为中心、以夷狄为边缘的视域来书写和建构壮族形象的，所以，总体上看"天朝上国，傲视蛮夷，睥睨天下"的心态较为明显，而且占据了主导的地位。当然"胡汉一体""四夷如一家"的心态也是有的，这在"汉化的壮族形象"的建构中就表现得非常明显，但这样的心态是建立在一种"万邦来朝，八方来仪"的俯视性优越感之上的，因而傲视、睥睨的心态是书写者的总体心态。也正是由于书写者受了汉文化的天下秩序观和夷夏观中的这种傲视蛮夷的心态的操控，才使得历史文献所建构的壮族形象多呈现出负面的特征。而这也就是历史文献的壮族形象建构的一个最大的实质。

二 历史文献"他塑"壮族形象是否定壮族而言说"自我"

历史文献的书写者受汉文化的天下秩序观和夷夏观中的傲视蛮夷心态操控的实质，又决定了他们在"他塑"壮族形象的时候具有符号化、刻板化的特征。因为建构者总体上的傲视、睥睨的心态，使他们在看待壮族的时候，一律都是以低人一等来看待的，所以，发之于文字符号，作为"蛮夷"的壮族，自然也就呈一律的低人一等的形象。因此，一写到壮族，不管是哪一朝代的书写者，他们基本上大都是用同一调子、同样的思维模式来书写和评价壮族的，看上去就像是一种自动化的操作一样，这就是上文所分析的那些陈陈相因、了无新意的"套话"式壮族形象的由来。而这样的壮族形象，刻板化和符号化的特征很明显也就是很自然的了。那么，这种刻板化和符号化的"他塑"壮族形象为什么能够长期存在呢？

首先，是历史文献的汉族书写者对壮族的了解非常的有限。过去因为交通不便，让很多书写者都没来过广西，没有第一手资料但又要写，因此，就只能靠东拼西凑、重复、因袭他人了。而这也是天下秩序观和夷夏观的傲视、睥睨心态得以轻易操控书写者的一个重要的原因。

其次，从深层次看，是天下秩序观和夷夏观的傲视、睥睨心态通过转化为书写者的少数民族认知模式而在暗中操控着书写者对壮族的观察、认识和评价。而这种认知模式,就是"汉族中心—夷狄边缘"的认知模式。这种以汉族、汉文化为中心的认识模式,会让汉族书写者总觉得自己是高于周边的"四夷"的,因而边缘的戎、狄、蛮、夷在他们的眼里,就只能是野蛮的、未开化的、不懂礼仪的人。而这样的描述文字自然会令今天的壮族人读来有一种"痛心疾首""无地自容"的感觉。

这种以汉族为中心的认知模式,又被称为"大汉族主义""汉族中心主义"。即便是到了近代和民国时期,这种认知模式,也未能从一些人的脑海中消失,甚至一些经历过西学洗礼的民国文人,在写少数民族史的时候,也仍然不自主地在使用这种模式。由此可见,这种由汉文化的天下秩序观和夷夏观转变而来的认知模式是多么根深蒂固。而这也就应验了法国比较文学学者巴柔曾经说过的一句话:"在一个特定历史时期和特定的文化中,对他者是不能任意说和写的。"[1] 因为任何一个作者对于他族的认知总是自觉或不自觉地受其所隶属的那个群体或社会的集体想象的支配,因而导致"'他者'形象都无可避免地表现为对'他者'的否定,而对'我'及其空间的补充和延长。这个'我'要说'他者'……但在言说'他者'的同时,这个'我'却趋向于否定他者,从而言说了自我"[2]。由此,我们就可以进一步看到历史文献"他塑"壮族形象的符号化、刻板化特征背后的本质,乃是汉族书写者借言说壮族来否定壮族,从而言说了自我。这是历史文献的壮族书写与壮族形象建构的又一实质。

第三节 历史文献"他塑"壮族形象的当代启示

像历史文献那样歧视性、侮辱性、刻板化地去书写壮族、建构壮族形象的行为,在今天已经不再可能出现了,因为国家的民族平等政策和相关的法律法规,已经不允许这样做了,但历史文献体现出来的那种因为经济文化发达就歧视他人的现象,在今天仍然普遍存在。这就是所谓的微歧视。微歧视,是指针对少数族群或边缘人群的间接的、微妙的或者无心的

---

[1] [法]达尼埃尔-亨利·巴柔:《总体文学与比较文学》,转引自孟华主编《比较文学形象学·形象》,北京大学出版社2001年版,第158页。

[2] [法]达尼埃尔-亨利·巴柔:《总体文学与比较文学》,转引自孟华主编《比较文学形象学·代序》,北京大学出版社2001年版,第5页。

第一章 历史文献的壮族形象建构

歧视言行。这个词,最早是 70 年代哈佛大学的心理学教授在学术研究中使用的,用以描述日常生活中的种族攻击和偏见。① 在我们中国,种族歧视不常见,但因不同的收入、教育背景、婚姻状况、职业、宗教、民族等等的差异而产生的微歧视,却还是比较常见的。而如何管控或者抑制这些微歧视,历史文献倒可以为我们提供一些历史的启示。这些历史启示,主要表现在以下两个方面:

首先,从历史文献的壮族形象建构中我们可以看到中原与夷狄之间发展水平的落差是导致汉族歧视壮族和其他少数民族的一个重要原因,因此,今天我们要想减少日常生活中出现这样的微歧视,解决好地区间发展不平衡的问题是根本,但同时,还需要大家拥有一个包容的多元文化理念。

对于当今时代由发展落差所导致的日常生活中的微歧视现象及其本质,当代四川作家阿来借用萨义德的东方主义概念做了一番精当的阐释。他说:"占优势的地方一定对弱势的地方抱有东方主义的那种情调。萨义德说东方主义有两个要点,一个叫做异域。异域就是人们并不打算去了解,但是通过我们对于陌生世界的想象,把异域想象成一个我们今天的反义词。比如说城市想象乡村,我们是先进的,他们一定就是落后的;我们是复杂的,他们是简单的",有些时候如果"你并不符合他的想象,说骂就骂,马上就转化"。② 这种内部"东方主义"歧视性现象,我们是不是觉得很熟悉? 有一些甚至就在我们的身上发生过? 而解决这样微歧视现象的最根本、也最有效的办法,就是解决好地区间发展不平衡的问题。如果不平衡的问题解决了,或者解决得差不多了,那么,人们之间的很多微歧视现象也就失去了存在的依据。当然,要做好这一点,还得需要一个条件,就是经济发展水平高的地区的人,要有一种多元、包容的文化理念和发现"美"的眼睛,去看待发展水平低的地区的人,这样也能在很大的程度上管控微歧视现象的发生。

其次,从历史文献刻板化、模式化壮族形象中我们可以看到,其成因除了受汉文化价值观的影响之外,还有一个重要的原因是书写者没法亲身到达广西,对壮族进行切身的观察和了解,第一手信息匮乏,同样,今天

---

① 留学全知道观察员 shasha:《无处不在的"歧视"文化:生活了三国四城后,我终于了解了真实的西方社会》,(2019-07-03),http://www.ddbjy.com/dushuzatan/23053.html。

② 阿来:《要警惕"妖魔化"边疆》,(2015-10-12),http://cul.qq.com/a/20151012/068697.htm。

我们要想避免或者减少微歧视现象的发生，也需要解决好相关信息不充分、不对称的问题。

在现今的生活中，因信息不充分、不对称而产生的盲目性地歧视他人的微歧视现象，是比较多的。比如看到某地的一个黑社会团伙被抓了，然后就推而广之想当然地认为那个地方的人和社会风气都很坏。谁知亲自到了那个地方之后，发现那个地方社会总体正常，与别的地方没什么两样。这就是信息不充分而导致的微歧视现象。类似这样的例子还有很多，比如由某地个别人不爱洗澡，显得比较脏，而推及整个地区的人都会是脏的；由某地极少数人造假，就想当然地推及认定这个地区的人都会造假；由个别养殖户出现猪瘟然后想当然地推及认定整个地区都出现了猪瘟，甚至于连猪肉都不敢吃了；被某个家庭的一个人骗了一次，然后就推及断定这个家的人全是骗子；由某地极少数人因懒致贫，然后就想当然地推及认定那个地方的人都很懒；由某地少数人重男轻女、大男子主义，就推及得出整个地区的人都盛行大男子主义。诸如此类的微歧视，都是不充分了解所导致的。

这种因信息不充分而导致的以偏概全地微歧视现象，不仅体现在国内人之间，也体现在外国人与中国人之间。比如，西方的媒体报道中国多从意识形态的有色眼光出发，宣传中国是如何如何的落后，结果受这些媒体宣传影响的外国人来到中国之后，发现真实的中国完全不同于西方媒体所描绘的中国，中国现代化得超乎他们的想象，同时他们也因此而发现自己以前完全被西方媒体给骗了，以至于感叹："你在外面听到的大多数关于中国的信息可能是偏见，甚至有些时候是虚假信息。"①这是西方优越感所养成的歧视发展中国家的惯性在西方媒体上的表现。西方媒体总喜欢批评中国，但唠来唠去，都是那几个老生常谈的老话题，如操控汇率、窃取知识产权、偷走西方工作机会和人权问题，这样做的结果就如英国导演柯文思所说的："如果西方人老是揪着这些问题不放，无异于坐井观天，无法了解今时今日中国真正的样子"，"西方对于中国的了解，可谓九牛一毛"。②可见，西方媒体在大多数情况下所作出的关于中国的论断，都是缺乏充分的事实依据的，结果导致所作出的观点与真实的

---

① 刘扬子、聂志：《"西方国家对中国的偏见该收收了！"》，《参考消息》2019-07-04.（2019-07-04），http：//m.haiwainet.cn/middle/3541083/2019/0704/content_ 31587150_ 1.html。

② 北京周报公众号：《奥斯卡导演：中国人为啥没讲好中国故事？》，（2019-07-18），http：//mp.weixin.qq.com/S/OM6IJW47MuJ9D7M65u-kiA

中国有较大的偏差。而这些没有事实支撑的观点，还反倒成了西方歧视中国、对中国有偏见的铁证。还有，像美国经常会根据某些个案事实，就认定某些国家是恐怖主义国家，或者批评某些国家人权状况差，搞贸易倾销，搞间谍等等。这种以弱证据提出强硬的指控，其实也都是美国歧视他国的表现。

可见，今天无论是在中国人之间，还是在外国人与中国人之间所发生的以偏概全的歧视和微歧视现象，与历史文献的壮族书写者歧视壮族有着诸多的相似之处，都是在没有充分掌握第一手资料的情况下仅凭借某些意识形态的文化观念就去刻板化、符号化、歪曲化他人。因此，为了避免这样的微歧视错误，我们要重视调研，多方收集资料，尤其是第一手资料，以便在充分了解对方的情况下再发声。这样，我们就可以对他人多些同情之理解而少些微歧视现象的发生。

最后，历史文献对壮族的歧视有些是在中原与壮族之间发生了利益冲突之后发生的，这在侬智高的书写中就表现得很明显。这启示我们要想减少今天日常生活中的这类微歧视现象的发生，还需要尽量减少利益冲突的发生。

澳大利亚社会人类学家 Ghassan Hage 在 White Nation 中指出，歧视发生的必要条件，是不同人群和文化的接触。在他看来，如果不同的群体老老实实地在家乡待着，一个地域只对应着一个人群，一种文化，不同群体完全没有接触，歧视是不可能发生的。只有一种文化脱离了自己本来的土壤，来到另一种文化中，在一个空间里强行挤进了两种文化，挤占了原有的本地文化的空间，就会产生冲突。而当一个群体在各方面都明显强于另一个群体时，歧视就会发生。

有的学者则在他的观点的基础上进一步指出，不同文化背景人群之间的相互接触之所以产生相互挤压、相互排斥引发歧视，是因为"歧视的背后必然有着冲突和利益的驱动"。而相互之间如果没有冲突和利益的驱动，那么，不同群体之间即便相互接触了，也不会产生歧视。这一观点，既可以在古代"中国"与"四夷"之间发生的历史冲突事件中得到验证，同时也可以在今天的微歧视现象中得到证明。比如，魏晋南北朝时期"华夷有别"的歧视论产生的重要原因，就在于古代中国与夷狄发生了尖锐的利益冲突。

今天的微歧视现象背后也有不少隐含的利益冲突。比如，20 世纪八九十年代改革开放初期，大量人员外出到广东打工，而他们的进入在一定程度上挤占了当地广东人的就业、挣钱的机会，所以，一些广东人就对入粤的外地人起了一个带有排外性和歧视性的外号——"捞佬"。打击、排挤同业竞争对手，也是现今经常看到的现象，比如做建筑装修的人经常把安徽人当作是打击、排挤的对象，在客户面前说安徽人的坏话以便招揽到生意。还有，像招工方面，为了本地人的利益，故意设定籍贯、地域等限制。这些微歧视现象的背后其实就是利益冲突的反映。

而国与国之间因为利益冲突所发生的相互歧视、相互排斥的案例，也是比比皆是。比如，美国为了维护自己的世界霸主地位，奉行美国优先的原则，动不动就寻找各种借口，单边制裁他国，实施所谓的"长臂管辖"，甚至动用武力或以武力相威胁，对待伊拉克、利比亚、叙利亚、伊朗就是如此；对中国，美国也采取公开的抑制策略，以中国"强制转移技术""偷窃知识产权""汇率操控""是修正主义强国""是新帝国主义列强"为借口，对中国使用加征关税、打贸易战，打压华裔科学家，限制大学招收中国留学生人数等招数。这些排斥和歧视性行为的背后，都是美国与他国发生了利益冲突的结果。

由上所述可见，无论是古代还是现今的时代，利益冲突都是微歧视或者是大歧视产生的一个重要原因，为了减少这方面的歧视现象，我们需要在观念上树立一种开放合作共赢的理念，既要自己得利，也要容许他人得利。有了这样的理念和心态，很多源于利益冲突的歧视现象就可以在源头上得到很好的治理和管控。

微歧视现象既然很多都是在无心的情况下发生的，因而要想减少和管控好它们也绝非易事，但如果大家都了解它们产生的原因，并且愿意多从历史和现实中汲取教训，那么，只要有心、有意，还是可以在很大程度上尽量减少此类歧视现象的发生的。

第二章

壮族口述作品的壮族"自塑"形象

了解了过去历史文献是如何"他塑"壮族形象之后,接下来我们将要考察的是过去的壮族人又是怎样建构自己的形象的。由于没有文字,过去壮族人建构自己的形象自然不能依靠文字书写了,那么,他们主要依靠什么来建构自己的形象呢?那就是口述作品了。过去,壮族虽然书面表达不行,但是口头表达却很发达。这些口头表达的方式,主要有山歌、神话传说、口述史诗、民间故事等等。这些作品也大多产生于民国之前,与历史文献创作的时间大体属于同一时段。它们经过当代人的收集、整理之后得以在今天流传,而我们今天也得以通过它们窥见过去的壮族人是如何建构自己的形象的。那么,到底壮族在自己的口述作品中都建构出了怎样的壮族自我形象?体现出了怎样的"自塑"壮族形象经验?今天我们又该如何继续发挥这些经验?这些就是本章所要探讨的问题。

第一节 壮族口述作品"自塑"的壮族形象

壮族口述作品,是过去时代的壮族人自己表述自己、自己建构自己形象的重要载体,因此,今天通过阅读这些作品,我们是可以感受到其中所"自塑"出来的壮族形象的,概括起来,这些壮族形象主要有以下几种。

一 积极创造文明成果的壮族形象

在历史文献中,壮族被建构为蛮荒、偏远、落后、未开化的形象,仿佛是有意与此相对立似的,壮族的口述作品给我们展示的壮族形象,却完全是另一个模样。比如，被称为壮族创世史诗的《布洛陀经诗》[①]，就详细地叙述了布洛陀如何派各路大王来到人间带领壮族人造天地、造人、造万物、造土皇帝、造文字历书，还教壮人建立了正常的伦理道德、学会了祈祷还愿等等。如此从大神到壮族普通人都积极地参与的全民创造活动，又怎能说壮族落后、未开化呢？《布洛陀经诗》以神话的形式所展示的创造万物的活动，正是历史上壮族人不断创造自己文明历史的生动画卷。从中我们看到的是一个永远不满足于现状，不断攻坚克难，不断开拓创新，不断超越未开化状态的壮族形象，根本就没有感受到历史文献所说的"未开化"的状态。而这一壮族形象，还可以从神话《妈勒访天边》[②]中再次得到验证。

《妈勒访天边》故事说的是，壮人看到辽阔的天空像一个大锅盖，于是，都想知道那天边到底在哪里，也都争着想去探访天边。在争执中，老年人说："我们年纪大了，别的重活我们干不得了，但路还是可以走的。"他们要求给他们去访天边。年轻人说："我们年轻力壮，不怕山高水深，不怕毒蛇猛兽，什么困难也吓不倒我们。"他们说给他们去访天边最为合适。小孩子说："天边离得很远很远，说不定要走三十年，四十年，五十年，甚至八九十年，才能走到。"他们说他们现在刚好十几岁，走到八、九十岁，一定能走到天边。大家觉得小孩说得有理，都支持小孩子去。正在这时有一位年轻的孕妇站出来说："给我去最合适，我年纪还轻，可以走到五六十岁，到那时候还走不到天边，我生下的孩子，他可以继续向前走。"大家觉得她说的理由比小孩的理由更充分，于是，就都同意这位年轻的孕妇去寻访天边。后来，孕妇在路上生下了儿子之后，母子二人又继续走。当沿途的人们知道这对母子不怕重重困难，为的是要寻找天边时，都非常感动，于是，大家都帮助他们解决途中的困难。后来，母亲走不动了，叫儿子继续走，儿子也表示说，我一定走完你没有走完的路，一直到把天边找到。这一神话故事，生动有趣，把人类的好奇本性展现得淋漓尽致，同时也将壮族人好奇、探索、求知、坚韧的精神给形象地表现了出来。

总之，像《布洛陀经诗》和《妈勒访天边》这样的口述作品告诉我

[①] 张声震主编：《布洛陀经诗译注》，广西人民出版社1991年版。

[②] 见农冠品、曹廷伟编《壮族民间故事选》（第一集），广西人民出版社1981年版。本章用所引用的民间故事和民间传说除特别说明的外，均源自该书，以下不再一一标注。

们的是一个好奇心强、喜欢探索、乐于创造各种文明成果的壮族形象，与历史文献刻意塑造的那个愚昧、落后、不开化的壮族形象迥然有别。

二 讲究道德伦理的壮族形象

在历史文献中，壮族常被说成是一个"不识父子之性，夫妇之道""不知礼法"的民族，但是壮族的口述作品却明白地告诉我们，实情根本不是这样的，历史文献所说的实际上是很久很久以前的事情了。《布洛陀经诗》就说到，壮族在远古的时候的确曾经有过一段无伦理的阶段，出现了"建房造屋杀父亲来吃肉""杀了孙子用肉送外婆""家公与儿媳共枕席""女婿和岳母共床眠""没有孝丧礼仪""活人吃死人的肉""儿子动手打父亲""女儿跺脚气父母"等的不伦现象，但《布洛陀经诗》又明确地说，这些都是从前的事，"古人的事"，自布洛陀给人间送经伦后，这些事就早已绝迹了，"现在拿来谈论"，只是想"拿前人来比照"，让人们懂得道理，知道该怎样修行。如此看来，壮族在布洛陀的教诲下，不仅早就走出了那段无伦理的阶段，而且还很有气度地反省过去的落后与不足，以警醒后人，避免重蹈覆辙。这就清楚地告诉我们，至少在历史文献所记载的年代，壮族是早已告别无伦理的蒙昧阶段了的，而汉族书写者还硬说壮族"不识父子之性，夫妇之道"，实在是大谬。

而被称为壮族著名伦理长歌的《传扬歌》（又译《欢传扬》）[①]，则表明至少从近古时代起壮族就有了系统的伦理规范，强有力地回击了汉族书写者们的壮族"不知礼法"的论调。

作为一部壮族的伦理道德教科书，其宗旨就是传扬"做人道理"的。所以，书中提出了许多道德行为规范，在今天看来也仍有重要的指导意义，值得好好传承，比如里面唱道："只要人肯干，活命也不难""埋头创家业，父母免挂心"，"穷人有骨气，黑夜不行偷，园边不纳履，地旁不低头"，"交友要交心"，"相交要忠诚"，"莫忘父母恩"，"勤劳是头条"，"人生当谨慎"，"为人要勤劳、正直、善良、孝敬"，"切莫吹赌偷嫖，走歪道"，"夫妻同颗心，互爱又互敬；劳动倍殷勤，家业百样兴"，"兄弟各相让，六族讲公平"，"妯娌当和气，相敬又相亲"，"相吵不记仇，过后笑相迎"。这部书大约出现自明清时代，是当时壮族人做人的准

[①] 见梁庭望整理：Fwen cienzyiengz（《传扬歌》），广西民族出版社1984年版。

则和道德行为的规范的反映。对于这样的道德规范，壮族人绝不仅仅只是停留于口头上而已，而是将之贯彻于生活中，并以此来处理人际关系和评价人的行为的好坏，对于违背规范的人，则是要进行批评和谴责的。这从一则叫《石匠》的故事中可以得到侧面的反映。

《石匠》故事的主人公石匠，有着一种这山望着那山高的心理，做事不踏实，不专一行，也不勤奋，一门心思就想着怎样轻松而又威风地过生活。他见财主生活好，就想变成财主，仙人让他变成财主之后，他因经常受官的气，如经常被官打和被罚款，于是，就又幻想变成大官，仙人又让他变成大官，而他变为大官之后为非作歹，调戏妇女，被壮人捉住打了一顿。于是，他又幻想着变回壮人，仙人让他变回了壮人后，他开始变得勤劳了起来，但耕作繁忙的时候，正值夏天，太阳又大，他十分难受，认为还是太阳最厉害。于是，他又幻想变太阳，仙人让他变为了太阳之后，因经常被乌云遮住，他又觉得乌云厉害，于是又要变为乌云。在仙人让他变为了乌云之后，又因经常被大风吹散，于是，他又想变为大风。变为大风之后，因经常被石头挡住，于是在仙人的帮助下他又变为了石头。结果凿石人又经常来凿石，最终他觉得还是石匠厉害，于是，又变回了石匠，从此不再胡思乱想，每天勤恳劳作，凿石既快又好，成为人人尊敬的巧石匠。这故事，实际上是教育年轻人不要好高骛远，找到适合自己的工作之后，就要专心致志，踏实干好，不要好逸恶劳。而这样的主旨，不正是《传扬歌》所定下的为人要勤劳、肯干的道德规范的反映吗？

总之，壮族的口述作品总是从不同的角度和方面明确地告诉我们壮族是一个懂伦理、讲道德的民族，与历史文献的作者喋喋不休地说壮族不懂伦理正好形成了鲜明的对照。

三 自由追求真挚爱情的壮族形象

历史文献还经常说到壮人"无嫁娶礼法"，但其实壮族是有自己的一套"嫁娶礼法"的，只是与汉族的那一套不同罢了。最大的不同在于壮族允许通过歌圩对歌来自由地寻找意中人，而不像汉族的要遵"父母之命，媒妁之言"。对壮族的这一倚歌择偶的情况，汉族的历史文献也有记载。如清《镇安府志》云："插秧获稻时，男女互相歌唱，情意欢洽，旋市果饵送女家。其父兄有允订丝罗者，亦有私践桑巾约者。"民国《平南县鉴》云，壮人"每年正月内必往各村之庙宇附近空阔处所，男女聚会，攒族成堆，唱歌互答。或以环钏巾帨槟榔等物相遗赠，谓之契同年。壮以春时踏歌野次相配偶"。只是壮族的这种答歌为婚的方式，在汉族看来是不合"礼法"的，但在壮族看来，这是再正常不过的"礼法"。而这种与壮族不同的"礼法"，却正彰显了壮族的民族特性，而且还使得壮族在爱情的追求上显得非常地大胆直率。这从壮族的情歌中，就有很鲜明的反映。

如著名的《相思曲》，歌曲云："妹相思，不作风流待几时？只见风吹花落地，不见风吹花上枝"；"妹相思，蜘蛛结网恨无丝，花不年年常伴树，娘不年年伴女儿。"《相思曲》问答歌二首也是如此，歌云："东村飞飞蝴蝶儿，西村摇摇新花枝，蝶儿采花甜在口，甜到心头哪个知"；"不是开花是落花，随风飘荡归无家。年年花开又花落，不见同心空见花。"[1] 这样的直率表达，在汉族的礼教看来的确是有伤风化的，但在壮族看来却是正常不过的事情，心中怎么想就敢怎么唱，即便女孩也不例外，如一首女孩唱的情歌就很直白地说："慢点黑呀，天/慢点啼呀，鸡/鸡慢点扒爪，/情哥呀，你别心急，/伴妹坐一会，又一时/补偿那些分离的时日"。

当然，这种答歌为婚的方式并不代表着乱爱，它同样是寻找真爱的表现，所以，表达爱情专一、爱情至上的情歌就很多。如有一首情歌就唱道："养得公鸡会下蛋/养得母鸡会啼喊/栽种石头会生根/栽种春棍会生叶/栽种竹梯会开新花絮/弯弯的羊角能板直/到那时你才能忘恩负义把我忘。"类似这样的情歌作品还有很多，如"有钱有势不嫁他/妹爱犁耙后生家/犁嘴犁出千条路/耙齿耙出万朵花"；"真心连/不讲手镯不讲钱/讲起钱财连不久/不讲钱财久久连"；"穷不嫌/爱哥人品不爱钱/腊月霜打心也暖/荒月喝水心也甜"；"菠萝叶子尖又尖/妹您面花哥不嫌/不信你看菠萝果/外头麻麻里头甜"；"侬呀侬/能同房共枕/穷苦也甘心/万世结终身"；"双手养张口/结交不论钱/一同来还债/携手去耕田"；"天上起云斑连斑/龙念大海虎念山/狮子念球哥念妹/不得连妹心不甘"；"过了一山又一山/青山鸟叫哥心烦/再过一山不见妹/眼泪犹如水下滩"；"愁又愁来愁又愁/蜡烛点灯不用油/别人虽好不如妹/买马耕田不比牛"。[2]

---

[1] 见商壁《粤风考释》，广西民族出版社1985年版，第3—4页。
[2] 见欧阳若修等《壮族文学史》，广西人民出版社1986年版，第400页。

从这些情歌中，我们可以看到，壮族对爱情的表达是直率而热烈的，对爱情的追求也是非常地真诚、坚定和执着的，读着这一首首真挚、热烈的情歌，一个大胆直率地追求爱情的壮族形象，自然栩栩如生地呈现在你的眼前。

四 敢于反抗的壮族形象

历史文献总是提到壮人好斗、好杀、好劫、好作乱，似乎壮族就是一个只知打斗的蛮族，但壮族人却通过自己的民间故事告诉我们，壮人并非天生的好作乱，好打斗，难管治，而纯粹是被土司、皇帝逼得无法安生了才起来打斗的，壮人的所谓好作乱、好打斗，很多都是出于不得已的义愤。故事《岑逊王》就说到，岑逊王之所以带领大家杀土司，抵抗皇兵，是因为贪馋的皇帝知道了壮人过上了美好的太平日子后，就到处设立土司，横征暴敛，欺压百姓。壮族人民受不了这种压榨，才纷纷到岑逊面前去诉苦，要求起来反抗土司。岑逊是个英勇爱民的人，他看到土司百般作恶，比洪水猛兽还厉害百倍，于是就说："大家要起来反抗，我很同意。只要大家一条心，赶走土司是不难的。"岑逊就召集各部落的头人来商议，订出了杀死土司的计策，约好起义的日子。于是，在一个晚上就把土司杀个精光，衙门也踏成平地。预料皇帝会派兵来镇压，岑逊就召集大家建好兵寨，铸造兵器和战鼓，学习武艺，做好作战的准备，结果杀得官兵片甲不留，血把河水染红了，后来这条河就叫红水河。《百鸟衣》中的张亚原从小丧父，后与公鸡变成的大姑娘，结为夫妻，在圩上租铺面挂牌营业，靠着妻子独特的本领，铺子总能做到大官家百货无，小亚原逢货有，生活也过得挺平静。不料新科状元从京城来住在旅店，知悉亚原美妻的本领后，便派卫兵强抢亚原妻子带回京城献给皇帝。逼得亚原妻子想出了报仇计划，并在临走时告诉了亚原。亚原依照妻子的计划，造弓箭打鸟，三年打满100只，将其羽毛做成羽衣，买来一鼓一锣，身着羽毛衣走三个月进了京城。亚原妻子忽一日远远听到鼓锣响，知是丈夫来到，邀皇帝站立宫楼，喜笑颜开。皇帝三年也未见过姑娘一次笑脸，下令把舞鸟衣人带进宫。皇帝想讨姑娘的欢心，把龙袍脱下与亚原换穿百鸟衣，见姑娘笑，也边舞边笑。鸟衣越舞越紧，想脱也脱不了，急得皇帝双手用力乱扯。姑娘大声叫：来人！快给我打！太监、宫人齐拿木棒闯进宫，将穿百鸟衣的皇帝一阵乱打。皇帝满地乱滚，化作一只山鸡飞向山林。亚原脱下龙袍，与妻子回转家乡。这段故事说明，要是没有新科状元和皇帝的威逼强抢，各自就相安无事，又怎么会有这后来的反抗杀皇帝的事情呢？故事《红铜鼓》也说到，皇帝的军队经常来壮族地区骚扰，抢粮食，夺金银，搜壮锦，为了抵抗皇帝的军队，人们才在九龙山上建一座鼓楼，安置一个大大的铜鼓。皇帝的军队一来，就擂起大铜鼓，附近村庄的人们就立即联合起来抵抗。自从设立了鼓楼，由天轰轰擂鼓以后，皇帝的军队一进来就被杀得七零八落。《简宜的故事》也说道："那时候，皇帝的官兵常常来欺压壮人，催皇粮啦，找美女啦。"这些故事形象地告诉我们壮人并非天生地好作乱、造反，其实都是官逼民反，他们起来反抗其实是迫不得已的行为，否则利益受损，甚至连活下去都难。所以，他们的反抗是维护权利和正义的反抗，是一种富于正义感的行为，而他们在斗争中所表现出来的勇敢精神也特让人感动，因此，读着这些壮人反抗土司和皇帝的民间故事，一个个敢于反抗的壮族形象就活脱脱地呈现出来了。

五 机智灵活的壮族形象

历史文献还经常提到"壮性愚蠢"，如明嘉靖《南宁府志》云："窃惟瑶、壮之性本自愚真，其桀骜贪狡者，百中之一耳。"清道光《白山司志》云：壮人"性愚蠢，耕作之外无他艺"。民国《迁江县志》云壮人："性愚蠢、朴质。"给人的印象好像壮族天生就是很愚笨似的，但壮族老百姓通过民间故事塑造的一系列聪明机智人物，如公颇、老登、佬巧、汪头三、公天、甘罗等，却个个机智聪明，让财主、土司都甘拜下风，从中所反映出来的壮族形象与历史文献所说的壮族形象迥然不同。

作为机智人物，老登多次出现在不同的故事中。在《还债》中，他有一天因还不起债务，正愁眉苦脸地坐在小土岗上面对着远处波汪汪的池塘出神。这时财主走了过来，嬉皮笑脸地对他说："聪明的老登，我知道你现在阔起来了，还养起鸭帮呢！"老登抬头一看，果真有一大群鸭在池塘嬉戏，就顺水推舟地说："债务还不起，没办法呀！"财主摸着胡须出主意说："你就用鸭帮顶了债吧，我再给你点跑脚钱，好吗？"老登说："这办法倒很好，不过你莫后悔哦？"财主说："那当然，那当然。"老登说："鸭和我混熟了，听到主人的声音，它们就像孩子跟着妈妈一样地跟着我。所以你得等我翻过那道山岗，再把鸭子赶回家去。"过了一会儿，财主望着老登过了山岗，就兴冲冲地拿起竹竿，向池塘奔去。谁知，那群鸭"轰"地飞腾起来，"吱呀""吱呀"地全飞上天去了！原来是群野鸭，财主这时才知道上了老登的当了。在《火衣》中，老登再次显示了自己的聪明智慧，不过，这一次中招的是他的财主丈人。有一年冬天，老登的岳丈请客。老登只穿件烂棉袄，冷得直打牙尖。为了取暖，他一口气跑到岳丈家去。结果弄得汗流浃背，满面通红。岳丈见了，非常诧异，问："三姑爷，我穿着狐皮衣，还冷得鼻孔拉风箱。可你呢？披着纸一样薄的烂棉袄，汗却快淌成小河了。"老登说："因为我穿的是火衣呀！"老登的丈人是个"见宝心痒，见财眼开"的财主，听了这话就说："既然是件宝贝，你就换给岳丈吧？"老登说："这是我家的传家宝，不能换呵！"老登越是不想换，岳丈就越是不肯放过，一定要换，老登也就答应了。过了两天，岳丈差人把老登叫来，当面骂了一顿，说："那简直是一堆烂棉团，说什么火衣宝贝呀！差点叫我害上伤风啦！"老登问："你把它洗啦？"岳丈怒气冲冲地说："又脏又臭，不洗还成?!"老登跺着脚说："火遇了水，不就熄了吗？"老岳丈被噎得无话可对。在《打官》中，老登还靠了自己的智慧打了土司一巴掌呢！一年三月，老登与朋友去游花园，朋友对他说："老登，你能打官爷一巴掌，我请你一席酒。"老登不动声色，捉来一只牛虻，迎着赏花趣味正浓的土司走去，狠狠地往他的脖子上打了一记。土司正要发怒，老登伸出手掌给土司看，一只牛虻被打得稀巴烂，土司虽然挨了打，但也不好发作。

而佬巧的聪明也不输老登。在《哄土司下马》中土司要与他打赌：如果佬巧能够把他从马上哄下来，他就把马给佬巧骑；如果哄不下来，土司就可以抽佬巧三十鞭。结果佬巧略施一计，并不马上答应，而是说老爷你骑在马上，不好跟你讲，最好先请您下马来，讲清楚了再干。土司老爷不知是计，就下了马。可这一下正中了佬巧的计，最后只好认输把马给佬巧骑了。《八兄弟戏土司》的八兄弟，也是聪明机智地利用各人所长把土司给戏耍了的机智人物。寡妇三婆吃了八个仙柑，生下八个男孩，仙翁给取名千里耳、万里目、大力三、顽皮四、硬骨五、发冷六、长脚七、大哭八。他们个个聪明能干，能文能武，辛勤劳作，孝敬父母，全家过得很快乐。一天早上，土官大楼被大风吹歪了，土官出告示招匠人去修。八兄弟为了能获得修楼赏银一万两，先让大力三去将大楼扶正。土官却翻脸不认，还差人绑了关进牢里，逼他交出法术。在大哥主持下，充分利用七兄弟各自特长，巧妙应付土官的"五马分尸""蒸笼里蒸""丢大海"数种诡计，平安转回家。土官恼怒已极，就派出大队人马来搜捕八兄弟。大哭八在家被带到土官衙门号啕大哭，泪水淌出比山洪还急，把土官和兵差冲出衙门，活活淹死了。《公颇的故事》中的公颇，也同样是机智的人物，他当土司老爷的随从，土司骑马，他步行。两人打赌，赛一问一答，谁说不下去算输。土司要公颇讲京城里的故事。公颇讲后，土司否定说眼见为实。公颇反问土司在公堂问案，主要是靠听原告被告口供来断案的，哪里要件件事亲眼见过。土司认输了。接着土司又说自己想去京城朝见皇上，因听人说路太远而未成行。公颇质问怎么相信听说的事，眼见是实，耳听是虚。土司辩解说望得见是近，望不见是远。公颇问土司天老爷天天望见，是天老爷离得近还是皇上住的京城近？土司无言以对，就反问公颇哪个近？公颇言人能走到的地方算近，不能走到的当然远。土司输了，又与公颇比哄骗人的本事，说能骗自己下马算真本事。公颇说你已在马背上，不用骗上马了。土司急忙跳下马来，结果正好中了公颇的计，土司又输了。就这样公颇以自己的聪明才智每次问答都赢了土司。

这些机智人物，身份都比较普通，也没有受过多少学校的教育，文化知识不多，但他们并不缺乏智慧，而且还屡屡以自己的灵活聪明将自以为是的上层人物挫败。而他们的聪明机智，不正好让我们看到了一个机智聪明的壮族形象了吗？

六 敢于克服困难以求幸福的壮族形象

历史文献经常将壮族描述为无所事事，不思进取，如民国《柳城县志》云壮人"性情诚朴，思想落后，一切文化多停滞于中古文明状态中，且习于保守，无进取心，一般人稍足温饱即不愿再事努力"。民国《乐业县志》云："本县土人，文化未开，不习官语，读书不得其解，人才缺乏。……他如耕凿之外，不受外界潮流刺激，思想单纯，饱食恬嬉，悠游岁月。"但壮族百姓却通过一系列民间故事的壮人形象来告诉我们，壮族并非不思进取、只知安天乐命的民族，遇到威胁自己幸福和安定生活的危险对象，总是积极地站出来与之斗争。

比如，《布伯》中的布伯，为了消除旱灾、让大家过上好生活而奋不顾身地与雷王和龙王作斗争。《杀蟒哥》中的"杀蟒哥"，为了让大家过上平安的生活勇敢地站出来与专吃人和牲口的大蟒蛇进行斗争。《七鼻老妖》中的"兄弟俩"也出于同样的原因而冒着生命危险去杀死专吃人的

"七鼻老妖"。《挨朱奴》中的挨朱奴，勇敢地与危害百姓、兴风作浪的风公风婆作斗争。《水珠》中的岩刚为了给大家引来救命水而甘愿承受各种艰辛。《勇敢的阿刀》中的阿刀，勇敢而机智地将凶残的夏山婆杀死。《达妍与勒驾》中的勒驾，为了能与达研结婚，不畏山高路远，克服种种困难，战胜了对手日八、日犬，终于将雷鼓背了回来，赢得龙员外的喜爱，顺利地与达妍结成夫妻。《艾苏与艾撒》中的艾苏带着妈妈的不要怕任何困难的嘱托勇敢地踏上了为大伙寻找幸福快乐的地方。《一幅壮锦》中的勒惹勇敢地接受火灼和冰冻的艰苦考验，找回了丢失的壮锦，过上了幸福的生活。这一系列的故事主人公，没有一个是"饱食恬嬉，悠游岁月"的人，为了获得幸福、安定的生活，他们总是积极地应对所面临的各种困难和风险，勇敢地站出来与之作斗争，没有呈现出一丝不思进取的痕迹。而对于有这种倾向的人，则无一例外地都给予了批评，并给他们安排了不幸的结局，以示惩戒。如《艾苏与艾撒》中的艾撒、《一幅壮锦》中的老大、老二，都因贪图眼前享受、害怕困难、无所作为最后都没有落得什么好下场。这些一正一反的两类人物形象，正好形象地说明了壮族是认同幸福只有靠勤奋、勇敢地去争取才能获得的价值观的。所以，这些人物形象，也就很好地彰显出了一个不怕困难、勇于追求幸福的壮族形象。

由上所述，我们可以看到，壮族人在自己的口述作品里所建构出来的壮族形象，与历史文献所建构的真的是迥然有别，而且显得有血有肉，生气活现，很接地气，富有历史的现场感，不是历史而胜似历史，充分显示了壮族"自塑"形象的独特之处和优势。

第二节 壮族口述作品"自塑"壮族形象的特点

那么，壮族口述作品"自塑"壮族形象，都有哪些具体的建构特点呢？概括起来大致有以下几个方面。

一 以真性情来建构壮族自我形象

壮族民众创作民间口述作品，从动机上看，纯属是自抒性情，自叙想法，一般都是心中有什么就说什么，想唱什么就唱什么，完全以我为主，因此，也就铸造了壮族口述作品的真性情品质。一方面表现在情感思想的真，另一方面表现在所塑造的人物形象的至情至性上。从上文所分析的那六种壮族形象来看，无论是壮族英雄人物，还是壮族机智人物，都很有灵性与活力，他们有自己的喜怒哀乐，更有自己的爱憎倾向，活脱脱的就像现实中的人一般。所以，让人感觉比历史文献更接近壮族的实际，历史文献的汉族书写者由于处于他者的位置上，对壮族了解不多，再加上又偏执于表达自己的价值观，所以，所建构出来的壮族形象有不少变形、失真之处，远没有反映出壮族的真实状况。而两者之间的差距，正是壮族口述创作的长处与特征的体现。以真性情来言说自我和建构自我，不扭捏、不作态，正是壮族口述作品建构壮族自我形象的最鲜明的特点。

二　以一种求善求好的心态来建构壮族自我形象

如果说历史文献的壮族书写存在着一个中心—边缘的书写模式的话，那么，壮族口述作品建构"自塑"的壮族形象也有自己的模式，那就是创作者大都是抱着一种求善求好的心态来书写自己。山歌是书写自我最为突出的一种口述作品体裁，所抒之情也多为求善求好的性质，所以，品类繁多的山歌从哭嫁歌、架屋歌、春牛歌、安床歌、入屋歌、划船歌、挖地歌、敬酒歌、迎客歌、情歌，虽然所唱的内容不一样，但是共同的基调都是祝福感恩、求善求福。在那些以讲述他人故事为主的壮族民间故事中，故事的讲述者也是以求善求好为基本的讲述格调。《布洛陀经诗》讲述的就是布洛陀这个万能的大好人的故事，他的所作所为处处都体现了为壮族人过上好生活的善意宗旨。而那些机智人物的故事就更是写聪明人惩罚恶人的故事的，求善求好的特征也非常明显。有些民间故事即便是写反面人物形象，在故事中也是作为教育警示的形象出现的，如《艾苏与艾撒》中的艾撒、《一幅壮锦》中的老大、老二等，都是作为"反面教材"以反衬出善的可贵而出现在作品中的。就拿上一节我们所概括出来的口述作品所建构的那六种壮族形象来看，也全都是体现求善求好的旨趣的。

这样的创作心态自然与历史文献的他者歧视、偏见的心态迥然不同。后者所建构出来的大都是作为先进的汉文化对立面的负面的壮族形象。而这种鲜明的对比，亦可足见，求善求好的心态的确是壮族口述作品书写壮族、建构壮族形象的一个鲜明的特征。

三 以多样灵活的文学载体样式生动地建构壮族自我形象

与历史文献多以纪实性的史、志体裁来书写壮族不同，壮族口述作品的体裁不仅多样，有神话、史诗、山歌、民间故事等，而且则多属文学性。那么，这样的体裁差别会对两者的壮族形象建构产生什么样的影响呢？

首先，看历史文献的纪实性史志体裁。它们一方面要求作者以史料、史实作为书写的对象，另一方面又允许作者对所采写的史料和史实作出评论。就前一个要求看，它限定了书写的内容，只能是历史上曾经存在和发生过的事情，而这样的事情往往是既定的，也是有限的，要想在史料上出新是非常困难的，而且在古代由于交通不便写作者能够采集到壮族的新鲜史料、史实就更是难上加难了，但作者又需要写，怎么办呢？于是，就只好照抄别人的。这就是历史文献壮族书写陈陈相因的重要原因。就后一要求看，作者对史料、史实的评价很容易受到自己所属的文化和社会的集体意识的影响和制约，容易导致历史评述的模式化、单一化。两个方面的因素叠加起来，很容易导致壮族书写中所建构出来的壮族形象单调呆板，乃至是刻板。这就是历史文献的体裁对其壮族形象建构所产生的影响。

其次，看壮族口述作品的文学性载体样式。壮族口述作品的文学性体裁，无论是哪一种，对所写的壮族题材内容都不要求全部都是实有的，可以依据生活逻辑和情理逻辑灵活地虚构题材内容，只求逼近壮族的生活情景即可，它要求的是艺术的真实而非生活的真实。这就给书写者的表达创造了更为灵动的空间。具体表现在：一是它的题材来源更加自由灵活，既可以在史实、史料的基础上进行虚构加工，也可以在生活事实的基础上进行虚构加工、演绎；二是它也因此给书写者自由地抒发情感和表达思想，提供更多的机会，因而所建构出来的壮族形象就更灵动、更血肉丰满、更接地气，因而也更接近壮族的真相。这就是壮族口述作品的文学性体裁所给予的壮族形象建构的影响。

最后，两相比较，以体裁的角度看，历史文献与壮族口述作品在建构上各有特点，也各有短长，但从接受效果来看，壮族口述作品灵活多样的文学体裁显然更有助于壮族形象的生动表达，因而也更有助于形成优质的壮族形象建构效果。这也是壮族口述作品建构壮族形象的一大特点。

第三节 壮族口述作品"自塑"壮族形象的当代启示

壮族口述作品虽然展示的是过去时代的壮族人"自塑"壮族形象的能力与风采,但是它所体现出来的"自塑"经验,对于今天的壮族"自塑"活动,仍然具有重要的启示意义。下面我们就拟结合新时代的文化语境来具体谈谈这一启示的具体内涵。

一 要有效地激发起"自塑"壮族形象的自觉意识

过去时代创造的壮族口述作品,所建构出来的"自塑"形象之所以到今天仍然对我们具有独特的魅力,就在于其性情的真。其中人物形象的喜怒哀乐、生活的理想与愿望,都非常的具体可感,而且历史生活的现场感很强,读了之后,很容易就把人带入到了具体的情境之中。这些表达效果的取得,主要源于这些壮族口述作品的创作者具有非常强的主体意识,他们敢于也善于表现自我,有着一股强烈的表现欲。这是壮族口述作品能够建构出动人的壮族形象的内生性力量。这就启示我们,在今天壮族要想提高自己的存在感,非得要具有这样的主动表达意识不可。

而目前我们恰恰缺少的就是这种敢于和善于表现自己的主动意识,能像过去的壮族先辈那样想唱就唱山歌的人是不是少了?能用和敢用现代的手段表现壮族的是不是也不够多吧?这大概也是导致壮族在经过了新中国成立70年的建设发展,即便取得了翻天覆地的变化,但在全国人民的心目中的存在感仍然不够强的重要原因之一吧。所以,对于今天的壮族人来说,最紧迫的事情之一,就是赶快激发起本民族传统的敢于和善于表述自己的内生性力量,让更多的人成为自觉的"自塑"壮族形象的主体,以便让壮族的发展进步能让更多的人所知晓。现在,随着信息技术的发展,自媒体的发达,时代提供给我们自我表现的机会和手段比过去多得多了,因此,我们没有理由比过去的先辈们做得更差吧?这是壮族口述作品给予当代壮族"自塑"活动的第一个启示意义。

二 激发传统口述创作方式的新活力

虽然现在壮族口述创作的方式在萎缩,像神话、史诗的形式早就退出了创作的舞台，但是也不乏至今仍有生命力的形式，如山歌、口述故事等，就仍然在今天存活，比如在山歌传统底蕴深厚的柳州、河池、百色、武鸣等地，唱山歌仍然是不少民众，尤其是中老年人的一种日常的娱乐方式。不仅如此，山歌作为一种艺术还活跃在政府组织的各种公共活动和节庆活动中，如在南宁国际民歌艺术节、宜州市的刘三姐旅游文化节、武鸣区的"壮族三月三"歌圩暨骆越文化旅游节、宁明县的"三月三·骆越王节"、田阳县的布洛陀民俗文化旅游节中，山歌表演都是其中的一个重要的组成部分。鉴于壮族口述作品当今的活力及其所固有的较强的壮族形象建构功能，我们有必要在今天利用现代的条件进一步激发它们的活力，放大它们的壮族形象建构的功能。这应该算是壮族传统口述创作所给予我们的又一启示意义吧。幸运的是这样的工作正在有人做。像广西人民广播电台就尝试以"广播故事《广西历史文化传奇》"的节目形式来创造性地运用和发挥传统口述故事的形式与形象建构的潜力。

2016 年 10 月电台发布的组稿启事称，该台正在组织策划一个名为"广播故事《广西历史文化传奇》"的节目，向对此感兴趣的人征集故事剧本，要求故事的选材范围是，广西历史上，尤其是近代、现代、当代历史上发生的可歌可泣的、催人奋进的重大历史事件、传奇人物、文化现象、独特风物。故事的内容分类有：人物系列、事件系列、文化系列和风情系列。故事的创作要求是，通过纪实文学、故事的手法讲述最能体现广西民族精神、弘扬民族文化、树立广西美好形象、增强民族自信和自豪感的传奇故事，篇幅短小、线索清晰，时空久远而现实感强，力求广播纪实效果，适合后期制作，并能够最终录制成富有文化底蕴的可听性强的广播文艺作品。在故事主题的提炼上，要求用现代的眼光发现历史，对入编的历史事件、人物、风物、文化现象进行重新解读，通过穿越时空的思维方式把历史沉淀和现实思索巧妙地衔接起来，以提升题材审美价值，向受众传达丰富的信息和增加收听快感。从这一则组稿启事中我们可以见出，该节目是以广播+口述故事的方式来进行制作的，既保留了传统口述故事的传统，又不失现代的传播新特点。可见，现代电子媒介不仅为我们提供了激活和延续传统口述创作方式的新渠道，而且也为其展示提供了新空间，我们要懂得充分地利用，像如今的 QQ、微信+山歌的表达、传播方式，就是其中的又一例证。

可见，今天激活和拓展壮族传统口述创作形式的活力的途径和方式还是很多的,只要我们有壮族先辈敢于和善于表述的主动意识,就总是可以找到激发的新渠道和新办法的。对此,我们应该有信心才是。

三 将壮族口述创作的精神向物质方面拓展

壮族口述作品虽然属于精神性的产品,但其敢于和善于表达的主动精神,也可以推及物质生产领域的,由此所取得的壮族形象建构效果,不仅不亚于传统的壮族口述作品,而且还具有很强的实在性和时代性。

比如从下面这份广西"第一书记"扶贫产业园"庙6"展销会的产品展销名单中,我们就可以感受到其中强大的壮族形象建构的潜力。如果名单中的产品最终都能形成产业化、标准化、规模化、品牌化的生产的话,那么,它们所迸发出的壮族形象建构效果,一定会让人刮目相看的。产品名单如下:

横县的酱菜、果之味道芒果干、木瓜干、菠萝干、善之源黑山猪、茉莉花茶,上林的辣木粥、辣木茶、上林米,隆安的百草鸡、存善豆腐,田东的芒庄黑鸡、科尔沁牛肉、大庄园羊肉丸、紫玉淮山、养胃猴菇面、米花糖、牛耳朵、绿之宝红油、泡菜、土蜂蜜、酸梅酒、香糯甜酒,桂平的罗秀米粉、糯米饼、绿豆饼、金田淮山、白玉蜗牛,灵山的相思茶、珠乡橄榄肉菜,武鸣的泉水豆芽,凤山的龙凤酒、黑糯米、长寿米、土饭豆、核桃,永福的野生笋干,三江的坐妹养生粽,恭城的桃酥饼,三江的红茶、黑糯,融安的藤茶、大青枣,都结酸鱼,永福的罗汉果茶、姜茶,隆安的黄金牛蒡茶、梅精、蜜汁姜条,桂林的三花酒,象州的圣堂富硒桑果酒、野生蓝莓汁,巴马的山茶油、火麻油,恭城的油茶、柿饼,富川的脐橙,龙州的桄榔粉、柠檬酱、山黄皮,钦州的海鸭蛋,博白的桂圆肉,靖西的酸嘢,天等的土黑豆,柳州的螺蛳粉,田林的八渡笋,等等。

上述农产品作为广西各地的地方特产,其实都是可以通过各种方式来与壮族关联上的,因而也都具有壮族形象建构的潜力。

而未来随着国家乡村振兴战略的实施,乡村旅游、休闲农业、生态农业、田园综合体、民宿业、康养产业等新业态在壮乡的兴起,那么,这些物质产品的生产,也将会以新的方式产生壮族形象的建构效果,只要大家能够发扬壮族口述创作的敢于和善于表达的主动精神,这样的景象的出现就不会是幻想。

可见,在新时代,将壮族口述创作的敢于和善于表达的主动精神向物质领域拓展和扩充,不仅能实实在在地重构壮族形象的面貌,而且对促进壮族"自塑"的水平和范围,也是非常有利的。

  尽管有学者认为,在全球化的背景下,国家形象、民族形象的定位不是由各个国家、民族自己说了算,而是由他者来定位、由世界的结构来定位的。① 不过,我们却不能因此而看轻各民族自己"自塑"形象的意义。试想,如果一个民族没把自己建设好,没有"自塑"好自己的民族形象,那么,它在被别人"定位"时,能有好的形象吗?所以,壮族"自塑"形象的重要性是不言而喻的,壮族口述作品所体现出来的主动表达和建构的意识,是非常值得我们珍惜和发扬光大的。

---

  ① 参见《世界热议中国,中国路在何方:读懂中国看这里》,(2016-1-29),http://book. sohu. com/20160128/n436147042. shtml。

第三章

当代壮史书写的壮族形象建构

壮族口述作品虽然显示了壮族在"自塑"形象方面的优势，但仍然难以消除壮族在历史书写上所留下的缺憾，因为历史文献对外所产生的影响毕竟要大于壮族口述作品，这也是为什么就壮族而言历史书写是其最想弥补的一个缺憾的重要原因，而真正地实现却要等到新中国成立之后的1956年。新中国成立后，中央政府为了落实民族平等和民族团结的政策，就出面组织编写新的少数民族史。其中关于壮族史的撰写，周恩来总理还亲自作了布置。1956年6月全国人大会议期间，周恩来总理亲自对黄现璠先生说："壮族是中国少数民族人口最多的一个民族，可是至今还没有一部专门论述壮族历史的专著，您是历史学家，应该义不容辞地承担起这一学术任务。"① 而这也标志着以壮族为书写主体的壮族史书写时代的开始。到了1957年，黄现璠先生就写出了一本《广西壮族简史》，算是第一部壮人自己撰写的壮族史专著了。而黄先生之所以热心投入到壮史的撰写中，一个很重要的动因就是那些用大汉族主义史观写成的所谓的"中国民族史"，令他"'原始的'少数民族者几乎'无地自容'，忿忿不平，痛心疾首"②。可见，当代的壮族史的书写实际上被赋予了多重的意义。一是要颠覆大汉族主义史观，二是重构壮族史，三是彰显民族平等、民族团结的新政策、新气象，四是重塑壮族形象等。也正因为如此，政府和学者的投入都比较多，所以，自20世纪50年代至今，当代壮族史的撰写取得了丰硕的成果，出版的专著和论文都比较多。基于此，本章拟以这些成果为基础，探讨当代的壮史著述都建构出了怎样的壮族形象，为了取得更

---

① 黄现璠：《民族调查与研究40年的回顾与思考》（下），《广西民族研究》2007年第4期。

② 黄现璠：《民族调查与研究40年的回顾与思考》（上），《广西民族研究》2007年第3期。

好的壮族形象建构效果，当代的壮史书写需要进行怎样的转型升级，为了确保转型的成功还需要遵循哪些原则。

第一节 当代壮史书写所建构的壮族形象

自1957年至今，当代壮史出版的代表著作主要有黄现璠先生的《广西壮族简史》（1957），"广西少数民族社会历史调查组"编写的《壮族简史》（初稿）（1963），黄现璠等著的《壮族通史》（1982），张声震主编的《壮族通史》（1997）等。此外，还有不少相关的论文和专题性的论著。从中可见到，通史性的著作是代表，其中黄现璠等著的《壮族通史》和张声震主编的《壮族通史》又是代表中的代表。因此，本节将以这两部著作为核心，分析当代壮史著述的壮族形象建构。张声震先生认为，即便用通史的形式，要勾画出壮族的民族特征也是一件非同寻常的难事，[①]但是通过他们的努力，读者还是可以通过他们的著作，感受到壮族形象的存在。下面笔者就拟以黄现璠等著的《壮族通史》和张声震主编的《壮族通史》为主要依据，具体分析当代的壮史书写到底都建构出了怎样的壮族形象？概括起来看，大致有以下几个方面。

一 源远流长的壮族形象

像其他的民族史研究一样，族源问题也是壮史研究的一个绕不过去的问题，它关系到一个民族的身份合法性。它要说清楚关于一个民族的"我是谁"的问题，因此，壮族源自哪里？就曾经是学术界热议的一个问题。关于这个问题，学术界曾经出现过三种观点：一是壮族外来说，二是壮族土著说，三是壮族是外来民族与土著混合说。这三个观点，在新中国成立之前就已经出现了，新中国成立之后，壮族历史研究者们又重新来审视这个问题，且都倾向于认为壮族是土著民族。无论是张声震主编的《壮族通史》，还是黄现璠的《壮族通史》，也都主张这一观点，并且进行了深入的考证、论述。黄现璠先生就从考古学、文献学、语言学、地名学、遗传学等角度，多方面地论证壮族是历史悠久的土著民族，以广西为

[①] 张声震：《在〈壮族通史〉首发式上的发言》，《广西民族研究》1997年第4期。

中心，经过长期的历史发展而成为今天我国人口最多的一个少数民族。[①]张声震主编的《壮族通史》的论证则要比黄现璠先生的更丰富一些，特别是将考古学和体质人类学结合起来，将壮族的渊源追溯到了旧石器时代晚期的柳江人。这样力求详尽、科学的论述，就是为了说明壮族的渊源是非常远的，可以追溯到旧石器时代，是地地道道的广西土著。读着这样的论述文字，读者自然也会跟着形成一个源远流长的壮族形象。

二 拥有独特文化的壮族形象

文化是一个民族的灵魂，因此，为了显示壮族的民族性特征，当代的壮史书写和研究都将壮族文化作为重点介绍的对象。黄现璠先生在《壮族通史》中就专辟了第十章"文化艺术"、第十一章"生活习俗"来集中地介绍壮族文化的内容，涉及壮族的语言文字、教育、民间文学、音乐歌舞、左江流域崖壁画、铜鼓、壮锦、蜡染和银饰工艺品、医药、礼节、居住、饮食、服饰、节日、禁忌、婚姻、丧葬、宗教信仰等，内容非常的全面。而张声震主编的《壮族通史》则采用分散到各个朝代去逐一介绍的方式，在每一朝代都分设"社会文化"和"教育"两个专章来介绍该朝代壮族文化的发展状况。而其他学者的壮族文化研究成果以单篇论文为主，多是选取某一个方面进行深入的研究和介绍的。当然在研究、介绍的时候，学者们都有意地强调其独特性。综合各路学者有关壮族文化的研究和介绍，我们可知壮族有如下一些独特的文化：

壮族有自己独特的语言，但没有文字。服饰上，上身穿左衽、短袖、无领短衣，下身穿"通裙"（亦称"桶裙"，或称"贯头""关头"），这与中原汉民流行的右衽完全不同。此外，壮族的服饰也还有着鲜明的地方特色，所以，可以依据服饰的不同特色而将壮族分为"斑衣壮""红衣壮""花衣壮""黑衣壮"等。装饰上的"断发文身""雕题凿齿""椎结披发"，则是壮族早期的装饰特点。建筑上，有独特的干栏民居建筑。美食方面，则有很多种特色食品，如煨南瓜饭、竹筒煨饭、玉米饭、生菜包饭、烧香猪、魔芋豆腐、五色糯米饭、"生血"、"鱼生"等等。其中的"生血"，是在宰猪、羊、鸡、鸭这些禽畜时，将血放在盆里，不断地搅拌，然后将肝、肺跟各种芬芳浓郁的去腥原料煮好，趁热放入血中搅拌，

[①] 详见黄现璠等《壮族通史》，广西民族出版社1988年版，第5—14页。

待凝结时便可吃。由于调料是去腥杀菌的，所以吃惯了的人颇觉爽口，亦无害，有些地方甚至有"不得吃生血，等于未宰猪"的说法。而"鱼生"则是将鲜嫩的生鱼块切成薄片，拌以花生油、米醋、黄豆粉、葱蒜、姜及各种芳香的去腥杀菌配料，拌匀即可，味道鲜嫩酸甜。五色糯米饭，又称"五色饭""花色饭"，更是一道色、香、味俱全的壮族饭食，制作时把糯米泡进枫叶、紫香藤、红蓝草、黄花的汁水里，分别染成黑、紫、红、黄，加上糯米本色，就成了五色，蒸煮即成饭。这种花色饭不仅色彩缤纷，而且香味袭人，甘甜爽口，并具有清热解毒之功效。葬式上，壮族实行二次葬，也是与汉族不同的。山歌文化盛行，对歌择偶，曲调多样，也是壮族歌谣文化的特色。宗教信仰上，则奉行多神崇拜。铜鼓、壮锦文化，也独具特色。读着这些关于壮族特色文化的介绍，你自然会形成一个拥有独特文化的壮族形象来。

三 勇于反抗、爱国御敌的壮族形象

为了能够凸显壮族的光辉历史，增强壮族人民的民族自豪感，壮史的书写者们非常注重挖掘和表现历史上壮族人民反封建、反侵略的斗争事迹及其涌现出来的英雄人物。在黄现璠先生的《壮族通史》里，这一内容分别被集中安排在第十二章"壮族人民反封反帝革命斗争"和第十三章"中国共产党领导下壮族人民的革命斗争"里进行叙述。而在张声震主编的《壮族通史》里，则还是按照事件发生的实际时间分散在相应的朝代里进行叙述，但在叙述的时候又分内部斗争和对外斗争两个方面来进行介绍。内部斗争方面，有东汉时期"二征"的起兵反抗，唐代的俚僚人起义，宋代的侬智高起义和南丹、扶水、环州"蛮夷"的反抗斗争，明代的古田起义、府江起义和八寨起义，清代的太平天国起义、清末的孙中山领导的革命党起义和反对袁世凯复辟的斗争，新民主主义时期的壮族人民参与建立的左右江革命根据地的斗争，解放战争时期的壮族人民反对国民党统治的斗争；对外斗争方面则主要有宋朝时的反抗越南李朝的入侵、明代时的瓦氏夫人率领俍兵抗倭、清代时的抗法斗争、民国时期的抗日救国斗争。

读着这些历史上壮族人民反抗斗争的事迹，有几个令人印象非常深刻：(1) 是壮族人民的反抗斗争很多，几乎每个朝代都有；(2) 是壮族人民很能战斗，也很敢于战斗；(3) 是壮族人民所受的阶级压迫和民族

压迫很沉重；(4) 是壮族人民很爱国，面对烧杀成性的外国侵略者总是敢于拿起武器，进行抵抗，为捍卫国家主权尊严作出了积极的贡献。难怪有一位网友读后发表评论说，读完这些壮族人民反抗斗争的篇章，有一种找到了连接壮族先民雄伟骨骼的脉络的感觉。可见，反抗斗争，一直就是壮族先民的历史常态。壮史书写对这方面内容的叙述，将一个敢于反抗、爱国御敌的壮族形象鲜明地建构了出来。

四 不断发展进步的壮族形象

由于壮史的书写者们在撰写壮族历史的时候都是按照马克思主义关于人类社会发展的五个形态的理论来安排叙述构架的，因此，壮族不断发展进步的形象也就在这个框架的具体展开中逐一地展现了出来。这无论是在黄现璠先生的《壮族通史》中，还是在张声震主编的《壮族通史》中，都莫不如此。比如两书关于壮族的政治治理方面的改革变迁的叙述，就很好地将壮族治理方面的不断发展进步的形象展示了出来：

首先，是秦朝设置三郡。秦始皇统一岭南之后，大体按照西瓯、骆越、南越等部落原来活动的范围，建置了桂林、南海、象郡三郡，派遣官吏进行了统治，从而将岭南地区置于中央封建王朝的统治之下，既传播了中原地区的封建文化，又促进了壮族先民社会制度的变革和社会生产力的发展。

其次，是隋唐五代十国时期实施羁縻制。所谓羁縻，乃是指制四夷如牛马之羁縻也。该制度主要在当时邕管的边远的左右江和红水河流域的州、县、峒实施。羁縻制实际上起于汉代，是基于边疆少数民族地区的经济文化比较落后难以施行中原发达地区的那一套治理措施而采用的特别官吏体制。其核心有两点：(1) 是各土著贵族归附王朝后，由中央授予官衔，服从于王朝，才给予优异的政治、经济权益，并按照旧俗管理其原来所辖的地区。(2) 是使各土著贵族接受王朝中央的调度，定期或不定期地上交不同数量的朝贡。唐代的羁縻制度就是对汉晋时期所采取的政策的延续，但比以往各朝的民族政策和措施进了一步，将周边众多的民族统一起来，置于唐王朝的管辖之下，打破了各族间的割据局面，缓和了隋以前尖锐的民族矛盾，社会得到了安定和发展，而且使中原和边疆地区之间的物质和文化交流能够正常起来，对促进边疆的少数民族的社会发展和民族融合也是有利的，所以，为后来的封建统治者在治理少数民族问题上提供了许多可资借鉴的经验，但羁縻制度也具有被统治者用作为分化各少数民族、激化他们之间的矛盾与争斗的毒副作用。当然，封建王朝实行羁縻制，最终目的是为了改变少数民族地区的政治和经济结构，当少数民族内部的政治和经济结构变得与汉族地区一致时，封建王朝就会主动抛弃羁縻制度。

再次，是宋代实施土司制度。宋代始在广西设置土司制度，这也是羁縻制的一种变种，本质上与羁縻制没有两样，但形式上作了些改变，后来的元代、明代以及清初也沿袭这一制度。宋在广西设置的土司制度，绝大部分是在桂西少数民族地区。实施该制度的州、县、洞，因社会经济、政治组织、文化制度以及民情风俗等都与流官的州、县不同，故称为土司。司者主管其事，或官署之称，所以，土官的官署，不管是土州县洞，还是土寨土镇，都是土司。土司实行世袭制，但要以获得中央王权的授权为前提，要向王朝纳贡，实行领主制封建统治，一切政令都独立自主，俨如小朝廷，所以，土司又称小皇帝。土司完全占有生产资料，特别是土地，但不完全占有生产者农民，只占有其劳动，即"役使其民"，甚至让其沦为家奴，还可以买卖。土司与土民的关系，就是"官常为主，民常为仆"，等级森严，"生杀予夺，尽出其酋"。土司制画地为牢，严重阻碍了桂西经济和社会的发展，使桂西地区比流官统治的桂东地区要落后很多，而且土官各自为政，也造成了他们为了扩充地盘，谋求更大的利益而经常相互攻掠和仇杀，严重破坏社会生产和百姓的安宁，至明代中叶时土司制已经成为阻碍社会发展的严重桎梏，亟需改革。

最后，是清中叶实施"改土归流"。"改土归流"虽然明代中叶已经进行，但因经常反复而未能实现改革的初衷，至清代乾隆、雍正年间，始在西南土官地区大规模推行"改土归流"政策，其方法是软硬兼施，把立足点放在军事镇压的"擒""剿"上，因而使"改土归流"势如破竹，但直至民国十八年（公元1929年）才全部结束。自唐的羁縻制算起，土司制历经上千年，改土归流本质上是封建地主制取代封建领主制。改土归流之后，壮汉民族间来往频繁，相互学习，文化教育有了一定的发展和融合，客观上促进了壮族社会的发展。

伴随着壮族这一治理变革过程的是，壮族的经济和文化都在向着好的和高水平的方面不断迈进。所以，读完两部《壮族通史》，读者似乎也跟着作者"走完"了壮族的一条不断发展之路，从中我们不难感受到一个不断发展进步的壮族形象。

五 不爱经商、男闲女劳的壮族形象

关于壮族的民族性格,过去的历史文献也经常提到,虽然多有片面和歧视的成分,但应该承认其中也有真实的成分,比如,关于不爱经商、男闲女劳的现象,黄现璠先生在自己的《壮族通史》中就很认同,并提供了一些新的证据。

像壮人不爱经商,他是先引证各路历史文献的说法,如《大明一统志》卷八五说到,左江之江州(今崇左县)"不知商贾,惟耕种",右江之奉议州(今田阳县)之壮人,也是专门"耕种纺织,讴歌娱乐"。清代的《大清统一志》也说到,思恩府(今武鸣)"居民力田,不事商贾"。清初顾炎武在《天下郡国利病书》中也说壮人,"男妇专事耕种,无别生活"。然后,又以自己在民国时期的调查来给予佐证。他专门调查了左江全茗州全茗街的经商情况,发现清末民初做生意的全是汉人或官族。壮人不爱经商的原因,黄先生归纳为这么几个:壮族社会生产落后、地方贫瘠、人民购买力低、没有文化、与外界接触少、不懂经商常识,以及"寸金不如寸土""香料不如盐,商贾不如田"的轻商重耕的观念。

而关于壮族的"男闲女劳"现象,黄先生也是先引述各路历史文献的说法,如《岭外代答》就说:"为之夫者,终日抱子而游,无子,则袖手安居。"这是"男闲"的表现。那么,"女劳"又有怎样的表现呢?黄先生又援引自己的生活所见说,壮族妇女不仅要纺织、刺绣、管理家务和护理小孩,还要同男子一样插秧、割谷、犁田、耙地、赶集等,并援引民间资料的说法,说在旧社会右江流域不少地方,如果一个妇女的劳动力养不了自己的丈夫,就被别人说成懒妇女。有的地方挑水是妇女干的事情,男人是不干的,再晚都要等老婆耕田种地回家挑了水才煮饭。背着小孩挑着担子的妇女,在旧社会的壮族农村,是最常见到的现象。

经过黄先生的一番文献资料与调查资料相互印证的论述之后,不爱经商、男闲女劳的壮族形象是确确实实地被建构了出来。

六 热情好客、团结互助、包容性特强、重孝道的壮族形象

黄现璠先生在《壮族通史》里还专劈一章介绍了另一组壮族性格:热情好客、团结互助、包容性特强、重孝道。

关于热情好客，黄先生认为，这是壮族人民在社会生活中关心别人的一种传统风尚。他也是先援引相关文献来佐证，如明人邝露写的《赤雅》就记载说壮人，"人至其家，不问识否，辄具牲醴，饮啖，久敬不衰"。明代徐霞客在下雷（今大新县）路遇一老人，老人热情地把他请到家中，"请少憩以候明晨"，并"煮蛋献浆"来招待他。到达向武土司（今天等县）考察时，"土州守黄君，一见如故，遂欢饮十日"。然后，黄先生又以自己的所见来证明。比如有的壮族村庄，宰杀年猪时，村人共食一餐。在喝喜酒时，连妇女怀中的婴儿也有一份菜食，并由母亲打包带走。壮族人崇尚待客以礼，谈吐文明，食饮入席时，要请客人坐尊位。在一些壮族地方，像春节这些大节日，往往是一家来客，各家招待，客人要轮圈吃一遍，不吃者不礼貌，只要各家都尝一点，便是领到了情，尽到了礼。

关于这一性格，有的研究者也有所提及，比如地处广西红水河西岸的东兰县壮族山村，从古至今，每逢新年到来，都要欢度一次盛大的蛙婆节（青蛙节）。蛙婆节自农历正月初一起延续至月末。经过20多个日夜的游蛙婆及孝蛙婆活动，到了正月末，按照传统惯例，要葬蛙婆。这同时也是蛙婆节的尾声和欢乐的高潮。一个村子葬蛙婆，远近同贺，男女同往，成千上万的人流，涌向葬蛙婆的村子，大伙同去对歌或看热闹。而这一天，主寨人家格外喜悦，家家杀鸡鸭，蒸腊肉，酿米酒，包豆腐丸，蒸五色饭，隆重设宴招待八方亲友贵客，比过年还要热闹。这天各家各户多有来客，少则二三十人，多达数百人。家中人来人往，主家一视同仁。有些人并不沾亲带故，也被主人家当作新友新客，拉至家中热情款待。凡是进门的客人，都要吃饱喝足，尽兴而归。而没有客人进门的人家，被视为"衰户"和"冷门"，为此会深感不安。所以，壮族有一谚语云："千金难买客登门，杀牛难得亲友来。"

关于团结互助性格，黄先生认为，这也是壮族人民在社会生活中，为了解决生产和生活中的困难而形成的一种美俗，有着悠久的历史，并援引史料来加以说明。如明人邝露《赤雅》就说："有无相资，一无所吝。"光绪《镇安府志》卷八也记载壮人："凡耕获，皆通力合作，有古风。"然后，黄先生又以自己在生活中的观察来加以验证。他说，在壮族农村，一户人家砌新房子，全村大人都来帮忙，有的平整屋场，有的上山伐树抬木，有的舂墙、上梁、盖瓦，直至完工。有的地方各人都回家吃饭，不用主家招待，以后大家都依如此惯例相互帮忙就行了。遇上婚丧事情，全村人和亲友，几乎有钱出钱，有米献米，有酒捐酒，有力出力，使当事人能顺利地把事情办妥。村里有人生孩子的，家家都主动登门送鸡、送蛋、送酒、送肉，给产妇滋补身体。对于族房内鳏寡孤独的人，不管是否负有直接赡养的责任，都尽力照顾。壮族民间还有积公德、做好事的习俗，比如在村寨交通要道植树建亭，供行人休息或避暑躲雨，这里同时也成为男女谈情说爱的地方。还有的在各岔路口竖立"将军箭"来指示方向，方便人们识别路向。在弯弯曲曲的通径跨溪的道路上，沿途常见到有修建"阴功桥""阴功井"的，这是壮人做好事、积善修德习俗的体现，同时也是助人的体现。即便在家庭生活中，夫妻同样也要求团结互助。壮族的《传扬歌》之十六《夫妻》歌就说道："夫妻一条心，勤俭把家当"，"相爱两不厌，和睦把家当"，"小事多相让，大事好商量"。在壮族人的观念中，把帮助别人看作是自己应尽的义务，也把接受别人帮助看成是一种权力，所以，壮族人民自古就形成了"一家有事百家帮"的传统习惯。时至今日，在壮族不少地方，哪家有子女上中学、大学读书而其父母又无力供给费用时，亲戚、族内叔伯都量力给予资助。

关于壮人绝少排外心理、具有包容性格，黄先生认为这一性格的形成，是由于秦汉以后，汉人逐渐进入广西，壮族与汉族和其他兄弟民族杂居，逐渐突破了民族文化的局限而形成的共同民族心理。而对于壮人的这一性格和心理，也有不少壮学研究者加以关注和研究，并详细阐述了其具体表现：（1）对于外来的汉人，壮人绝少排斥心理，还广泛地与之杂居、交往、通婚；（2）对于汉族先进的精神文化，壮族也是积极地吸收，比如，在铜鼓的纹饰上就借鉴汉族流行的纹饰，镌刻体现汉族文化理念的文字；（3）在生活的习俗上，壮族也有仿照汉族的饮食、衣着、礼规、房屋、节日、婚姻、丧葬等风俗习惯的；（4）对于汉族先进的生产技术和生产工具，壮族也积极采用；（5）在民间文学的创造中，壮族也吸取了很多汉族题材的故事，如汉族民间故事《梁山伯与祝英台》经过壮族化的改造之后亦广泛流传，壮族歌仙刘三姐的山歌，也大多数为汉语歌词。正是由于有这样一种包容的心理与性格，才使得在壮族聚居区虽然住着汉族和其他少数民族，却很少发生尖锐的大规模的民族冲突。历史上壮族与其他民族有时也发生纠纷之事，但主要是由于反动统治阶级挑拨造成的。

关于尊老、讲孝道的性格，黄先生认为，这既是壮族的一种礼规习俗，也是壮族在人伦道德上所体现出来的一种民族性格。关于壮族的这一性格特征，不仅黄先生强调，其他的壮学研究者也有论述，现综述其种种具体表现如下：

壮族的《十劝歌》中的《劝孝顺歌》教导年轻人如何孝顺老人："我劝晚辈们，孝顺老年人。老人若生病，服侍要殷勤。早端洗脸水，晚端洗脚盆。口渴帮倒茶，风冷要关门。"在用餐时，最年长的老人不到就不能开饭，一定要等他入席了，才能开饭，而且尊位都要留给老年人。吃饭过程中，幼辈都要争相给老人挟好菜，过节杀鸡总是留出胸脯、肝脏、鸡椎给老人吃。路上遇见老人手拿东西或肩挑重物，必定代拿（或代挑）一程，甚至送到老人家里。就是骑马赶路，遇到老人时，也须下马向老人问候。如果儿辈结婚后不跟老人住而让老人单过的话，定会受到全村人的谴责，让你在村里抬不起头来。在村子里，那些经验丰富、德高望重、通情达理、见多识广的老人，更是深受尊敬，被尊称为"都老"。"都老"是壮语"老者"的汉音记音，意译为"头人"，是壮族村民对其族长和头人的尊称。"都老"的职责是：领导制订村规民约，维护村中社会秩序，掌管全族公共财产，主持各种会议如村寨长老会议、村民大会等。

我们都知道，性格往往是形象的显性标志，在壮族日常生活中体现出来的壮族性格，自然也就成了壮族形象的显性标志。从当代壮史著作的对此叙述中，我们不难感受到一个热情好客、团结互助、包容性强、重孝道的壮族形象。

以上六种壮族形象，就是以黄现璠的《壮族通史》和张声震主编的《壮族通史》为代表的当代壮族史著述，所建构出来的最主要的壮族形象。这六类壮族形象，自然也与历史文献所建构的壮族形象迥然有别。这当然是因为当代壮史的撰写者们的指导思想已经大异于以往历史文献的汉族作者了。当代的壮史撰写者，要受壮族立场、国家立场和历史学的学术立场三方的联合指导。壮族立场要求撰写者多以正面的眼光和态度来观察、理解和书写壮族，国家立场则要求撰写者要从国家的大一统框架和意识形态的框架下来书写壮族，要多反映壮族反压迫、反剥削、反侵略的正义斗争和爱国精神，而学科立场则要求撰写者遵循历史学学科的规范，要不偏不倚，不能为了显示壮族的伟大而去"编造"历史。所以，当代壮史所建构出来的六类壮族形象实际上是壮族范式、国家范式和学科范式共同打造的结果，其形象的正面性、爱国性、客观性特征，明显多于历史文献所建构的壮族形象。而这亦可算是当代壮史著作建构壮族形象的一个总特征吧。

第二节　当代壮史书写及其壮族形象建构的转型升级

从上面的分析中我们已经知道了当代的壮史撰写，是以通史为主要的研究形式和书写形式的，而这样的书写形式无论是从已取得的成就看，还是从其自身的特性看，到了今天都已经到了需要转型升级的时候了。

就成就看，如果自1956年开始算起，当代的壮史撰写至今已经有60多年了，从无到有，取得了不少的成绩，最核心的成绩就是让壮族的历史借助"通史"的方式得以纵向和横向地系统展现，弥补了历史文献的分散、不成系统的不足，但在看到成绩的时候也应当看到其存在的问题与局限。关于此，张声震先生就有过比较好的概括，他说："我们可以负责地说：几乎凡是可以说明壮族发展史的重要文献史料，我们基本上都挖掘引用了，凡是前人研究壮族史的积极成果我们都基本上继承吸收了。"[①] 这实际上也就意味着以通史的方式继续去研究和书写壮族的历史，已经很难有所突破了，需要我们另觅他途以突破发展的瓶颈。

就通史本身的特性看，"通史"的撰述到了一定的发展阶段，其本身也是必须要有所改变的。就像余英时所说的，"通史"或"断代史"，作为一般教学用的教科书，"每隔几年便必须修订，甚或完全改变，因为新的历史知识不断因研究而增加，不能不让学生知道。当然，教科书式'通史'中也有不少名著，可以在史学史上占重要地位，但是作为读本，它的生命大约很难在著者身后继续流传"，所以，"史学研究不能长期停留在写贯通全程或概括一代的史书上"[②]。

可见，以"通史"撰述为主要形式的当代壮史书写，在发展到一定程度的时候，无论如何都是需要转型升级，需要进行完善的，否则就会停滞，而不能对壮族的历史研究和壮族形象的建构再有新贡献。那么，当代

---

①　张声震：《关于〈壮族通史〉的若干问题》，《广西民族学院学报》（哲社版）1997年第1期。

②　《余英时谈治学经历》，《东方早报周日副刊·上海书评》2014年6月30日。

的壮史书写又该如何实现转型升级呢？笔者认为，我们可以从以下几个方面入手。

一 由通史书写向专题书写转型

既然关于壮族历史的"通史"式宏大叙事的潜力已经被挖掘得差不多了，因此，壮史书写方式的转型就是必须的了，但又该往哪个方向转呢？

由于"通史"式书写具有"贪大求全"的特性，使之只能求大概，难以详述细节，也难以深度挖掘，所以，就需要专题式的书写来进行弥补。以此来看，今后壮史的研究和书写往专题方向转型，才是合理的方向。而这方面的工作其实已经有人在做了。

比如，关于瓦氏夫人、侬智高的事，《壮族通史》都是提到的，但由于篇幅的限制，对于他们事迹的叙述，也只是勾勒个大概，后来有学者、作家从专题的角度进行了扩展式的撰述，瓦氏夫人方面的有覃彩銮、黄明标主编的《瓦氏夫人论文集》（1992）、黄佩华的《抗倭女杰瓦氏夫人》（1994）、广西壮剧团的《瓦氏夫人》，侬智高方面的有黄现璠的《侬智高》（1983）、韦一凡的《壮族英雄侬智高》（1994）、白耀天的《侬智高：历史的幸运儿与弃儿》（2006）、农贤生的《侬智高考释》（2014）、罗彩娟的《千年追忆：云南壮族历史表述中的侬智高》（2012）、卜童巴翰的《南天霹雳 侬智高》（2013）等。这些成果，都算是专题式壮史撰述的表现形式。

还有，像土司制度在广西的实施情况，在《壮族通史》也是有介绍的，但都比较概括，形象感和细节都比较缺乏，但近年来对此进行多角度、多区域的专题性研究，也渐渐地多了起来，比如谈琪的《壮族土司制度》（1995）、黄家信的《壮族地区土司制度与改土归流研究》（2007）和《历史人类学视野下的土司信仰与士兵》、韦顺莉的《清末民初壮族土司社会研究——以广西大新县境为例》（2008）、郑超雄、黄继先的《土州、土治、土司制度面面观》（2009）、蓝武的《从设土到改流：元明时期广西土司制度研究》、覃桂清的《忻城土司史话》（1990）、黄维安主编的《忻城土司志》（2005）、蓝承恩的《忻城莫氏土司500年》（2006）、潘学明的《广西忻城莫氏土司官族诗文赏析》（2006）、胡牧君的《南丹土司史》（2015）等，都是这方面的专题性研究成果的体现。但在书写方式上还可以进一步的拓展，比如用文学的形式来反映，在这方面四川作家阿来就值得我们学习。他以康巴藏族土司家族的兴衰作为题材，写就了获得茅盾文学奖的长篇小说《尘埃落定》。而同样的土司题材文学作品，在广西方面至今还是空白，不能不说是一种遗憾。

而从专题式研究的角度看，壮族历史中还存在着诸多值得挖掘的点，比如明代的八寨起义，持续一百多年，其间除了明王朝与壮族农民起义军的矛盾之外，还夹着土官与农民起义军之间的矛盾，起义波澜起伏，社会内容丰富复杂，但目前所见的叙述都是非常的简略，很值得用专题性的方式来加以全景而又有深度地反映。

总之，壮族史的专题式研究与写作前景广阔，可涉及的领域是非常多样的，书写者可以根据自己的研究兴趣选择所想要书写的领域与对象。同时，专题式的书写，还可以为书写者提供在材料的把握、叙述的展开、史实和观点的表达风格等方面的独创性、新颖性，提供充足的空间，对通史式的研究和书写具有很强的弥补作用，并因此而更好地发挥出壮史著作应有的壮族形象建构的效果。

二 扩充壮史史料的挖掘方向

随着壮史研究和书写由通史式向专题式方向转型，意味着壮史史料的挖掘方向也要相应地向专题性方面转型和拓展。专题性的史料，既要求专门具体、微观，也要求丰富多彩。毕竟任何历史的书写都离不开扎实的史料。那么，这样的史料去哪里找呢？方法大致有以下几个方面：

首先，是以新观念来发掘旧材料。就像余英时所说的那样，新观点可以让人人所知的旧材料转化为新材料，并从中挖掘出新知识，因为新观点逼出新问题，旧史料中过去完全被忽视的资料便相应而取得了新的意义，成为回答新问题的基本根据，克罗齐（B. Croce）的名言"一切历史都是当代史"便表达了这个意思。每一时代出现不同的新问题，要求在历史上找解答、寻借鉴。这正好说明：为什么每一新时代都必须重新研究历史、重新写历史。[①] 所以，当代的壮史书写转向专题式的研究和书写之后，书写者材料挖掘的第一个方向，就是以前写通史的时候所熟悉的旧材料。当然，发掘的时候要用新观念去观照它们，以便从中逼

---

① 《余英时谈治学经历》，《东方早报周日副刊·上海书评》2014年6月30日。

出新意义来。

其次，是采集新材料。就是要求书写者找到尽可能多的第一手文献资料，系统地建立起自己的全新事实，来解答专题的基本问题。壮史的专题式研究，自然不能只使用旧材料，因此，挖掘大量的第一手资料，就是书写者所要做的一项重要的工作。那么，怎样去发掘第一手的资料呢？

一是遍读与专题相关的史料，包括正史、私史、笔记、文集、官文书等，从中发掘从前未被使用过的资料。笔者认为，其中族谱作为私史是很值得发掘的一个重要的资源。由于壮族过去没有自己撰写的正史，而族谱则因为记录家族的世代传承状况而在一定程度上反映了特定世代的壮族社会发展状况，因而可以在一定程度上弥补正史缺乏的不足。而且从传统史学的眼光看，族谱其实也是史学的一个组成部分，所谓的"国有史、方有志、家有谱"的说法，反映的就是这一传统史学的结构。

当然，利用族谱资料进行壮史研究也不是什么新方法了，早就有学者在利用它们来研究壮族的族源、壮族的"汉裔情结"、广西土官的民族身份、广西的壮汉关系状况，以及壮族大姓韦氏、覃氏的祖源问题了。但目前，我们对族谱的利用总显得有点犹豫不决，不够果断，其中的一个重要的原因是族谱有"造假"的嫌疑，真假难辨，让人不敢放心使用。现在，有的学者利用基因技术来进行相关的辅助研究，则让我们看到了稳妥放心地利用族谱资料的希望。比如复旦大学分子人类学家李辉、金力等与民族学家徐杰舜合作从史学、语言学与基因研究相结合的角度，对岭南各族群的源流进行了详细的探讨，其中对客家人的来源就作出了一个比较有可信性的推断，认为客家人可能是在荆蛮族的核心上不断加入汉族移民形成的。像这样的研究方法，就可以给我们利用族谱资料提供更多的底气。这样，我们就不会因为壮族的族谱有"攀汉"现象而怀疑其中蕴含着有可利用的真实性成分。

二是挖掘和利用壮族的民间资料。放眼全国，不少像壮族这样没有自己正史的少数民族，他们在新中国成立后想要编写自己民族的历史著作的时候通常都采用了一个变通的办法，就是从本民族的民间传说、神话故事中挖掘历史资源，以便写成一部属于"本民族"的历史。这样做的依据是源于一些民族学者的观点，他们认为"口述神话有历史事实的成分"。在20世纪初，蒋观云、茅盾、顾颉刚、钱穆、张光直等人就曾经就此问题展开过讨论,新中国成立后大规模的少数民族社会调查中就曾有过通过神话定位历史的部分实践。这给我们一个启示,就是应重视从壮族民间口述资料如壮族神话传说、口述史诗、民间故事,以及宗教信仰、节日习俗、考古资料等方面挖掘壮族的史料。比如,田阳的《布洛陀经诗》,原本只是民间宗教——麽教的文本,但现在学者们经常拿它来作为论证壮族由蒙昧社会转到文明社会的材料。可见,壮族的民间资料还是含有一定的史料成分的,只是需要我们做一番仔细的甄别工作。

总之,史料整理和挖掘方向的开拓、创新,是当代壮史的专题性转型的必需,也是其实现的基础。这方面的工作做得好了,不仅可以促进专题性的壮史研究和书写的发展,而且还可以借此提高历史书写方式的壮族形象建构的成效。

三 壮史书写故事化

通史式的壮史撰写,强调书写的贯通、全面和概括,缺乏丰富、生动的细节,因此,阅读门槛高,阅读者多为专业读者,对普通读者的吸引力不是很大,进而也在一定程度上影响了"通史"的壮族形象建构功能的充分发挥。为了改变这样的状况,就需要在史学观念和书写方式上作出与专题式研究和书写相适应的改变。

首先,看史学观念的转变。传统的"学院派"史学观,更重视宏观的视角,更看重学术贡献,而不是社会影响,因此,完全不考虑读者。为了求得当代壮史著作的壮族形象建构功能的最大化,书写者必须要从观念上转到重视著作的社会影响上来,心中要有读者,而且要重视读者的阅读感受和反馈。

其次,是在具体的书写方式上进行转型。为了能够吸引到更多的读者,需要转向文学化的讲故事的方式。而在这方面北美汉学家们的中国史的书写方式,就特别值得我们学习。

北美汉学家的中国历史书写方式又有什么特点呢?用美国普林斯顿大学的韩书瑞教授的说法就是,历史学就是讲故事,就是要用新材料讲新故事,只要把故事讲好,讲得精彩,讲得人家愿意来读,就算尽了历史学家的责任,至于这个故事背后有没有意义,那不是历史学家的事情。哈佛大学的孔飞力教授则对她的后半句不满意,进行了相应的修正,他说:"历史学当然要讲故事,没有故事很少人愿意看,不愿意看的话就完全没有用处。但历史又不能仅仅是讲故事。如果你讲的故事没有意义,那人家为什么要来听?如果这个故事对社会无益,对读者无益,那我们为什么还要浪费时间来讲?"① 由此可见,北美汉学家的历史书写方式,就是一种讲述有意义的故事的方式。不过,不要以为讲故事也会出现模式化和单调化的毛病,因为这些北美汉学家,在讲故事的时候总是能变出自己的花样来。

加拿大汉学家卜正民,在讲述中国历史故事的时候,就喜欢将其中的历史人物具体化和感性化。在他的笔下,历史人物形象就变得像生活中的人物一样显得有血有肉,而且他还爱用比较的方法来讲述历史事实,比如在说到某一年代中国人在做什么的时候,他就老爱拿西方同时代的人正在做什么来加以比较。这样一种比较叙述,使他不仅能基于历史人物写(或做)了什么而进行想象,而且也能基于历史人物没写(或没做)和无法写(或无法做)什么来想象,而读者则能透过他的这种文字叙述,想象到历史人物的情感状态如焦虑、愤怒和伤感等等。此外,他在讲历史故事的时候,还总是喜欢站出来正告读者哪个历史人物或历史遗迹让他心动并生出了一探究竟的念头,以及自己从历史故事中看到了什么,想到了什么。这样一种书写者介入的叙述方式,给他的历史著作营造出了一层比较浓厚的文学色彩。他的代表作是《纵乐的困惑:明代的商业与文化》,这也是一部专题性的历史著作。

耶鲁大学的汉学家史景迁讲中国历史故事则另有特点。他不仅聚焦于历史人物个体,而且还带点文学的细腻性。比如,对于历史事项,他总是讲究描述的细致,而对于历史人物,则总是喜欢透析其内心世界。此外,他还总爱引用史料来讲述故事,且不寄托自己的情感,这使他的讲述资料味比较浓,他也因此得了一个"攒书成癖"的雅号。不过,很强的文笔能力,赋予了他能将枯燥生涩的史料酝酿发酵成一个个鲜活生动故事的能力。在史学的通俗化、大众化方面,史景迁有他的不可替代之功。他的代表作是《王氏之死:大历史背后的小人物的命运》。史景迁的作品不仅是学术著作,更登上了《纽约时报》畅销书排行榜,拥有大批读者粉丝,

---

① 周武:《孔飞力谈中华帝国晚期的国家与社会》,《东方早报周日副刊·上海书评》,2016年2月28日。

被认为是最会讲中国故事的汉学家。

哈佛大学的孔飞力讲中国历史故事，除了着眼于个体性的历史事件或者历史人物之外，还比较强调要讲出历史故事的意义来，所以，他讲述中国历史故事的时候往往呈现出两个鲜明的特点：一是通过讲述历史故事来反映历史上存在的大问题，问题意识非常明显，比如他的代表作《叫魂》，就通过讲述清朝乾隆时代的一个"盛世妖术"的故事，力图揭示出其背后所隐藏的皇帝和官僚的关系问题、满汉关系的问题，还有中央和地方的关系问题，而且他还指出这些问题其实不仅仅是清朝独有，其中的中央和地方的关系问题，直到今天也仍然存在，仍然需要我们用现时代的办法来加以解决；二是他在讲述故事的时候爱融入以古鉴今的情怀，使故事的讲述具有浓厚的现实感，比如他的《叫魂》，就隐隐地让人觉得他所讲述的故事与"文化大革命"，甚至"今天的中国"都有某种关联。孔飞力讲中国历史故事总是给人一种厚重的以古鉴今的现实感。

黄仁宇作为一个华裔的汉学家，身份比较特殊，而他的《万历十五年》在写法上也同样很特别。他借鉴了中国传统的纪传体模式来讲中国的历史故事，有着较为鲜明的小说讲述特征，所以，读他的史书，有时真的有一种恍如读小说的错觉，以至于该书在 20 世纪 80 年代在国内出版时，曾让国内读者大吃一惊，惊叹原来历史也可以这样写呀！他讲述的历史故事，不仅让你觉得文笔生动，而且还让你觉得笔下的各种历史人物都是活的、有情感的、复杂的而不是所谓刻板的正派和反派人物。他们有理想，但也会妥协，有善念，但也会有恶意。黄仁宇的历史书写方式，着眼于有感情、有欲望的人，着眼于历史细节，所以，显得生动有趣，全然没有了一般历史书的那种平铺直叙、四平八稳、理所当然的逻辑，完全颠覆了一般历史书在人们头脑中的枯燥形象。

此外，近年来翻译的一些西方历史著作，在叙事方式上也有值得借鉴之处。如［英］艾瑞克·霍布斯鲍姆的《十九世纪三部曲》（《革命的年代 1789—1848》《资本的年代 1848—1875》《帝国的年代 1875—1914》）、［英］克里斯托弗·阿兰·贝利的《现代世界的诞生 1780—1914 年》、［德］于尔根·奥斯特哈默的《世界的演变——19 世纪史》、［荷］伊恩·布鲁玛的《零年：1945》、［英］蓝诗玲（Julia Lovell）的《鸦片战争》等，都具有鲜明的个体化叙事倾向。他们总是将目光投注于历史中的一个个具体的人物及其日常的生活，凸显细节和故事的同时，又能提供深刻的历史洞见，形成了"既提供了引人入胜的微观分析，又提供了充满洞见的宏观综合"① 的特点。

上述西方学者的历史书写方式的形象生动、个性化突出、富有吸引力的通俗化、大众化的特点，也逐渐得到了国内的一些史学家的认同，像清华大学历史系张正刚教授就借鉴这种通俗化、大众化的方式来写他的《〈资治通鉴〉与家国兴衰》一书，他说，想通过"这本书，讲比较通俗的历史。一个专业历史学工作者，用通俗的方式给大家讲解历史和文化，也是在为社会大众服务"②。以《百家讲坛》为代表的历史类电视节目的受欢迎、电视历史剧的火爆，也从另一个侧面表明了民众对这种通俗化、大众化的历史书写方式的认同。

近几年，国内兴旺起来的以非虚构写作的方式来写乡土的变迁和个人家族变迁的所谓纪实文学，由于也都强调事实的真实性而与历史书写有相通之处，所以，也值得借鉴。像梁鸿的一系列书写中国当代乡村变迁的作品《中国在梁庄》《出梁庄记》《神圣家族》，就很有名气，也很受读者欢迎。而马来西亚华裔作家戴小华的长篇纪实小说《忽如归》，就以自己家族移居台湾之后的故事为底子，讲述了戴氏家族近百年的生存生活史，其中又特别重点讲述 20 世纪 70 年代到 2005 年戴小华父亲戴克英去世的近 30 年时光的家族故事，并通过细小的"家事"反映了宏大的"国事"，进而通过个别反映了一般。这些纪实文学作品，也都具有鲜明的专题性写作特征，因此借鉴起来也很方便。

总之，以讲故事的方式来书写专题性的壮族历史著作，可以收到通俗易懂、写法轻松、观点新颖、富于洞见、构思巧妙的效果，非常有助于写出可读性与严肃性兼备的历史佳作，而这最终又会非常有助于扩大当代壮史著作的壮族形象的建构效果。

---

① 魏阳:《走出"进步"与"现代化"的阴影——读于尔根·奥斯特哈默〈世界的演变：19 世纪史〉》,（2017-09-02), http://dajia.qq.com/original/dajiabooks/wy20170902.html? qqcom_pgv_from=aio。

② 宋晨希:《张国刚：中国现在连"痞子文化"都没有了》,（2016-10-20), http://cul.sohu.com/20161020/n470752394.shtml。

第三节　当代壮史书写及其壮族形象建构的原则

当代壮史书写及其壮族形象建构的转型升级，既是为了适应时代变化和学科发展之所需，同时也是为了适应壮族形象建构目的之所需而作出的选择，但转型的真正实现，还需要在实施转型时遵守相应的原则。符合这些原则，转型成功才会有保障。这些原则，概括起来主要有以下几个方面。

一　书写要坚持真实性的原则

真实性，是历史学的生命，同时也是其基本的学科规范。作为历史学的专题性壮史书写，自然也需要遵循这一学科原则。

有些人受西方新历史主义的影响，过分地夸大了历史书写中的主观性成分，进而怀疑有真实的历史书写的存在。这其实是走了极端了。虽然历史书写不能做到百分百的还原历史真实的原貌，但却要求书写者确保所用的史料、所发的历史评价、所生产的历史知识，必须是建立在实实在在的历史事实的基础上，否则，历史书写就会沦为古人所说的"伪史"和"劣史"。而在坚守真实性这一点上，壮史书写的前辈们做得就很好，值得我们今天继承和发扬。比如黄现璠先生就大力倡导壮史书写要遵循"三重证据法"。所谓"三重证据法"就是要将文献史料、考古史料、口述史料三者结合起来，其目的就是为了求得壮史书写的真实性，否则，所写的壮族史著作就可能会充斥着杨天石先生所说的假、偏、谬的错误。

在杨先生看来，所谓假，就是"将有说成无，将无说成有"；所谓偏，就是偏离了真实情况，"不是常说'九个指头和一个指头'的关系吗？将本来的'一'说成'九'，或将本来的'九'说成'一'，或者说成别的什么数字，都不对，都可以称为'偏'"，违背了有一说一，有二说二，有多少说多少，是多少说多少的"正"；而所谓谬，就是"将善说成恶，将恶说成善。将美说成丑，将丑说成美。将正义说成非正义，将非正义说成正义。都是错误的，因而也都可以称为'谬'"。而"假、偏、谬，违背历史学的真实原则，危害很大：贻误读者，欺骗当代，欺骗人民，欺骗千秋万世，历来受到人们的批评、抵制和反对"①。壮史的书写如果沾上这些假、偏、谬的错误，也必将贻误读者、欺骗千秋万世，最终也必将使当代壮史著作的壮族形象建构效能降为零，这就完全违背自己的初衷，不能不慎。

尽管"一切历史都是当代史""任何历史都只是书写者的一种重构""历史并不是世界的真实体现""历史是胜利者的清单""历史是一种资源可以供人们反复挖掘""历史研究不能只在求真""客观的历史是不存在的，历史就是根据每个人的理解和认知而一步步创造出来的"等历史观，经常被一些学者在不同的场合津津乐道，但是我们要知道这些观点的施行，实际上都离不开客观的历史事实这个前提和基础，否则就真的是"伪史"了。所以，当我们变着法子以新奇的方式解读和书写壮族历史的时候，还得要坚守真实性这个基本的史学原则，不能为了所谓的"政治正确"而编造壮史，以免陷入造假的泥潭里。像澳门大学历史系主任王笛尽管用接近文学化的非虚构的写作方式以普通人的视角和故事去书写反映晚清、民国时期的四川基层文化和社会的《袍哥：1940 年代川西乡村的暴力与秩序》和《街头文化：成都公共空间、下层民众与地方政治（1870—1930）》，但是也很强调非虚构写作，要用事实说话，需要有强大的调查能力和扎实的文笔支撑，绝不允许臆造，引用的每一个字，都是要有依据的，只有这样才能让历史写作具有生命力。② 历史学家在组织过去遗留下来的一些使人迷惑的数据、事件来重新讲述过去的故事的时候，可以将自己的想法运用到原始资料中，将自己深思熟虑后的判断加在证据之上，但目的还是要写出既可信而又真实的历史故事来，这个是历史书写的基本底线。可见，真实性，是当代壮史书写必须遵守的基本原则。

二　树立理性的民族主义观念

书写本民族的历史，还需要避免犯"政治正确"的错误。这种错误表现在认为只要"政治正确"，在史料的选择和观点的表述上偏离点真实性的原则也是可以的。这种想法是完全错误的，我们不能因为"政治正

---

① 杨天石：《写历史一句假话也不能有》，（2016-07-06），http://cul.qq.com/a/20160705/035178.htm。
② 范佳来：《历史学者王笛：我们要让历史写作有生命力》，（2019-05-12），https://www.thepaper.cn/newsDetail_forward_3435021。

确"了，就可以在壮史的书写上为所欲为。这种错误的根源在于书写者没有树立正确的民族主义观念。

关于民族主义，人们有多种解释和多种定义，但有一些基本理念是大家都比较认同的，比如这些观点：民族主义是指以自我民族的利益为基础而进行的思想或运动；民族主义是一种历史进程——（人们）在此进程中建设民族国家；民族主义是某种将历史进程和政治理论结合在一起的特定的政治行动；民族主义意味着对民族和民族国家的忠诚超越其他任何对象，作为一种被用于实现特定政治目的的手段，民族主义可以有利也可以有弊，这完全取决于其背后的政治目的。从这些观念中，我们看到，对民族利益的坚守和忠诚，是民族主义的核心和基石，但是在怎样来实现这一核心理念上，人们的看法和做法往往是不一样的，并因此而使得民族主义在实际生活中呈现出"利"与"弊"的明显特征来。

民族主义的"利"的特征表现在：它可以让本来互相不认识的、很可能结成死仇的人，能够互相认同为"集团的一分子"而能够和平地生活下去，共同地去完成事业，成立国家，或者共同抵抗外敌的入侵，维护国家和民族的独立，领土和主权等利益不受侵犯等等。可见，民族主义的"利"涉及的是民族的公共利益和共同认同的"大利"，而绝非个人或小集团的"私利"。而这也正是民族主义的积极性的表现。

而民族主义的"弊"表现在：有的人借着所谓民族主义的大旗，上街打砸4S店和自己同胞的财物；有的借着民族主义的旗号，攻击外国大使馆；有的借着民族主义的旗号，搞分裂；有的借助民族主义的旗号给个人贴金，进而发国难财，等等。由此可见，民族主义的"弊"，本质上是一种极端情绪化、自私的品性的表现，完全失去了民族主义讲究维护民族公共利益的积极性意义，因而也往往被称为非理性的民族主义。所以，管控民族主义之弊的发生，应该是大家的共同责任。

对于当代壮史书写者来说当然也不能例外，也同样需要管控好自己的民族主义情绪，不让其泛滥开来影响书写的客观性和真实性。只有这样，才有可能写出一部既洋溢着积极的民族主义情怀又具有相当可信度的壮史著作来，进而也才能够确保作品的壮族形象建构的效果。

三 努力磨炼讲好壮族历史故事的技巧

当代壮史的故事化书写，讲起来容易，做起来难。在书写过程中要实现故事化、文学化、个体化、大众化的和谐统一的确不容易，需要书写者靠着一个字一个字地来成长。只有多实践、多操作、多打磨、多积累，才可锻造出熟能生巧的境界，而绝非看多了就行的。而当这些技巧熟练了之后，文笔才能生辉，写出来的壮史著作，才会既生动有趣，又能长人的见识。到了这个程度，书写者才算是把壮族的历史故事讲好了。而故事讲得好了，才会吸引更多的读者来阅读，而作品所蕴涵的壮族形象建构功能才会因此而得到充分的释放，而我们想利用壮史书写来达到建构壮族形象的目的也才会顺利地实现。而当代壮史书写的转型升级也才算大功告成。

总的来看，上述三种当代壮史书写的原则，是相互依赖、相互促进、不可偏废的关系，我们只有遵守好，履行好了，我们利用壮史书写来建构壮族形象的目的才会顺利地实现。

第四章

文化认同与壮族形象建构

　　了解了历史文献、壮族口述作品、当代的壮史书写的壮族形象建构的情况之后，也许大家会有一个疑惑：为何同一个壮族实体经由这三个途径的建构之后所得到的壮族形象却各不相同？这的确是一个值得深思的问题。细究原因，其中既有建构者的原因，同时也有建构者所处的时代、社会等客观因素有关，但归根到底是跟建构者的文化认同有关。因为在这三种建构活动中，建构者的文化认同都不完全一样。而所谓建构者的文化认同，在这里是指建构者认可且用于指导壮族形象建构的思想文化观念。历史文献书写者的文化认同是汉文化认同，尤其是对汉文化中的天下观和夷夏观的认同。壮族口述作品的创作者的文化认同则是壮族文化认同，即认同和赞赏壮族和壮族文化。当代壮史书写者的文化认同则是壮族认同、国家认同和学科认同的融合统一，即书写者既认同壮族和壮族文化，同时也认同国家意志和历史学的学科规范。也正是在这三种壮族形象建构活动中建构者的文化认同的不一样，从而导致了他们在建构壮族形象的时候关注壮族的点和面不仅不一样，而且所产生和形成的壮族认知也不完全相同。

　　可见，建构者的文化认同就类似于作家的创作主题对于创作活动一样，在很大的程度上决定了他所要建构的壮族形象的品相，文化认同在壮族形象的建构中起到的关键性作用由此可见一斑。那么，建构者文化认同的这种关键性作用到底是怎样发挥和实现出来并使所建构的壮族形象呈现出不同的风貌的？这是值得我们进一步探讨的问题，而且它的解决还关系到壮族形象建构机制的揭示。由于建构者的文化认同在精神性的建构活动和物质性的建构活动中的实现条件是有所差别的，所以，我们将分精神性的建构活动和物质性的建构活动两个方面来具体探讨这一问题。文化认同在壮族形象的建构中既然具有如此大的作用，那么，建构者本人又是怎样建构和形成自己的文化认同的呢？这是本章需要追根探源的又一问题。

第一节　文化认同与精神性壮族形象建构

精神性的壮族形象建构活动受外在条件的限制比较小，有的只需要纸和笔就可以进行了，因此，建构者的文化认同在此类的壮族形象建构活动中会比较容易获得实现，但却不能因此就认为文化认同可以在精神性的壮族形象建构活动中无障碍、无条件地获得实现，它的实现也是需要一定条件的，概括起来主要有如下条件。

一　文化认同要找到与之相匹配的壮族社会现象

一般来说，壮族形象的建构者都是具有鲜明的文化认同意识的人，他在开始进行具体的壮族形象建构活动之前，就已经在心中具有了某种文化的认同感，因此，他的壮族形象建构的过程就是实现自己的文化认同的过程。而这一实现的过程能不能顺利，取决于建构者能不能找到与之相匹配的壮族社会现象。如果找到了，建构者就可以将作为壮族形象建构活动之"主题"的文化认同，"灌注"到所选定的壮族社会现象中，经过加工、改造，就可以建构出打上自己文化认同烙印的壮族形象来了。像历史文献、壮族口述作品和当代壮史的作者们各自所建构的那六种主要的壮族形象，就都打上了建构者鲜明的文化认同色彩。

那么，建构者怎样找到与自己的文化认同相匹配的壮族社会现象？一是亲自深入调查、了解；二是通过查阅相关的文献资料来了解，或者是两个途径相互配合，相互作用。通过这样的途径，建构者就可以为自己的文化认同找到相匹配的壮族社会现象。

当然，也应该承认，在实际的实施过程中，这种找到的匹配程度还是会有质量上的差别的。有的可以找到匹配程度很高的壮族社会现象，像壮族口述作品因为作者是壮族人具有天生的壮族认同本能，要匹配的又是自己很熟悉的壮族社会生活，所以，在为自己的文化认同寻找相匹配的壮族社会现象这件事上，他们找到的匹配程度高，而且做起来简直就是信手拈来，非常的容易。但是对于像历史文献和当代壮史的建构者来说，这种寻找相对来说就要困难得多了。很多历史文献的作者受困于当时落后的交通条件难以找到与自己的文化认同匹配程度高的第一手壮族社会现象资料，没办法只好去借用他人的资料,结果造成了历史文献的壮族书写存在着大量的陈陈相因的现象,而能够书写得好、建构得接近壮族真相的多是那些亲历过广西壮族地区的文人官员。而当代的壮史书写者,则受困于时间的久远和壮族没有记史的传统,经常苦于难以找到合适的壮族历史现象材料来与自己的文化认同相匹配,所以,尽管付出了很多但总感史料方面的收获还是很少,因此,无论是书写壮族历史,还是建构壮族形象,就总有种底气不足的感觉,结果是建构出来的体现其文化认同的壮族形象的丰满度都略显不足,而这自然又会反过来影响其文化认同的实现程度。可见,建构者为自己的文化认同寻找相匹配的壮族社会现象,本身就已经是一个艰苦的过程了,而能让其文化认同实现得生动、合理、可信则更是一件难上加难的事情。但不管怎样的难,为自己的文化认同寻找相匹配的壮族社会生活,是建构者做壮族形象建构工作时必须首先要做的事情。

二 能娴熟地运用相应的建构工具

建构者为自己的建构活动的"主题"——文化认同,寻找到相匹配的壮族社会现象后,也只是为文化认同找到生成意向性的壮族形象提供了前提条件,但要想将这一意向性的壮族形象实现出来,建构者还必须能够娴熟地掌握相应的表征符号和工具。人类精神生产常用的符号和工具,最主要的有语言、线条、色彩、形体、音响、图像。具体选用哪一个,还需要根据建构的是哪一种精神产品来决定。像历史文献、壮族口述作品和当代壮史著作,都需要用到语言符号,建构者只有具有较高的语言符号的使用能力,才可以较好地将文化认同的意向性壮族形象建构出来。像绘画则需要掌握好线条、色彩、形体,舞蹈则需要掌握好形体表现技巧,雕塑则需要掌握好材料的形体表现技巧,音乐则需要掌握好音响的表现技巧,电影、电视剧则需要掌握好音声画、表演、文学等各种表现技巧。总之,各类精神生产的建构者都要掌握好各自门类的表现媒介的使用技巧,只有这样才能将自己的文化认同所意向的壮族形象尽可能完美地表现出来。

当然,要娴熟地掌握和运用各类媒介的表现技巧,也不是件轻易的事情,毕竟"言难尽意"是所有表现媒介在运用的时候都会碰上的难题,人穷其一生也不一定能达到熟练使用媒介的境界。所以,唯有以水滴石穿的韧性和耐力去不断地磨练才有可能趋于娴熟。

三 需要进行有效的传播

在建构者娴熟的表现技巧的帮助下,文化认同所意向的壮族形象一般都会被顺利地实现,但是如果从接受者和现时代的角度看,则未必能说已经得到了实现。因为如果这一精神产品,没有被读者看到或者读到,那么,这时候作品的壮族形象的建构价值,就没有能发挥出来,还只是作为潜在的价值存在着。为此,就需要做好作品的宣传、推介工作。这一工作,一般交由专业的中介机构和专业的人士来做。而现今时代,随着自媒体的日趋发达,对作品进行宣传和推介的渠道和方式就更多了。对此,我们应该顺势而为,将这些媒体的作用发挥好。只有当作品为更多的人所知晓的时候,我们才能敢说建构者文化认同的意向性壮族形象在建构活动中得到了较为充分的实现。现在既是信息快速传播的时代,同时也是信息拥堵的时代,作品的宣传、推介工作做好了,就可以搭上信息高速公路的翅膀,实现高效的传播。当然,如果做得不好,作品的相关信息可能很快就会被遮盖、被屏蔽,此时即便是做了相关的宣传推介工作,效果也可能几乎等同于零了。所以,宣传、推介工作还需要讲究效率,不能为了做而做。这样才能对作品的传播起到积极的促进作用。

以上就是文化认同在精神性壮族形象建构中获得较为满意的实现所需要的条件,也是建构者在建构活动中所需要做好的三个方面的工作。对于当今时代的壮族形象的建构者来说,明了这些实现条件是非常重要的,它们可以让我们少走弯路,提高我们的建构效率。虽然精神性的壮族形象建构活动也会有"自塑"和"他塑"的分别,但不管是哪一方的文化认同,要想得到较为充分的实现,也都离不开对上述三个规则的遵循。

第二节 文化认同与物质性壮族形象建构

相对于壮族形象建构者的文化认同在精神性的壮族形象建构活动中的实现而言,建构者的文化认同在物质性壮族形象建构活动中的实现难度上要大一些,因为这需要涉及的因素更多、更复杂,其中有些要素又不是建构者可以像在精神性建构活动中那样可以随意地加以操控、加工和改造,因此,实现起来难度比较大,见效也比较慢。那么,到底建构者的文化认同在物质性壮族形象建构中的实现需要哪些条件呢？概括起来，主要有以下几个方面。

一 需要得到壮族人的观念和行动上的双重支持

建构者文化认同在物质性的壮族形象建构活动中的实现，最需要得到壮族人的支持，特别是那些坐落于壮族聚居区的项目或者是针对壮族的项目，就更是离不开壮族人的支持了。这些项目不仅需要得到壮族人观念上的支持，而且还需要壮族人以实实在在的行动来践行。可见，建构者的文化认同要想在物质性的壮族形象建构中获得实现，是需要得到壮族人的观念和行动上的双重支持的。而历史的实践经验也都充分证明了这一点。

从历史来看，文化认同在物质性的壮族形象建构活动中的实现的代表性事件，莫过于历代王朝对壮族进行的汉化改造了。这一改造过程历时比较慢长，始于秦朝在岭南设立三郡终于民国时的新桂系政府。不过，这一汉化的改造过程，的的确确是一个重塑壮族形象的历史过程。

关于秦朝对壮族的汉化改造活动，《汉书·高帝纪第一下》是这样介绍的："粤人之俗，好相攻击，前时秦徙中县之民南方三郡，使与百粤杂处。会天下诛秦，南海尉它居南方长治之，甚有文理，中县人以故不减，粤人相攻击之俗益止，俱赖其力。"这里的"百粤"即"百越"之意，是壮族先民。从中可以看到，在秦和赵佗的治理之下，壮族"好相攻击"的形象得到了较大的改变。

汉代继承秦朝的治理办法，汉化改造的力度进一步加大。对此，陈寿《三国志》描述道："颇徙中国罪人杂居其间，稍使学书，粗知言语，使驿往来，观见礼化。及后锡光为交阯，任延为九真太守，乃教其耕犁，使之冠履；为设媒官，始知聘礼；建立学校，导之经义。由此以降，四百余年，颇有似类。"这里展示了一幅更为详细具体的以汉文化认同"改造"壮族的图景，有移民、传授生产技艺、设官媒、建立学校等措施，四百余年后，使部分地区的壮族形象已经与汉族"颇有似类"了。

但总体上的改造效果与汉王朝的设想还是有较大的差距的，因为根据宋代、明代的历史文献记载反映，直到宋、明两代壮族在文化上仍然保持着较为鲜明的族性特色，如宋代范成大的《桂海虞衡志》和明代闵王圭的《论抚讲岑应疏》还分别说道："其人物犷悍，风俗荒怪，不可尽以中国教法绳治，姑羁縻之而已"，"况广西、云南、贵州、四川各处蛮夷边境，地皆炎瘴，人皆顽梗，不可以中国之法治之"。这两书的记述，说明至宋、元、明之时，壮族还没有被改造到能以"中国教法"治之的程度，壮汉的差别其实还是很清楚的。

但到了清代，状况就不同了。在以前各王朝的持续汉化改造下，至清代壮族已表现出了较为明显的汉化迹象，而且依据其汉化程度的不同，可以大致分为以下三种壮族形象：

（1）与汉族无差别的壮族形象。对此一类壮族形象，清光绪《北流县志》描述道，其县之壮族已"夷风悉化"，"与汉人无异"矣。清同治《象州志》则云："壮与疍家久习华风，渐更夷俗，其衣装则已改矣，其语言则已通矣。富者均读书，贫者均力田，愚者均安分，黠者均滋事。即不习官语，皆知畏官法……所载瘴气及所载蛊毒，近今概无闻。"清光绪《富川县志》云："二百年来，仁渐义摩，礼陶乐淑，文教覃敷，无间幽遐。而瑶壮亦蒸蒸向化，鸟在偏隅，小邑不足征，道一同风之盛哉。"民国《桂平县志》云："瑶犷侗壮诸族，与民接近者亦涤除陋习，咸从礼教。乃知圣人之道，远近可行"，还说邑中诸族"风俗、语言浸淫统一于不知不觉中，固由文化之深而婚姻互通"。由这些叙述可知，这四县之壮族形象，已与汉族难以分别了。

（2）大部同于汉族的壮族形象。对此类壮族形象，清乾隆《柳州府志》这样叙述道，来宾壮族，"向尝贪利，寻仇好杀轻命，迩来渐觉驯良，然其风未尽泯也"。清道光《白山司志》（今马山县）则云："从前土人好仇杀，……自地方大吏严禁之后，百余年来犷悍之气尽消"，"富家弟子六七岁即入村塾"，"近圩市人家房屋，富者架木覆瓦"，"官族则瓦屋鳞次，墙宇修整焕然，有中州富官之气象矣"，但是"性愚蠢，耕作之外无他技艺。……从无商帐远涉之人。……病不事医药，惟召巫跳鬼，……若夫男歌女唱，赠带投巾。少女多野合之羞，荡妇有淫奔之丑"，"衣尚青，男子间有着蓝青，妇女则纯青，行路以一幅捲于发上，短衫长裙"，"居乡村者，无论瓦盖草苫，皆作上下两层，人处其上，牛、羊、豕皆处其下，名曰栏房"。民国《昭平县志》亦云，昭平的壮族"夙号刁顽，自争田两大案判结后，服教日深，旧俗日革，民乐耕耘，士勤诵读，学校已不乏其人，百余年民壮久已相安无事。壮刁而瑶蛮，其衣服、装饰、婚丧、礼教，民壮无或稍异"，但"俗信师巫""架木成楼""人至其家，不问识否,辄具酒肉相饷"等风俗还保留着。民国《怀集县志》(怀集今属广东省)说他们的壮族,"轻悍犷戾,椎髻炙踝,刻木为契,不事诗书……易于纠合生乱。近虽稍变蛮习,供税县官,且颇识字,然狡猾难化,梗性犹存焉"。这四个地方的壮族虽已大部汉化,但"其风未尽泯",大致代表着一种中度汉化了的壮族形象。

(3)局部同于汉族的壮族形象。对此壮族形象,清光绪《镇安府志》的描述可具代表性,其文云:镇安府(今德保、靖西、那坡)的壮族,"间道汉音","其性犹朴鲁,畏见官司词讼,稀简钱粮,亦肯完纳","椎髻跣足。架棚为室,寝处其上,其下杂畜牛马犬猪,不避腥秽。疾病不事医药,专信巫鬼。……答歌为婚,不禁同姓。男妇专事耕种,无别生活。秋收有余,则都里亲戚,日招往还,恣其饮啖。……性喜仇杀,好斗轻生。其妇女专蓄蛊毒杀人,其男子出入带刀自卫,或遇争拘提,则用以格斗拒捕。盖诚不可纯以汉法治者也"。这一描述,对壮族的汉化特征,只用一句"间道汉音"来加以概括,但却用几句来描述壮族特有的风俗,显然该地的壮族,汉化程度较小,壮味还比较浓,"盖诚不可纯以汉法治"①。

上述三种汉化程度不同的壮族形象的存在表明,自秦至清朝,历经一千多年的汉化改造,壮族的汉化特征才在较大的范围里呈现出来,但在桂西北地区仍有未有深刻改变的所谓"生壮"存在着。到了民国时期新桂系政府又继续对这一部分地区的壮族进行"风俗改良"。由此可见这场以历代统治阶层为主体,以汉文化认同来改造和重塑壮族形象的汉化改造活动,是经历了一个比较漫长的过程之后才逐渐呈现出显性效果的,而其效果的取得当然是以壮族人愿"习华风""渐更夷俗""咸从礼教""蒸蒸向化"为前提的。可见,文化认同在物质性壮族形象建构活动中的实现既需要时间,同时也更需要壮族人在观念和行动上双重支持,如果不获得支持,那么,建构者的文化认同就很难实现。

也许有人会问,如果文化认同的主体,即主体建构者,是壮族人的话,那么,是否也需要这样的条件?当然需要,因为作为组织者的主体建构者,即便是壮族人也仍然属于少数人,他们的文化认同要想施之于壮族,获得实现,也是需要广大的壮族民众的支持的。可见,壮族人的支

---

① 参看拙著《论壮族形象的历史建构及其启示意义》,《贵州民族研究》2008 年第 2 期。

持，同样是这类文化认同获得实现的不可缺少的因素。

二 需要强有力的组织和引领

文化认同要想在物质性的壮族形象的建构活动中获得实现，离不开壮族人的思想与行动的支持，但这样的支持并非是随便的一声大呼就能获得的，它需要宣传、教育、动员、培训、落实之类的组织和引领工作来促进，因为未经组织的人，其实就是一盘散沙，是没有什么力量的，自然也就难以实施来自于任何建构主体的有利于壮族发展的文化认同。所以，建构者的文化认同要想在物质性的壮族形象建构中获得实现，还需要做强有力的组织和引领工作。

比如，现在实施的乡村振兴战略，是国家的发展战略，面向全体乡村，其战略内涵，也就是其文化认同的内涵，因而其文化认同的主体总体看是国家，具体看自然是各级党委和政府。乡村振兴战略在壮乡的实施过程，实质上也就是运用该战略所蕴含的文化认同对壮乡进行改造的过程，而这一过程自然同时也是对壮族形象的重塑过程。为了让这一实施过程顺利，必须要动员和组织广大的壮族民众参与，而且要求相关的动员和组织措施一定要有效才行，因为没有乡村的壮族人整体性的参与，无论是发展产业，还是乡风文明建设、生态宜居建设，统统都会是落空的，而且毕竟只有他们才是乡村振兴战略在壮乡的实施主体。在目前家庭承包责任制、农户单干的背景下，这种组织和引领就更加显得珍贵和必要了，而且相应的挑战性也更高了，因为习惯了分散的农户，要让他们乐意于听从号召来做些有益于产业发展、乡风文明、生态宜居的事情，不是那么容易的事情。而一旦在各级党委和政府的组织、引领下，全体壮族乡民都接受了乡村振兴战略的文化认同，并积极参与相关的实践，那么，乡村振兴战略才有望在壮乡得到实现，而壮乡的面貌和壮族的形象也才有望得到重塑。

不仅是这种大战略的实施需要强有力的组织和引领，就是做一件较小的当又需涉及多人的事情，如修村道、修村广场等，也是需要组织的引领的。这是许多物质性壮族形象建构活动的一个重要的特征。没有人或者机构组织和引领，很多物质性建构活动都没法开展起来。可见，强有力的组织和引领是相关主体的文化认同能够在物质性的壮族形象建构活动中获得实施和实现的重要前提条件。

三 需要合理周全有效的落实措施

强有力的组织和引领只是文化认同能够在物质性的壮族形象建构活动中获得实施和实现的重要前提条件，但并不意味着一定能够获得成功，现实中与壮族相关的土地流转承包的失败、田园综合体经营的失败、乡村旅游的失败、乡村产业经营和特色小镇经营的失败等等，就客观地证明了这一点。而它们的失败原因虽然各不相同，但是有一点是相同的，就是它们的主体在实施的过程中，在具体的措施上存在着瑕疵，比如发展壮族乡村产业的时候只考虑行政逻辑而不考虑市场逻辑，只考虑生产而不考虑销售，以为到时产品自然会卖出去，结果到卖产品的时候才发现销售出现了问题，而由于事先没有做好相关的准备，所以，解决起来也是相当的棘手，甚至就是束手无策，最后造成了丰产不丰收的现象。这些推动经济社会健康发展的措施不够有力、有效，办法不够多的现象，充分说明，物质性壮族形象建构活动要想取得成功，还需要有合理周全而又有效的措施做保障，否则，就有可能以失败告终了。

那么，合理周全有效的落实措施又来自哪里？这一方面来自他人或自身的实践经验；另一方面来自相关的专业研究机构和经营机构。别人有现成的成功实践经验，那么，可以向别人学习取经，当然也可以在总结自我经验教训的基础上，形成自己的合理周全有效的落实措施。另外就是向专业的研究机构、经营机构学习，这些机构因为在某个领域的研究和经营的时间比较长了，理论和实践两个方面都有了不少的积累，那么，带着自己的问题向他们讨教相关的经验，或者干脆将某项工作外包给他们来做，比如产品的品牌策划与运营这一块就可以交由专业的机构来做。为此，就需要相关的建构主体，要善于学习，还要有担当、敢干的精神，在掌握了合理周全有效的方法之后，就要积极行动起来，将之教给相关的壮族人，组织他们来落实。这样，所开展的相关物质性壮族形象建构活动才会取得预期的成功。

比如广西上林县政府开展的产业扶贫活动，就是这样一项具有重构壮族乡村形象功能的物质性壮族形象建构活动。为了决胜脱贫攻坚战，做好产业扶贫这篇大文章，县政府先后出台了"政融保""创业扶贫贷"等融资贷款政策，以及配套创业奖补、产业奖补、产业保险等扶持政策，为全县认定的致富带头人带动贫困户参与"5+X"（即高值渔、山水牛、生态鸡、乡村旅游、光伏发电及其他产业）特色产业项目经营给予支持。贫困村创业致富带头人张燕飞就是得到扶持的一个。她在政府的支持下，在明亮镇溯浪村建立了100亩凤梨种植基地，不到一年的时间便带动30户农户实现产业增收，其中13户是贫困户。她的成功关键在于有三项比较有效的落实措施：一是选种的台湾凤梨品种见效快，当年种当年结果，种一年连续收三年，每亩当年产值4000—5000公斤，一亩凤梨可以育出6亩的苗，有果实和种苗双项收入，每100亩基地经济产值三年共500万元左右。二是在经营上，采取"公司+基地+农户"的模式运作。为了做强做大凤梨产业，张燕飞引进广西鑫旺来农业科技开发有限公司，公司执行3包加1模式：3包是包技术、包管理、包销售，1是一起投资，带动更多人致富。公司于2018年入驻上林，逐步在上林县明亮镇、西燕镇、大丰镇3个乡镇建成了凤梨百香果基地600亩，其中450亩为纯种台湾凤梨，150亩台湾凤梨套种黄金百香果。① 三是获得县政府给予致富带头人创办的公司、合作社发放的融资贷款。应该说，在这一产业扶贫的物质性壮族形象建构活动中，上林县政府的文化认同——扶贫策略，得到了张飞燕及所带领的农户的支持，由于政府的组织、引领得力，特别是保障落实的措施得到了带头人和农户的有效实施，结果产业扶贫策略在明亮镇溯浪村的凤梨种植基地得到了实现，为建设上林壮族乡村的美好形象和壮族形象作出了积极的贡献。可见，合理周全有效的落实措施，是建构主体的文化认同能在物质性壮族形象建构活动中获得实现的重要保证。

总之，壮族人的支持、强有力的组织和引领、合理周全有效的措施是建构者的文化认同得以在物质性壮族形象建构的实现的三个条件。建构者明了这三个条件，就可以让自己的物质性壮族形象建构活动在谋划的阶段就获得一个比较清晰的实施思路，知道该从哪个角度切入来进行谋划，进而可以让自己的文化认同能够更顺利地获得实现，而不再只凭着感觉走，所以，意义还是蛮大的。

---

① 参见樊亚明《上林：百亩凤梨喜丰收 特色产业助脱贫》，（2019-08-09），http：//fpb.gxzf.gov.cn/html/2019/tscyz_0809/46483.html。

第三节　新时代壮族形象建构的文化认同的再造

从历史文献、壮族口述作品、当代的壮史书写这三维的壮族形象建构活动中，我们除了看到文化认同的不同和重要性之外，还可以看到文化认同的可变性。就是壮族形象建构的文化认同，不是固定不变的，而是随着建构内容的不同和时代的变迁而经常发生着变化，就像英国文化学家斯图尔特·霍尔所说的那样："尽管认同似乎在诉诸过去历史中的某种本质（认同一直是与这种本原对立的），但事实上认同是有关使用如下资源的问题，即使用正在变化而非存在过程中的历史、语言和文化的问题：不是'我们是谁'或'我们从哪里来'的问题，而更多的是'我们会成为谁'、'我们如何重现'、'如何影响到我们去怎样重现我们自己'的问题，所以，认同是在重现之中而并非重现之外去建构的。"[①] 因此，他叮嘱人们，不要把文化认同看成是已经完成的，而应该把认同看成是一种"生产"，它永不会完结，它总是在一种过程中被塑造与建构的，它既是"存在"的又是"变化"的，它属于过去也同时属于未来。[②] 美国学者塞缪尔·亨廷顿也很强调文化认同要根据社会状况的变化进行相应的重构，他在《我们是谁？美国国家特性面临的挑战》一书中认为因为现在美国在民族文化认同上出现了危机，为了解决这一危机，必须重新确立"盎格鲁——新教"的文化价值观念，重构美国的文化认同，以彻底解决"我们是谁"这个事关美国民族文化身份的问题。塞缪尔·亨廷顿这是把美国的文化认同的重构，提升到关系国家特性、国家秩序和国家形象的高度来认识。可见，文化认同的重构，既是一件很重要的事情，同时也是一件经常会进行的事情。

同样，壮族形象建构的文化认同，也是需要根据情势的变化进行重构的。就今天的新时代而言，也是一个极具变化的时代。比如，放眼世界，今天我们正面临着百年未有的大变局，新经济体正在崛起，发展范式在转

[①] [英] 斯图尔特·霍尔：《导言：谁需要"身份/认同"》，转引自邹威华《斯图亚特·霍尔的文化理论研究》，中国社会科学出版社2014年版，第252页。

[②] 转引自邹威华《斯图亚特·霍尔的文化理论研究》，中国社会科学出版社2014年版，第254页。

变，国际秩序正在面临着重构，中国正在走向世界舞台的中心，中华民族伟大复兴的中国梦和两个一百年的奋斗目标，也正趋向实现。在这样的背景下开展壮族形象的建构活动，所用以指导的文化认同自然也不能照搬过去的，要随着时代的变化而随时进行重构、再造，这样才可建构出与时俱进的壮族形象来。那么，在新的时代背景下，我们又该如何重构、再造壮族形象建构的文化认同呢？笔者认为，斯图尔特·霍尔所提到的建构思路就很好，他认为文化认同的建构，不是着眼于"我们是谁"或"我们从哪里来"，而是着眼于"我们会成为谁""我们如何重现""如何影响到我们去怎样重现我们自己"。这样的一个思路，是一个立足和着眼于未来的再造思路，值得我们借鉴。有鉴于此，笔者认为新时代的壮族形象建构的文化认同应该汲取以下的资源来再造和重构。

一 汲取壮族元素

壮族形象建构的文化认同，当然离不开壮族元素，否则就不是壮族形象的建构了。而所谓的壮族元素，是指与壮族有关的一切元素，如壮族的传统文化、壮族人、壮族的物品、壮族的风俗、壮族的地理、壮族的历史、壮族的医学、壮族的政治经济、壮族乡村、壮族产业等等，所指比较广泛。一般情况下，建构者的文化认同至少需要含有一个壮族元素才可保证是在进行壮族的形象建构，但具体要汲取哪一个元素，则由建构者依据所建构的内容来决定。比如，今天广西有很多地方都时兴搞节庆活动，而基本的做法都是汲取壮族传统文化和传统的壮族节日成分，来与今天的文化与现实需求相融合再造出一个新的节庆活动来，如田阳县就在敢壮山传统山歌圩和布洛陀文化的基础上创办了百色市布洛陀民俗文化旅游节，武鸣区则在传统歌圩文化和骆越王母文化的基础上创办了三月三歌圩暨骆越文化旅游节，宁明县则在传统流传下来的花山壁画和歌圩文化的基础上创办了三月三骆越王节，凌云县则在朝里瑶族乡那巴屯每年农历三月十六日一年一度的歌圩盛会（又名"风流街"）的基础上，创办了朝里"吼喊"歌圩文化节，田东县则在各乡镇壮族传统节日和传统文化的基础上创办了各乡镇自己的节庆活动，广西则在壮族传统三月三歌圩节的基础上创办广西"壮族三月三·八桂嘉年华"系列活动。这些再造的节庆活动的创办者，所汲取的壮族元素尽管各不相同，但相同点是都认可并汲取了相关的壮族元素到活动的里面，进而使得各个节庆活动都具有了鲜明的壮族形象建构功能。这些事例说明了，即便是在新时代，建构者的文化认同只要汲取了壮族的元素来进行重构和再造，那么，由此文化认同指导所开展的各种活动，便会具有壮族形象的建构功能。可见，新时代文化认同的重构和再造所汲取的第一个成分就应该是壮族元素，因为这是确保以文化认同为指导所开展的活动具有壮族形象建构功能的根本保证。

二 汲取新时代中国特色社会主义思想的成分

新时代中国特色社会主义思想，是我们国家新时代建设的主要的指导思想，因此，新时代的壮族形象建构活动都不可避免地与这一思想发生直接或间接的联系。这就客观上要求我们壮族形象建构的文化认同的重构和再造也必须要直接或者间接地汲取新时代中国特色社会主义思想的成分。

新时代中国特色社会主义思想是以习近平为核心的党中央从改革开放的伟大实践中不断总结出来的用以指导当下社会治理的理论、方针、政策的总和，其核心内容主要有：复兴中华民族的"中国梦"思想、两个"一百年"的奋斗目标、"全面落实经济建设、政治建设、文化建设、社会建设、生态文明建设"的"五位一体"的总体布局思想、"全面建成小康社会、全面深化改革、全面依法治国、全面从严治党"的"四个全面"的思想、"创新、协调、绿色、开放、共享"的新发展理念、"科教兴国战略、可持续发展战略、人才强国战略、区域协调发展战略、创新驱动发展战略、军民融合发展战略、乡村振兴战略"七大发展战略的思想、构建人类命运共同体的思想、推进国家治理体系和治理能力现代化的思想、"道路自信、理论自信、制度自信、文化自信"的"四个自信"的思想、坚持以人民为中心的思想、坚持社会主义核心价值体系的思想、在发展中保障和改善民生的思想、"一带一路"倡议、进行供给侧结构性改革的思想、"中国制造2025"计划、"互联网+"行动计划、"美丽中国"和"健康中国"计划等。这些内容涉及面广，是当今时代国家建设的行动指南。因此，它们也理当是我们今天重构和再造指导壮族形象建构的文化认同所应该汲取的重要思想成分，否则，我们所建构出来的壮族形象就有可能失去时代性、先进性和合理性。而这样的文化认同的建构活动，已经较为普遍地体现在广西的一些治理活动中。

比如广西积极联手西部六省份共同推进的北连接丝绸之路经济带、南连21世纪海上丝绸、协同衔接长江经济带的西部陆海新通道的建设规划，就具有灵活汲取新时代中国特色社会主义思想的特征。该规划，2019年8月16日已获国家发改委通过并公布，意味着西部陆海新通道建设已经成为国家规划，而实际涉及的省份已扩展到了13个。该通道的主通道由三条通路组成，一是自重庆经贵阳、南宁至北部湾出海口（北部湾港、洋浦港），二是自重庆经怀化、柳州至北部湾出海口，三是自成都经泸州（宜宾）、百色至北部湾出海口。三条通路最后都汇聚于广西的北部湾，由此广西的沿海沿江沿边优势有望得到充分的发挥。如果落实的措施、方法有效，那么，必将带动广西经济的腾飞，进而将有力地重塑广西壮族的面貌和壮族的形象。如此美妙的前景，的确令人振奋。而细考该通道的谋划和建设的指导思想，亦即谋划和建设该通道的文化认同，其实就是将新时代中国特色社会主义思想的相关部分如"一带一路"倡议与西部各省的发展愿望和发展条件相融合所产生和形成的。相信在这一文化认同的指导下，该通道的建设必将焕发出促进西部各省份快速发展的生机与活力，并由此带来西部的区域性繁荣。西部陆海新通道的谋划和建设，让我们看到了壮族形象建构的文化认同的重构和再造，汲取新时代中国特色社会主义思想的生动例证。

此外，在广西的县域经济建设实践中，也同样呈现出汲取新时代中国特色社会主义思想重构和再造指导思想和文化认同的新景象。比如东兰县是一个以壮族为主的山区县，结合自己多山的地理环境、科技和工业基础薄弱的具体县情，县委县政府认为发展工业的路子并不适合东兰的县情，但发展林果经济和旅游养生经济却很合适。在这一新认同的指导下，从2008年起该县果断实施发展路径的转型，引导农民上山种植板栗、核桃、油茶、百香果等经济林木，还扶持经济能人在山林树下养鸡，并以之为核心组建合作社，发展乌鸡养殖业，带动更多的农户共同致富。这一发展新模式，符合时下人们追求环保、安全、绿色的消费新理念和新需求，同时也符合国家在新时代的发展理念。经过几年的发展，东兰的山更绿了，空气更好了，水也更清了，来旅游的人也比过去多了，农民的收入也跟着增加了。绿水青山就是金山银山的生态经济效应开始显示。我们有理由相信，在融合了东兰县情和新时代中国特色社会主义思想成分的文化认同的指导下，经过东兰人民持续的努力奋斗，必将重塑出一个崭新的山区壮族新形象。广西县域经济发展的实践也同样让我们看到了汲取新时代中国特色社会主义思想来重构和再造壮族形象建构的文化认同的必要性和重要性。

三 汲取中华优秀传统文化的成分

壮族是中华民族大家庭的一员，以汉文化为核心的中华优秀传统文化，也早已为壮族所熟知，并融入到了壮族生活的各个方面，因此，新时代在开展壮族形象的建构活动时，在必要的时候，建构者也是要汲取中华优秀传统文化的成分来重构和再造自己的文化认同的，以便让所开展的活动内涵更丰富，在彰显壮族形象特征的同时，也将闪烁着中华形象。

那么，什么是中华文化？这是我们需要进一步了解的。由于中华文化博大精深，所以，对这个问题的解答也往往是多种多样的，比如有的人说中华文化就是经史子集，有的说中华文化就是儒道佛，有的说中华文化就是汉族民间传统文化等。为此，我们在此先作一个明确的界定，由于汉族是中华民族的主体民族，中华文化的主流文化也因此是汉文化，既包括经史子集、儒道佛，也包括汉族民间传统文化。如此复杂的内容，总体上必定既有精华也有糟粕，所以，在重构和再造文化认同的时候，我们要汲取的当然是其中的精华部分。

那么，该怎么汲取中华优秀传统文化的成分呢？那就要从壮族形象的建构需要出发去汲取，由于需要是多样的，所以，汲取的中华优秀传统文化的成分也应该是多样的。比如，现在广西一些壮族聚居的山区县如巴马、东兰、大化、环江等，都提出要利用自己优越的地理环境和独特的壮族人文环境来发展康养旅游经济。那么，发展这种康养经济需要重构和再造出什么样的文化认同来进行指导呢？笔者认为，除了要汲取当地的壮族资源、现代旅游观念和新时代中国特色社会主义思想中的建设生态文明思想、绿色共享的发展理念和"健康中国"等的成分外，根据其"康养"的理念，还需要从中华优秀传统文化中汲取关爱和孝敬老人的孝道思想、心性论思想、养生论思想、山水田园思想和生态智慧等成分，用这些成分的相互融合所重构和再造出来的文化认同来指导发展康养经济，才能让康养经济契合中国人的需求。可见，新时代壮族形象建构的文化认同的重构和再造，必要的时候也还是要汲取中华优秀传统文化成分的。

四 汲取外国优秀文化的成分

现在是全球化的时代，而且我们国家还将继续扩大改革开放，在这样的背景下，开展壮族形象的建构活动也很容易就会涉及外国的因素，因此，新时代在重构和再造壮族形象建构的文化认同的时候，也会在必要的时候汲取外国优秀文化的成分。那么，该怎么来汲取外国优秀文化的成分来重构和再造壮族形象建构的文化认同？

首先是根据壮族形象建构活动所直接涉及的外国成分来汲取，比如建构活动涉及东盟的就汲取东盟的文化成分，涉及欧美国家的就汲取西方文化，涉及非洲国家的就汲取非洲文化，以此类推。这是就涉外的壮族形象建构活动而言的。

其次，是根据壮族形象建构活动所欠缺的来汲取。这一部分的壮族形象建构活动虽然不直接涉外，但是其解决瓶颈问题所欠缺的经验和方法，外国却可以提供。在这种情况下，壮族形象建构的文化认同的重构和再造，就需要汲取外国的成分了。比如，现在要在壮族地区实施乡村振兴战略，要在壮族乡村发展乡村旅游、生态农业、有机农业等等，带领壮族群众脱贫致富，生活奔小康。那怎么来做呢？我们的经验其实是不足的，特别是发展生态农业、乡村旅游、休闲农业、数字农业等方面的经验，几乎都是空白。这个时候，了解一下西方发达国家和日本的经验就很有必要了，像德国、美国的生态农业做法，英国、法国、德国等布局"大数据农业"的做法，日本的小型精耕细作式的农业生产方式，美国的规模化、机械化农业生产经营方法，荷兰的温室农业经验，以及德国的"村落更新"、荷兰的"农地整理"、法国的"农业一体化"、美国的"新城镇开发"等应对乡村衰落的方法，都是值得我们借鉴的。此外，还有英国的乡村建设及田园旅游经验，都对我们在壮族乡村发展这些经济形式，具有重要的启示意义。如果将这些外国经验汲取到我们相关的壮族形象建构的文化认同中，必将有助于提高壮族乡村建设的质量和促进壮族美丽乡村形象的建设。总之，在全球化和改革开发的时代，外国优秀文化是我们重构和再造壮族形象建构的文化认同的重要资源，我们要立足于自身的需要，大胆地拿来。这样做，不但可以开拓我们的视野，加快壮族形象建构的进程，而且还可以大大地提高我们的壮族形象建构的质量。

总之，壮族形象建构的文化认同的重构和再造，是时代发展和壮族发展的需要，其重构和再造的资源从大类来说，大致有以上所述的四种。除了第一种壮族元素是必须汲取的外，其他的三种资源则根据具体的建构内容来进行有针对性的汲取。而这正好与斯图尔特所说的认同建构总是与"我们会成为谁""我们如何重现"的观点相吻合。的确，我们想汲取哪些成分来再造和重构我们的文化认同，是跟我们想成为什么样的壮族形象有密切关系的。当我们想具有什么样的壮族形象的时候，我们就会去汲取与之相对应的元素与成分来再造和重构我们的文化认同，并通过文化认同的实施来达到我们的目的。也正因为如此，文化认同才在壮族形象的建构中起着非常关键的作用。而这一点，在我们接下来将要讨论的其他维度的壮族形象建构活动中大家将会继续看到或者体会得到。

第五章

壮族英雄叙事的壮族形象建构

英雄,通常是一个民族的优秀精神和高尚行为的集中体现,原因就在于英雄之为英雄的那些超乎常人的品格,本身是难能可贵的、优秀的。对此,魏晋时期的刘劭在《人物志》中作了很好的阐释,他说:"聪明秀出谓之英,胆力过人谓之雄,此其大体之别名也。若校其分数,则互相须。各以二分,取彼一分,然后乃成。"可见,英雄的品质,是"英"与"雄"经过荟萃而合成的,少了一个方面的成分,或者其中的任何一个成分不足量,都难以成为英雄。也正因为英雄如此难得、可贵,所以,才有郁达夫在《怀鲁迅》中所说的:"没有伟大的人物出现的民族,是世界上最可怜的生物之群;有了伟大的人物,而不知拥护、爱戴、崇仰的国家,是没有希望的奴隶之邦。"由此可见,英雄是否辈出,以及如何对待英雄,都是可以反映出一个国家和民族的本相的。基于此,本章将聚焦于壮族英雄叙事,探究它借助英雄人物建构出了怎样的壮族形象,探讨新时代运用壮族英雄叙事来建构壮族形象将会面临哪些挑战以及新时代如何借助它来有效地建构壮族形象。

第一节 壮族英雄叙事所建构的壮族形象

本节里,我们所聚焦的壮族英雄叙事,主要是新中国成立之前所创作的,由于其中不少的叙事具有历史的久远性,所以,所呈现的壮族民族特性也更醇厚。

这些新中国成立之前所创作的壮族英雄叙事,从叙述者的角度来看,有壮族人,也有汉族人;从体裁形式来看,则有神话、传说、历史著作、民间故事等样式;因而相应的所讲述的英雄人物,就有神话英雄、传说英雄、历史英雄、虚构英雄等类别。这些壮族英雄叙事中的英雄人物及叙事中所体现出来的对待英雄的态度，很鲜明地折射出了壮民族的一些本相以及由此所形成的壮族形象的特点。概括起来，这些壮族形象的特点大致有以下几个方面。

一 特别爱国的壮族形象

这一壮族形象特征，可以从有关冼夫人、侬智高、瓦氏夫人等壮族英雄人物的叙事中鲜明地见出。关于他们的叙事，有官方的，也有民间的，因而叙事的创作者既有壮族的，也有汉族的。虽然这三个壮族英雄的身份、性别及生活年代都不相同，但却不约而同地体现出了一个共同的性格特点，就是特别的爱国。虽然他们的爱国多表现为忠于所身处的当时的朝廷上，但由于当时的朝廷毕竟代表了国家，因此，他们对于朝廷的忠心实际上也就是对国家的忠心，是爱国的表现。

冼夫人生于南朝梁武帝天监十一年（512）的高凉（现高州市），卒于隋代仁寿初年（602），享年九十周岁，是一个经历梁、陈、隋三代的岭南越族首领。关于她的叙事，主要见于《隋书·谯国夫人传》以及后人依此所作的阐释性、补充性叙事。从这些叙事中，我们可以见出，其英雄性不仅表现在"多筹略，善用兵，诸洞皆服其信义"[①]上，还表现在面临朝代更迭巨变的时候，能够洞明大势、果断应变、顺势而为，平定各种叛乱，稳住岭南之大局，避免了国家分裂和人民遭受战乱荼毒的险境，因此，她因势而变所呈现出来的对三代易主的忠心，并不被认为是见风使舵，而是被认为是深明大义的义举而深得梁、陈、隋三代国主的赞赏。她还每逢年节大典，便将三朝的赐物全部陈列于厅前，召集子孙及其家人逐一瞻看，然后训导子孙说："汝等尽赤心向天子。我事三代主，唯用一好心。今赐物具存，此忠孝之报也，愿汝皆思念之。"[②]其忠心耿耿的爱国之心，有如日月，昭明可见。

侬智高则生活于北宋，是一个聚讼纷纭的历史人物，因而在官方和壮族民间的叙事中完全呈现为两个不同的人物。关于他的官方叙事主要见于《资治通鉴》、《宋史》等官方的著作中。在这些官方的叙事中，他是以

[①] 《资治通鉴·梁纪十九》。

[②] 《隋书·谯国夫人传》。

"蛮贼""蠢贼"的面目出现的，但在壮族民间的叙事中，他却是完完全全的英雄人物。不过，吊诡的是，即便是在官方的否定性叙事中，也能反映出其有浓厚的爱国之心，因为叙事中就分明记载着侬智高曾经三次向宋王朝求归附。第一次是在1048年，在安德州第二次起兵失败后，侬智高立即派人到邕州请求宋王朝授以一空名闲职的"刺史"，作为内附的条件，但宋仁宗拒绝了；第二次是1050年（皇祐二年），侬智高托邕州指挥使亓赟转告宋朝廷：侬智高愿"通朝贡，进方物"①，以准其"内附"，但宋朝廷仍以"恐失交趾之心"②，而不敢接纳其"内附"；第三次是1051年（皇祐三年），侬智高"又乞教练使，又乞徒赐袍笏，又乞每南郊时贡金千两，愿于邕州互市"③，但宋朝却又"以广源州本隶交趾，若与其国同贡奉"④作为条件。三次被拒，令侬智高失望和气愤至极，于是才被迫起义反宋。而他身上的那种一而再、再而三的求归附的行动，不正是其衷心爱国的表现吗？

瓦氏夫人是明朝田州土官，原名岑花，生于明治九年（1496年），是归顺州（在今靖西）知州岑璋之女。关于她的事迹，见于《倭变事略》《松江纪略》《张氏卮言》《赤雅》等明代人写的著述中。其爱国之心，最鲜明地表现于明嘉靖年间不顾自己已年近六旬的高龄，还毅然请命应征，率领6000俍兵开赴东南沿海，抗击倭寇，取得了"九战九胜"的战绩，打破了倭寇不可战胜的神话，为保国安民立下了赫赫战功，被明嘉靖皇帝封为"二品夫人"，被后人誉为中华民族抗击外敌入侵史中的"巾帼英雄第一人""壮族抗倭女英雄"。这种在国难面前挺身而出的血性行为，不正是其爱国特性的最鲜明的体现吗？

三位生活在不同时代的壮族英雄，却不约而同地体现出了鲜明的爱国情怀，这一定不是偶然的巧合，而是壮族的民族性使然。对此，壮族学者梁庭望先生有一个很好的阐释，他说："壮族是一个祖国观念极强的民族，由于较早地接受了儒家的思想，同时也接受了大一统的思想，他们以作为中国的臣民为荣，对汉族文化十分仰慕并乐于接受。在历代封建皇帝及其臣属屡屡侮辱、谩骂贬斥的时候，壮人的国家一统观念也从未动摇

---

① 《宋史·广源州传》卷四九五。
② （宋）司马光：《涑水纪闻》卷十三。
③ （宋）腾元发：《孙威敏征南录》。
④ （清）徐松：《宋会要辑稿》一九八册"蕃夷"五之61。

过。自秦始皇统一岭南以来,在岭南的这块土地上,他们可以接受中央王朝像牛马一样栓着的羁縻,可以接受南越国、南汉那样地方政权的统治,但决不把一寸土地让出去,投入别国的怀抱。相反地为了保卫祖国南陲,反击外来入侵,自宋以来,不知流了多少血。除了侬智高在特定条件下在邕州称帝一年,在漫长历史上,作为中国第二大民族的壮族再没有出过一个帝王,也从不做入主中原的梦。这就是壮人。"[①] 由这一壮族的共同性,我们不难感受到一个特别爱国的壮族形象。

二 女英雄特别多的壮族形象

壮族英雄叙事中还有一个很突出的现象,就是讲述女英雄的故事特别多。无论是历史性的故事,还是传说性的、神话性的故事当中,都不乏女性英雄的身影。就历史性的女英雄来看,除了上文提到的冼夫人和瓦氏夫人之外,还有东汉时期广西龙州地区的班夫人、宋代侬智高的母亲阿侬和侬军的女英雄杨梅、清代大新地区的岑玉音、抗日时期的河池女英雄莫花棉等。传说性的女英雄,则有民间故事《逃军粮》中为了救治众人而不惜割裂自己乳房的蓝萨英和《红铜鼓》中为铸造红铜鼓打退敌人而毅然割腕淌血的锦花花。神话性的女英雄,则有《妈勒访天边》中那位争着替大家去寻访天边的年青孕妇等。所有这些女英雄,都显得有勇有谋有担当。这种女英雄辈出的现象,是壮族的一个特色,跟壮族自身特殊的性别制度有着密切的关系。与汉族不同,女性在壮族中有着较高的地位,可以习武,也可以传承职位、家产,可以做着与男人一样的劳动,婚姻也比较自由,可以倚歌择偶和不落夫家。这些习俗性制度,让壮族女性获得了培养和展示自己才干的机会,女英雄不断涌现也就是很自然的了。由此,我们不难感受到一个女英雄特别多的壮族形象。

三 特别能打仗的壮族形象

壮族英雄叙事中的英雄人物还有一个鲜明的共同特点,就是特别的能打仗。无论男的、女的,都很能战,而且还很善战。男的如侬智高,其打仗能力,连镇压他的对手也都佩服,赞其"勇而善用兵"[②]。宋代滕元发在《孙威敏征南录》中就说:"闻贼之长技,用蛮牌捻枪,每人持牌以蔽

[①] 梁庭望:《论侬智高反宋的实质:保境爱国正义战争》,《广西民族研究》2001年第4期。
[②] 余靖:《武溪集·宋故狄令公墓铭》。

身，二人持枪夹牌以杀人。众进如堵，弓矢莫能加，大为南患。"宋代李觏于《寄上孙安抚书》中也说侬军如同"鬼将神兵，非人可敌，故锋刃未交，而心胆已碎。后败甚于前败，今日甚于昨日，徒使狂童，谓天无网！此所谓我失于速也"。这已经不仅是侬智高一个人能战了，而是整个侬军都能战。与此相似，明代的壮族俍兵，也是一个群体性的英雄集体，以战力骁勇著称，有"广西俍兵雄于天下"的美誉。女英雄的方面，在能战方面也不让须眉。冼夫人虽为一介女流，却能率兵屡次平定凉州的叛乱。侬智高的母亲阿侬，也非等闲之辈，她实际上是侬智高的谋臣。杨梅则是侬军中的一员女将，在剥隘伏击战中将宋军打得伤亡惨重。瓦氏夫人，则不仅能统军，而且还善使双刀及长矛，"舞戟如飞，倭寇畏之"，被誉为"花双刀"。岑玉音也是如此之女将，她箭术高超，勇敢过人，用兵果断，料事如神，多次打败入侵的倭寇，得到皇帝的封赏。莫花棉，则勇力过人，面对凶残的日寇不畏惧，卖耕牛、买武器，率众打日本鬼子，被誉为河池抗战女英雄。传说中的英雄，也同样被赋予了能战、善战的品格，如《岑逊王》中的岑逊，打起仗来也是气势非凡，他用扁担做武器，直打一下，杀死官兵三百六，横扫一下，杀死官兵七百二。《布伯》中的布伯，为了解决人间大旱的问题，还敢于上天与龙王斗。这一个个都能战、善战的男、女壮族英雄，很鲜明地将壮民族特别能打仗的特性鲜活地表现了出来，由此我们不难形成一个特别能打仗的壮族形象。

四 勇于担当、乐于助人的壮族形象

壮族英雄叙事里一些壮族英雄人物，不仅体现在能战、善战上，而且还体现在勇于担当、乐于助人的仁心义气上。比如《布洛陀经诗》中的布洛陀，不仅全知全能，而且还特别热心助人类。每当他在天上看到了人间缺少了什么东西，就派相应的大王下来帮助大家解决问题，比如伏羲刚造出天下百姓的时候大家普遍地穿不够、吃不饱，世间不宁乱纷纷，布洛陀在天上看到了，就派一个耕作大王下到人间给大家带来了谷种，从此老百姓得了温饱，衣食足。民间故事《伍赫利血洒厄果茶山崖》中的伍赫利，在侬军被宋军包围、面临被全歼的危急时刻，自告奋勇承担阻击重任，结果主力部队获得了安全撤退，而他却不幸被俘，英勇牺牲。民间传说《莫一大王》中的莫一大王，聪明勇敢，力气非凡，武艺高强，皇帝知道了便想招他到京城当大官，以便镇压百姓，保护皇位，但莫一大王却

断然拒绝了，他宁愿选择在家种田、练武、为百姓办事。民间故事《杀蟒歌》中的"杀蟒哥"，力气大又勇猛，大家又称他为"大力士"，看到蟒蛇害得大家不敢住在村里，他就决心用箭术杀蟒，为民除害，后来在村中一位最老的爷爷的教导下，他苦练射蟒箭术，成功地为大家除了害。民间传说《侯野射太阳》中的侯野，能拉动 12 丈长的弓，射箭又准又远，看到 12 个太阳晒得大家没法好好活，他就决心制伏太阳，利用自己的技术不仅射落了 11 个太阳，还让剩下的那一个好好地出来为人们服务，使人们重新过上了愉快的生活。民间故事《艾苏与艾萨》中的艾苏，不仅热心地在为大家寻找幸福的地方，而且还在寻找的途中看到他人遇到了困难和灾难，也都热心地给予帮助。此外，民间故事《挨朱奴》《七鼻老妖》《特甘驯孽龙》《水珠》《勇敢的阿刀》等讲述的也都是这一类有担当、乐于助人的英雄事迹。如此之多的英雄人物，不约而同地体现着同一的性格特点，这显然也是壮民族共同性格的体现，从中你不难想象出一个勇于担当、乐于助人的壮族形象来。

五　机智幽默、惩恶扶弱的壮族形象

在壮族英雄叙事中，还有一类英雄人物不以武胜却以文胜。他们专以自己的聪明机智、讽刺幽默的特长帮助百姓惩治那些欺人的土司和财主。这些机智英雄人物，有公颇、佬巧、汪头三、公天、小甘罗、罗玲、辣椒四、八兄弟、袁老三、哥大、阿吼等。其中袁老三是民间故事《一百鞭》中的主人公。财主每次雇佣长工都提一个条件："你做我的长工，每天只给你一碗稀粥吃，如果你不满意，我就打你一百鞭，扣你工钱；如果你照我的话做工，我要是不满意，你就打我一百鞭，拿走你工钱。"结果每个到他家做工的人都被打得扣了工钱，包括袁老三的父兄在内。袁老三知道后就决定到财主家打工并趁机惩治一下这位财主。一次财主叫他杀羊待客，袁老三就问杀哪只？财主说你到羊圈拍拍手，哪只羊看着你，你就杀哪只。结果袁老三将一圈的羊都杀掉了。财主见了却不敢发作，因为想到了自己定的规则，一旦以不满的表现来回应袁老三的问题："东家，或许你不满意我吧"财主就会挨一百鞭还要付工钱，于是，只好将满腔的怒火硬往肚子里咽。佬巧，则是壮族民间传说中的另一个绝顶聪明而又喜欢为民伸张正义的英雄人物。民间故事《是臭地，不是龙地》，就讲他以财主的逻辑来反制财主的故事。财主为了霸占佬巧亲戚的土地，硬说佬巧的

亲戚犁断了他家坟山的龙脉，以后不准再种这块地。佬巧听说后就去与财主评理，最后以"龙死了四天，还不臭吗"为依据，有力地反驳了财主的龙脉被犁断的结论，灭了财主的威风，保住了亲戚的地。小甘罗呢，则是个聪明机智的小英雄，他顺着土司话语的逻辑，以"既然男人不生崽，又哪里有公鸭蛋"，驳回了土司老爷要求其爷爷拿个公鸭蛋来的无理要求，不仅保住了爷爷的性命，也打击了土司的气焰。这一类机智英雄人物，都以自己的聪明机智喜剧性地压制了强势的土司、财主，为弱者赢回了尊严和权利，保住了财产。

这样的喜剧性英雄故事反复出现，一方面表明壮族是一个很有幽默感和喜剧意识的民族；另一方面也表明壮族是一个有着浓厚的惩恶扶弱情怀的民族。由此，一个机智幽默、惩恶扶弱的壮族形象，就被建构出来了。

由上所述，我们可以看到，壮族英雄叙事的确通过对壮族英雄人物事迹的叙述，反映了壮族的某些"本相"与特征，显示了较强的壮族形象建构功能。

第二节　壮族英雄叙事再出发所面临的挑战

壮族英雄叙事具有壮族形象建构功能，这在上面的分析中已经得到见证，但是在新的时代，这些功能是不是能够顺利地得到发挥，则是我们需要进一步加以思考的问题。不可否认的是，在新时代的文化语境中的确存在着影响壮族英雄叙事的壮族形象建构功能顺利发挥的因素。而这些因素，也就构成了新时代壮族英雄叙事再出发所面临的挑战。这些挑战一方面影响着创作者的情绪，另一方面也影响着接受者的兴趣和理解，因而也是我们新时代进行壮族英雄叙事创作时必须要慎重考虑的。这些挑战概括起来主要有以下几个方面。

一　日渐显淡的英雄情怀

不得不说，英雄情怀的日渐淡漠，的确是我们这个纷繁时代的一个比较显见的特征之一。往前看，七八年前，我们有过恶搞、解构英雄的风气，而现如今我们则有人因为在网络微信群辱骂四川凉山灭火英雄"死有余辜"而被刑拘。现特地撷取这期间发生的三件事以便一窥当今时代英雄情怀日显淡漠之具体情形。

第一件事是河南一镇政府书记斥烈士后人:"都什么年代了还谈杨靖宇!"事情的原委是这样的,杨靖宇的外甥徐建国在河南省郑州市北三环经营黄金加油站,此加油站是从河南黄金物资公司合法受让,证照齐全,合法经营。同行河南大桥石化股份有限公司董事长张某某害了红眼病,看上了该加油站并想吞下,在协商未果的情况下,张某某就找河南省郑州市金水区庙李镇政府主要领导人王某某等人,对其合法经营的加油站在没有签订拆迁合同的情况下进行了强拆,致其无法继续经营。而让徐建国想不到的是,不久,在加油站的原址上,河南大桥石化股份有限公司于2013年4月又重新建起了一座新加油站并营业,其规模还向路边扩展了10米。在这一过程中,徐建国曾经找庙李镇书记王某某质疑拆迁:"那么多加油站都在绿化带内,为什么只拆我们的,我们老百姓干个加油站不容易,我又是杨靖宇烈士的亲属后代,能不能留碗饭吃。"没想到王书记竟脱口而出:"杨靖宇是谁呀,都哪个年代了,谁还讲杨靖宇了。"烈士杨靖宇将军的孙子、获中越边境自卫还击作战三等功的马继志听说了这件事情之后很气愤地说:"作为一个公职人员,竟然说出'杨靖宇是谁?现在谁还谈杨靖宇'这样的话,这是对抗日英雄(杨靖宇)的不敬。作为他的后代,我感到非常的气愤。连日本人都比较佩服的一个英雄,为了民族的大义,为了民族的解放牺牲了自己的生命。这是我们全国人民都比较敬佩的一名英雄,建议有关领导能对以上事件作出客观公正的处理。"[①] 暂且撇开拆迁的是非不谈,单就英雄情怀来看,这位王书记真的是太淡了,连普通百姓都不如。而他的言行,也的确让我们真切地感受到了时代英雄情怀淡化的具体存在。

第二件事是曾经引起网上热议的一位家长的信。这封信,叫《请让我的孩子远离刘胡兰》。事情的起因是某地的学校开展向刘胡兰学习的活动,一位家长听后很激动,并明确告诉老师不想让孩子那么小就参与这么残酷的政治斗争。在信中,这位家长认为,从刘胡兰身上我看不到有任何值得称赞的品质和任何值得坚守的理想,那些大人物对她的嘉奖和称赞都将是耻辱的记忆。试想,一个十三四岁的孩子早早就去参加你死我活的政

[①] 刘姝蓉、张喜斌:《镇政府书记斥烈士后人:都哪个年代了还讲杨靖宇》,(2017-04-27),http://news.163.com/17/0427/14/CJ1KO1J50001875N.html。

治斗争，当同龄人还在草地上天真烂漫地追逐嬉戏的时候，她却和一群大人杀了她们的村长，而后不久，又被对方捉到同样残忍地把她的头铡了下来，这是一件听起来多么令人毛骨悚然的事情。所以，一直以来我都希望孩子是在一个散发着原谅、包容和关爱等人类自然天性的环境中成长。当一个人的心里从小被种下了血腥、残忍和仇恨种子的时候，长大后精神扭曲的果子就会跟随他一辈子，所以，我想任何一个有理智的家长都不会想让自己的孩子像刘胡兰一样，在上小学和初中这个年龄的时候就参与这些残酷的政治斗争，更不想让自己的孩子那么小就被一些大人教导着去杀人，而后又被别人残酷的杀害。所以想到我的孩子被教导去学刘胡兰，我心如刀绞，出于一个父亲的责任，我本能地想为孩子去抵挡可能对她心灵带来的戕害，望老师理解，以后这个活动请允许我们放弃。

这位家长的信是 2015 年写的，他对刘胡兰的认知与毛泽东对刘胡兰的评价："生的伟大，死的光荣"，简直就是天壤之别，而且这封信在各公号转发时还得到了不少网友的支持。由此可见，社会的英雄情怀是怎样的一个淡了！虽然老师为此回复了一封相当"霸气"的信，但也不能因此而抵消人们这样的一个社会认知。针对这位家长似是而非的糊涂认识，老师首先指出，"每一个英雄都是有其时代背景的"，你没有搞清楚到底是谁"让一个十三四岁的孩子去参加你死我活的政治斗争"。英雄的挺身而出，往往不是为了个人，而是为了大家，我们才能称其为英雄。从这一点来衡量，刘胡兰无疑是个英雄。让这么小的英雄牺牲了，是那个时代的悲剧，但我们不能因此否定英雄，甚至要让孩子"远离"。学校也从来不会把刘胡兰的英雄事迹，说得多么血腥，多么残忍，也从未播撒仇恨的种子。你觉得孩子不应该去承受"英雄"的义务，这其实并没有错。但问题是，我们现在只是在教育她学习英雄的"义"，你觉得这是对她心灵的"戕害"？你让她从小拒绝这样的教育，可有想过，实际生活中，如果没有面对邪恶，面对危险敢于站出来的勇气教育，那么这个人的发展必然是不健全的。这个世界并不总是阳光普照，当狂风暴雨，疾雷闪电，冰雹台风来袭的时候，我们的后代必须有抵挡的勇气，义无反顾地迎击精神。我们的孩子虽然生活在和平年代，但是谁也无法保证他们永远生活在和平年代。大家都想远离是非，远离暴力，远离政治，但这是不可能的。所以，你孩子这个年纪，不只需要童话，还需要英雄。你这样的教育孩子的方式，不但会毁了自己的孩子，而且错误的观念和态度，还将影响许多人。

让孩子去认识自己民族的英雄，并没有什么过错。相反，让孩子远离自己民族的英雄，这是可耻的!①

不幸的是，老师所说的某些话却很快就被现实的惨痛验证了。2017年网上爆出的一段名为《女子过马路被二次碾压死亡，路人无一上前施救》的视频，就是一个活生生的例子。事故发生在2017年4月21日19时54分许的河南驻马店。视频中疑似一名身穿浅色上衣的年轻女子在夜间走斑马线过马路，低头时左侧一辆疑似出租车的小车将其撞倒并径直离开现场。年轻女子被撞后躺在地上没有起身，但从视频可以看到，她抬起头试图起来。大约1分钟后，同一方向的另一辆SUV驶过并直接从她身上碾过，之后该SUV的司机停车前来查看。让人寒心的是，从被撞到二次碾压的1分钟内，10余辆途经车辆和约20名经过的行人，无一人上前施救。② 对此现象，一位网友留言评论说："天，这个社会是怎么了？我在现场会怎么做？我想至少会第一时间拦停所有车辆，站在倒地女子身前，拨打两个电话，120和110。告诉120需要急救，通知110有交通事故逃逸，追查出租车监控……这是最基本的人性吧!"不幸的是，当时的见证者都"暂时"地丧失了基本人性，没有人勇敢地站出来帮助、施救。

为什么会这样？有的网友说，都是被讹诈讹怕了呀。"彭宇案"带来的"好心扶人却被讹"舆论认知，成了中国道德退化的分界线。以前大家争着学雷锋，自此之后就不敢学了，雷锋也成了某些人调侃、污化的对象。而讹人现象的存在，又从另一方面反映了社会英雄情怀淡漠的存在及其产生的社会原因：唯利是图、金钱至上、自私自利。

尽管我们国家的领导人习近平总书记近年来也在不同的场合倡导崇尚英雄，捍卫英雄，学习英雄，关爱英雄，如2015年9月2日，习近平在颁发"中国人民抗日战争胜利70周年"纪念章仪式上强调，"一个有希望的民族不能没有英雄，一个有前途的国家不能没有先锋。包括抗战英雄在内的一切民族英雄，都是中华民族的脊梁，他们的事迹和精神都是激励

---

① 江苏共青团公众号：《深思 一封关于刘胡兰的家长来信及回复》，(2015-10-18)，http://mp.weixin.qq.com/s/dfwe6BtZNgpxZKzh2nCzA。
② 参见熊浩然《驻马店女子过马路被二次碾压死亡，路人无一上前施救》，《华西都市报》，2017-06-08.(2017-06-08)，http://news.haiwainet.cn/n/2017/0608/c3541087-30955375.html。

我们前行的强大力量"①，2016年11月30日，习近平在中国文联十大、中国作协九大开幕式上的讲话中指出："对中华民族的英雄，要心怀崇敬，浓墨重彩记录英雄、塑造英雄，让英雄在文艺作品中得到传扬，引导人民树立正确的历史观、民族观、国家观、文化观，绝不做亵渎祖先、亵渎经典、亵渎英雄的事情。"② 2018年4月27日，第十三届全国人民代表大会常务委员会第二次会议通过《中华人民共和国英雄烈士保护法》来专门惩治那些亵渎英雄的行为，但是这一英雄情怀淡化的社会思潮，不会马上得到扭转，它还会挟着其惯性，或明或隐地存在着。在这样一种社会思潮和社会文化氛围下创作壮族英雄故事其接受前景估计也不能太乐观，因而也就成为新时代壮族英雄叙事创作的一种挑战。

二　日趋娱乐至上的审美取向

日趋娱乐至上的审美取向，之所以成为挑战，主要是因为两个方面的原因：一是娱乐至上的审美取向所追求的是低层次的感官刺激和欲望表达，而不是蕴含着崇高、深沉的宏大主题的东西，而英雄叙事所表达的却恰恰是这一方面的主题。美国学者尼尔·波兹曼在《娱乐至死》一书中认为，这种娱乐至上的审美倾向的养成，跟电视这一电子媒介有着密切的关系。他说，电视是首屈一指的全心全意致力于为观众提供娱乐的电子媒介，它不仅为我们展示具有娱乐性的内容，而且还将所有的内容都以娱乐的方式表现出来，使新闻、体育、教育和商业都心甘情愿地成为娱乐的附庸，而且以图像为表现手段的电视，与追求逻辑、思考和理性的文字表达有很大的不同，它的图像是给人看的，诉诸的是人的视觉，追求的是给人视觉的愉悦和画面的吸引人，给予人的是情感上的满足，而不是给人以思考，所以，电视展示给观众的主题虽多，却不需要我们动一点脑筋。电视常常将制作悦目的图像，并伴以令人兴奋的音乐作为自己节目制作的首要原则。在电视的引领和影响下，人们也逐渐养成了追求一种浅层次的娱乐至上的审美取向。而这样的审美取向成为一种时代的审美潮流，是很不利于激起接受者对以追求深层次的、触及灵魂的意义为旨向的壮族英雄叙事

---

① 习近平：《在颁发"中国人民抗日战争胜利70周年"纪念章仪式上的讲话》，(2015-09-02)，http://news.xinhuanet.com/politics/2015-09/02/c_1116454204.htm。

② 习近平：《在中国文联十大、中国作协九大开幕式上的讲话》，(2016-11-30)，http://www.china.com.cn/news/2016-11/30/content_39821448_3.htm。

的接受兴趣的。

二是娱乐至上的审美取向会让人们养成以娱乐的方式来对待事物的习惯。在这样的习惯思维的支配下，代表着神圣、严肃、崇高的东西，也常常被毫无顾忌地拿来娱乐和恶搞一番。前些年出现的解构、恶搞和诋毁英雄人物的歪风，娱乐至上的审美思维，就具有不可推卸的责任。这种娱乐至上的审美取向还会影响到作家的创作，导致出现追求感官刺激、欲望表达，粗制滥造，脱离生活实际、脱离人民群众，要颜值不要演技，要票房和收视率不要品质，要笑声不要深刻的创作倾向。在这样一个接受和创作氛围的影响下，对于任何一个有意去进行严肃、崇高的壮族英雄叙事创作的作家来说，可能都会有些犹疑：我的创作会有人看吗？可见，日趋娱乐至上的审美思潮，也是不太有利于壮族英雄叙事的潜心创作的，因而也会构成一种挑战。

三　日趋电子化、碎片化的阅读方式

电子化、碎片化的阅读方式之所以成为今天创作壮族英雄叙事的挑战，原因在于这种阅读方式，不太利于壮族英雄叙事的接受，主要表现在以下几个方面：

首先，从目前来看，壮族英雄叙事多以纸质媒介的方式发表，少数以戏剧和影视的方式来表现，尽管它们也都可以上网，但是由于篇幅都比较长，所以，对于那些习惯于电子化、碎片化的阅读方式的人来说，这样的作品都难以成为他们的首选，进而也就大大地减少了壮族英雄叙事的壮族形象建构功能的释放。

其次，电子化、碎片化的阅读方式往往缺乏理性力量，因而具有浅层性和间歇性，且不易带来思索的兴味、沉思的回味和思想的快乐等阅读的精神享受，因为碎片化阅读，"只能让我们'知道'一些事情，却并不能增加我们对周围事物的理解力和判断力。如果有一种罪名叫'损害智力罪'，碎片化阅读首当其冲，它正在让整个社会的智商降低"[①]。如果以这种阅读方式来读壮族英雄叙事，恐怕是难以体会到其中的理性的崇高力量的。

---

① 李大白：《碎片化阅读会导致"低智商社会"吗?》，（2016-02-25），http://cul.qq.com/a/20160225/053691.htm。

再次，电子化、碎片化的阅读方式更多地倾向于阅读的趣味性和娱乐性。这也是由电子媒介以取悦和娱乐他人、吸引他人为取向的品性决定的，像"标题党"、娱乐八卦的东西的大量传播，目的就是求被关注，而不是引导读者思考事实的真相，久而久之，就会养成读者更愿意接受简单的结论，而不管其中的逻辑关系，更愿意接受有趣的东西，而不管其对自己到底有没有用。对于他们来说，重要的是取悦自我的合理化想象。这种只满足于短暂阅读快乐的阅读方式，是很不适宜阅读蕴涵人生理性思考的壮族英雄叙事的，所以，它也就成了当今时代壮族英雄创作所面临的一个挑战了。

上述新时代的文化要素所形成的各种挑战，的确让当今时代的壮族英雄叙事创作面临着不少困难，但是我们也不要被困难吓倒，要敢于迎难而上，毕竟当今时代一些好的英雄影视作品还是很有市场的，如《战狼Ⅱ》《红海行动》等的高票房，就说明了英雄叙事还是很有市场潜力的，只要创作得好还是不愁读者和观众的，而且新时代也存在着有利于英雄创作的条件，比如领导人倡导和支持英雄叙事创作，我们要善于从困难中寻觅希望和有利条件，然后借力发力，这样才有可能将挑战转变为机遇，创作出不愧于时代的壮族英雄叙事，并更好地释放和实现其壮族形象的建构功能。

第三节　壮族英雄叙事再出发的创作策略

人们常说危机中蕴涵着转机，挑战中蕴涵着机遇，凡事都会有好的一面也有不利的一面，因此，面对挑战要学会辩证地看待，要从挑战中找到转机之处和克服挑战的办法。应该看到，新时代还是很需要英雄精神的，因而也是需要英雄叙事的，就像习近平总书记所说的那样："今天，中国正在发生日新月异的变化，我们比历史上任何时期都更加接近实现中华民族伟大复兴的目标。实现我们的目标，需要英雄，需要英雄精神。"① 这种时代的需要，正是壮族英雄叙事在新时代再出发的重要机遇。因此，我

---

① 习近平：《在颁发"中国人民抗日战争胜利70周年"纪念章仪式上的讲话》，（2015-09-02），http://news.xinhuanet.com/politics/2015-09/02/c_1116454204.htm。

们所需要做的，是创作出能满足这种时代需要的壮族英雄叙事作品。为此，笔者认为，新时代壮族英雄叙事再出发可以采取以下的创作策略：

一 要树立正确的英雄观

针对英雄情怀有所淡化的时代局部情况，创作者要进行壮族英雄叙事的创作，首先就得要树立鲜明的正确的英雄观，否则就有可能难以抵御浊流，更谈不上以英雄精神引领他人和激励他人了。

那么，什么是正确的英雄观呢？笔者认为应该包括以下两个方面的内容：

首先要明了英雄的含义。关于英雄的定义，实在是太多了，似乎每一个人都可以依据自己的理解，给出一个英雄的定义，但仔细一看的话就可以发现，基本内涵实际上都不超出魏晋时期刘劭在《人物志·英雄》中的观点，他说："夫草之精秀者为英，兽之特群者为雄；故人之文武茂异，取名于此。是故，聪明秀出谓之英，胆力过人谓之雄，此其大体之别名也。若校其分数，则互相须，各以二分，取彼一分，然后乃成。何以论其然？夫聪明者，英之分也，不得雄之胆，则说不行；胆力者，雄之分也，不得英之智，则事不立。是故英以其聪谋始，以其明见机，待雄之胆行之；雄以其力服众，以其勇排难，待英之智成之。然后乃能各济其所长也。"还说："徒英而不雄，则雄材不服也。徒雄而不英，则智者不归往也。故雄能得雄，不能得英。英能得英，不能得雄。故一人之身兼有英雄，乃能役英与雄。能役英与雄，故能成大业也。"可见，英雄是既聪明突出而又胆力过人的人，这也是英雄不同于常人之处。但也不是说光具备既聪明突出而又有胆力过人的条件，就能成为英雄，还需要将这一条件转化为具体的行动，毕竟能否成为英雄还主要是看行动的。

而由构成英雄的要素是人的聪明、智慧、胆识、勇力来看，决定能否成为英雄的条件，全都是精神性的因素而非物质性的因素，所以，以GDP论英雄和以钱的多少来论英雄，都是偏离了英雄的本义的错误的英雄观，这是错把行业能人当成英雄了。若是以金钱等经济因素作为能否成为英雄的标准的话，那么，世上将不会有为了他人而不惜牺牲生命的英雄壮举了，因为一旦考虑了金钱，这种壮举很有可能就做不出来了。所以，以金钱论英雄，只会把社会带上趋炎附势、唯利是图、尔虞我诈的歧途，而不会带出一个风清气正、朗朗乾坤的社会的。

所以，在创作壮族英雄叙事的时候，创作者首先得明确英雄之本义及品格，然后才可据此塑造出具有真正英雄品格和英雄精神的壮族英雄人物和壮族英雄叙事来。

其次，要具有深厚的英雄情怀。作为壮族英雄叙事的创作者，除了需要了解英雄的本义之外，还需要有英雄情怀。因为只有具备了英雄情怀，才会产生创作英雄叙事的热情与冲动来，也才会以发自内心的敬仰去抒写英雄的气概和气节。

有了正确的英雄观作指导，才能明了塑造壮族英雄人物的方向。有了英雄的情怀，才会有创作壮族英雄叙事的动力。具备了这两个条件，创作者才可能会有创作的行动。

二 是运用改编的方式来创作壮族英雄叙事

具备了正确的英雄观和英雄情怀之后，接着就是考虑该怎样去编写壮族英雄叙事了。鉴于壮族有比较深厚的壮族英雄叙事传统及相关的叙事作品，因此，以改编的方式来创作新的壮族英雄叙事，不失为一个比较便捷的方法，而且这方面我们目前有两个可借鉴的成功范例。一个是各种版本的《刘三姐》创作，另一个是歌舞剧《壮锦》。这两个作品的改编经验，值得我们借鉴和学习。

刘三姐传说故事，原本是两广地区流传较广的民间故事，而且版本也很多，但总的来看，刘三姐形象都没有体现出什么英雄性，其最大的特点只是善唱歌而已，有的传说甚至还赋予了她巫的色彩。但后来在文人作家的参与改编下，这一民间故事开始实现了蜕变，获得了升华。最早对这个传说故事进行改编的是宜州的邓昌伶先生，他在 20 世纪 50 年代初将之加工改编为戏剧《刘三姐》，不仅赋予了刘三姐传说故事以戏剧化的情节结构，而且还初步赋予了刘三姐的英雄性格，她不仅美丽善良，而且敢于以自己的聪明机智与财主势力作斗争。而后，1959 年柳州彩调剧团以彩调剧的形式对刘三姐的故事进行了进一步的深加工，不仅以生动的山歌作品丰富刘三姐故事的情节内容，而且也在性格方面扩大和深化了刘三姐的英雄性格，在剧中，刘三姐被塑造成了一个用山歌歌唱真善美，用山歌鞭斥假恶丑，用山歌捍卫劳动人民的利益，用生命捍卫属于劳动人民的山歌的女英雄。到了 1961 年，乔羽与长春电影制片厂导演苏里合作将柳州市的彩调剧《刘三姐》改编为同名电影，故事情节和人物性格基本沿袭彩调剧，但场景改用了逼真的电影画面，让刘三姐的故事一举脱离舞台的"藩篱"而回归到了让大家更熟悉的日常生活景象。电影艺术的这一逼真的画面感，让电影《刘三姐》一举超越了此前所有的改编形式，一上映，立即轰动大江南北，名声大震，刘三姐亦成了一个家喻户晓的人物。凭借着电影《刘三姐》所产生的声誉，刘三姐最后还成了壮族文化的象征与符号。

可以说，正是由于创造性的改编让原本很一般的刘三姐传说叙事获得了新生，变成了一个轰动全国的壮族英雄故事，并且还收到了很好的壮族形象建构效果。其成功之道，值得回味。

如果说刘三姐故事成功改编是发生在20世纪60年代，时间有点久了，那么，而被称为广西首部大型原创壮族歌剧的《壮锦》，则是改编于2008年，其成功的经验，更具直接移植性。该剧改编于壮族四大传说之一的《一件壮锦》。在编剧常剑钧、胡红一看来，壮族传说故事《一幅壮锦》的意蕴，绝不能仅仅停留在肤浅的道德评判和善恶对立的层次上来理解，而应该将之深化，把故事中对一幅壮锦的寻找理解为壮族人民对幸福的寻找。于是，他们从2008年起就开始对这一传说进行改编，创作出了歌剧《壮锦》。剧本对原传说中的人物进行了较大地改造与重塑，希望通过一位壮族母亲和她的三个儿子用爱情、智慧、生命寻找带有壮族"幸福密码"的壮锦的故事，塑造出壮人的英雄性格与英雄形象，即"壮人的坚忍不拔，壮人的孝心忠义，壮人的视死如归，壮人的义无反顾"。[①]传说在经过改编之后，人物形象的英雄性在得到强化的同时，也深化和提升了其壮族形象的建构功能。

以上两个作品改编的成功，让我们看到了改编这一创作路径的潜力，增强了我们对以这一方式进行壮族英雄叙事创作的信心。

三 以原创的题材来创作壮族英雄叙事

改编方式虽然有效，但却并不是唯一的壮族英雄叙事方式，况且适合用来改编的叙事作品毕竟有限，因此，除了改编的方式之外，以原创的题材来进行壮族英雄叙事创作，则是我们应该努力的另一方向。毕竟原创题

[①] 季国平：《至情至性，恢宏悲壮——看壮剧〈壮锦〉有感》，《中国文化报》2012年12月20日。

材才是最常规的创作方式。而依据原创题材的来源渠道的不同，我们可以将这一创作方式，分为两种类型：

（1）以虚构的题材来进行创作

这一创作类型的题材全部来自作者的虚构，但就其题材的性质来看，可以分为历史性题材和现实性题材两大类。不过，无论是哪一种性质的题材，都要以追求真实为根本，否则，所写的壮族英雄人物及其事迹就很难感动人，进而也就难以产生令人满意的壮族形象建构效果。这种类型的创作，以小说最具代表性，也最为方便使用。此外，戏剧和影视，也是很有优势的体裁样式。

（2）以非虚构的题材来进行创作

非虚构的题材，就题材性质来看，也有历史性题材和现实性题材之分。历史性题材，是以历史上实有的壮族英雄人物为叙写的对象，比如以侬智高、瓦氏夫人、韦拔群等真实历史人物为叙写对象的作品，就是这方面创作的代表。尽管叙写这些历史人物的时候，创作者也会在参考历史文献资料的基础上进行一些合理的虚构、加工，以一种艺术性的结构框架来讲述这些历史英雄人物的故事，但由于其叙写的对象是真实的历史人物，所以，也还算是非虚构的创作类型。

而现实性题材，就是以当今时代中涌现出来的各行各业的壮族英雄为叙写对象，这些和平时代的英雄，是以超越常人的行动和业绩而成为感动无数人的英雄模范人物的，比如都安高中原校长莫振高，就是一个以长年累月甘心为贫困学生服务、甘做学生的"校长爸爸"的英雄人物。他也以鞠躬尽瘁、死而后已的英雄奉献精神而当选"2015年度感动中国人物"的。一些艺术家以他的事迹为基础，创作了话剧《莫振高》，也让剧场中的观众看得热泪盈眶。这类以现实实有的人物为创作对象的壮族英雄叙事创作，就更属于非虚构类型的创作了。

原创题材的壮族英雄叙事创作，虽然在壮族形象建构的效果上与改编方式没有本质的差别，但是因为题材来源丰富，且时有更新，因此，创作的潜力相应地也更大一些。

四 多元化的媒介表达方式和传播方式

壮族英雄叙事的创作，还面临着一个如何选择传播媒介的问题。创作作品时或者是作品创作出来了之后，创作者都面临着一个如何选择媒介进行表达和再传播的问题。就作家个人能力和习惯来看，其可以选用的媒介往往是有限的，甚至是单一的；而从作品的再传播角度来看，作品可选的传播媒介则是多样的。针对这种情形，为了让作品取得更为广泛的壮族形象建构效果，应该重视壮族英雄叙事作品的再传播，以便能够以多元化的媒介表达方式来传播作品。当然，这是以作家能够创作出好作品为前提的。所以，就作家个人来说，所要做的就是努力以自己所擅长的媒介方式来创作出好的作品，以便为多元媒介的再传播创造条件。而当今时代也的确为作品的再传播提供了多元的媒介条件。

当今时代电子媒介形式非常多元，有广播、电影、电视、电脑、手机等。而互联网的高度普及，又给这些原本相互独立的电子媒介以互联互通的平台。通过互联网这个平台，原本以单媒介表达和传播的内容，都可以共网共聚在一起了。不仅如此，互联网作为一个平台，通过各种软件程序，其自身又可以衍生和分割出各种相对独立的网络空间，如QQ群、微博、微信、贴吧、论坛、公众号等，它们不仅可以容纳各种媒介形式的信息，而且还可以让每个人都可以成为发布信息的媒体人，极大地方便了每个创作人表达、传播和接受信息。而从接受的角度看，互联网确实可以为有各种接受偏好的人实现自己的接受愿望提供了机会和条件。虽然信息时代的这种媒介环境所造就的电子化、碎片化的阅读方式，对于壮族英雄叙事的接受有不利的方面，但是实际上也在创造着多元的新的传播和接受方式。因此，新时代壮族英雄叙事再出发的时候，我们要充分利用好时代所提供的这一多元化的媒介形式，根据自己的创作目标，制定好相关的利用策略。这样，一来可以扩大作品的传播面和接受面，二来可以借此扩大作品的壮族形象建构效果。

五 遵循市场规律来创作壮族英雄叙事

当今时代壮族英雄叙事再出发，还得要考虑市场，遵循市场规律。这主要因为是我们国家的文化体制已经进行了市场化改革，文艺院团都已经实行了企业化运作，所以，当今时代市场化运作已成为文艺创作的常态。文艺创作与市场、资本的融合已经成为创作的重要机制。它在激发创作者的积极性的同时，也让创作者的一些创作设想获得了实现的条件，解决了以前的体制所产生的各种阻碍文艺发展的瓶颈问题，让一些耗资较大的作品得以与观众见面。在这样的文艺创作的大势下，壮族英雄叙事的创作自然也不例外，而且广西区政府指导文艺创作的方针，也明确地提出了创作、表演市场化的方向与要求，这就是"夺大奖、走市场、传得下、叫得响"的原则，其中"走市场"的要求可是标得明明白白的。而2008年百色市歌舞团创编的大型壮族英雄歌剧《壮锦》，就是壮族英雄叙事引入市场化机制的一个范例。

该剧是2008年为庆祝广西壮族自治区成立五十周年而创作的献礼剧。因此，该剧创作的资助方自然也是政府，换句话说，是政府出资来购买该剧的演出服务。具体出资方是百色市政府，百色市歌舞团是演出服务承担方，整个创演费用是500万元。可以说，如果没有政府出的这500万元，也就没有这部壮族英雄剧的产生。而500万元即便是放在今天也不是个小数目。因此，庆典活动结束之后，人们就在想着怎样充分发挥这500万元的效益。大家都在想，花500万元整出来的剧，如果只为了演几场戏也太可惜了。于是，有人就提出了将该剧的表演与百色的红色旅游结合起来的意见，具体做法就是观众白天参观有关的红色景点，晚上欣赏壮族歌剧《壮锦》。这种模式，云南的腾冲就做得不错，但必须以有较大数量的游客为前提，这样驻场商演才能长久维持下去，但百色市的游客量显然还不足以支撑长期的驻场商演，所以，该建议还是没有得到落实，但思考的方向和思路却是符合新时代的文艺发展形势的，如果能与游客多的地方联手，加上合适、有效的运营，那么，这样的壮族英雄剧还是会有一定的表演市场的。

但不管怎样，"走市场"已是政府明确宣示了的文艺发展模式。所以，今天，壮族英雄叙事再出发，要想走得好，还得要学会适应和利用市场，走市场化的道路，这样才可保障壮族英雄叙事的可持续性和长久的活力。

总之，新时代是需要英雄和英雄精神的时代，壮族英雄叙事应该努力以优质的产品来回应时代的需求，为时代和壮族形象的建构做出积极的贡献。

第六章

山歌活动的壮族形象建构

都说文化是一个国家、一个民族的灵魂,对于壮族来说,山歌就是其最突出的文化,因而也是最能表现其民族灵魂的文化样式,就像有的壮族群众所说的那样:"要是不给我们唱壮歌,就把壮族这个族名改了吧!"① 虽然喜欢唱山歌的民族很多,但是壮族的喜欢程度和演唱的水平却是最突出的,所以,壮乡就被誉为"歌海"。可见,喜欢唱山歌的确是壮族的一个鲜明的民族特性。而电影《刘三姐》,则让壮族爱唱山歌的民族特性广为人知。既然山歌是壮族的民族灵魂和民族特性的最鲜明的表现,同时也是外族人认知壮族的一个重要的途径,因而自然也是最能显示壮族形象的文化活动。基于此,笔者拟从外族人和壮族人的角度分别探讨壮族山歌活动都建构出了怎样的壮族形象,并探讨在新时代如何继续发挥壮族山歌的壮族形象建构功能。

在本章里,所谓的壮族山歌活动,就是指壮族人、外族人所从事的关于壮族山歌的创作、接受、研究等活动的总称。它通常由唱歌人、听歌人、唱歌听歌的环境、所唱之歌四要素所构成,因此,在探讨上述问题的时候,将会涉及这些要素。

第一节 外族人依据山歌活动所建构出来的壮族形象

山歌既然是壮族日常最突出的文化现象,因而也就成了外族人观察和了解壮族的一个重要的"窗口"。下面笔者就依据历代以来外族人所留下的相关材料来分析他们通过壮族山歌活动这个"窗口"看到了些什么壮

---

① 转引自黄革《瑰丽的壮歌》,广西民族出版社1990年版,第11页。

族形象，概括起来看，大致有以下几种。

一 喜欢唱歌的壮族形象

壮族人爱唱歌，这是过去进入广西的外族人接触壮族人时所产生的一个深刻而又普遍的印象。这在清朝举人林国乔写的一组《天河风土诗》中就有比较典型的体现。天河即今天罗城县，林国乔在这一组诗中，对天河县壮族的山歌活动作了非常具体形象的描绘，让我们今天读了仍然仿佛有一种身临其境的感觉。

其一云：
城厢内外少耕田，妇女纷纷竞种棉；
待得清秋花怒放，歌声喧闹夕阳天。

其二云：
南乡圩市水环门，赠芍遗钗俗尚存；
三五月明歌四起，不消魂处也消魂！

其三云：
士女如云耍岁新，路旁山畔卖风情；
公然调笑公然唱，不计生人与熟人。

其四云：
女男月下共徘徊，摄魂勾魄压襟开；
夜半歌声犹未歇，又言明晚早些来。①

这四首诗从不同的侧面描绘了壮族山歌活动的不同场景和特点。其一诗描绘的是清秋时节的歌圩总体景象："待得清秋花怒放，歌声喧闹夕阳天"，从中可以想见，歌者的唱歌热情是何等的高涨了。其三诗记载和反映的则是清明、端午时节的歌圩活动的热闹，特别突出了歌圩的"赠芍遗钗"习俗。其四诗侧重反映的是歌圩唱歌者的风情和风貌。其五诗则

---

① 见刘锡蕃《岭表纪蛮》，台北南天书局1987年影印版，第249—250页。

是正面反映了壮族人爱唱山歌的习性，"夜半歌声犹未歇，又言明晚早些来"，轻松明快的话语中形象地勾画出了一个热爱唱山歌的壮族形象。当然，像"卖风情""公然调笑""摄魂勾魄""压襟开"等诗歌话语，也透露了些许作者的某些汉族观念与偏见。

此外，在一些旧的地方志中，也有不少关于壮族喜唱山歌的记载。比如《三江县志》云："歌会壮人在昔皆有歌坪，男女集于其间，而分界限，相距约半里，彼此唱山歌，互相应和，今于清明、端午二节行之。"①《柳州府志》亦载雒容县壮族，"喜唱歌，春秋则相聚戏嬉"②。

对于壮族为何喜欢唱山歌？刘锡蕃在其于民国时期所著的《岭表纪蛮》中将原因归结为五个方面：（1）是善歌者能博得妇女之欢心并借此达到美满婚姻的目的；（2）是在集体性场合歌战不只是娱乐，还含有一种剧烈的"战斗性"；（3）是善唱歌者能博得全社会一般民众的尊誉；（4）是生活痛苦、居地荒凉，工作繁多，若不以唱歌宣其湮郁则绝无祛烦怡情之余地；（5）是由于没有文字，民族祖先的历史完全以歌词传诵，所以，歌谣与"宗谱""史乘""典章"同一珍贵。③ 这些原因造就了壮族，"无论男女皆认唱歌为其人生观上之切要问题，人而不能唱歌，在社会上即枯寂寡欢，即缺乏恋爱求偶之可能性，即不能号为通今博古，而为一蠢然如豕之顽民"④。由此还促成了壮族人，不仅劳作、恋爱、休息要唱歌，就是道巫经典、享祀祖考、祭祀神祇、馨香膜拜、调解纷争这些严肃的场合也要唱歌。唱歌活动无处不在的状况，外族人看到了自然会形成壮族人爱唱山歌的印象，喜欢唱山歌的壮族形象自然也就在他们的心中形成了。而这样的壮族形象至今仍然广为传扬，由此亦可见，爱唱山歌是壮族比较稳定的民族特性之一。

二 "歌坛健将""歌博士"的壮族形象

过去，在外族人的眼里，壮族不但爱唱山歌，而且其唱歌的水平也是南方众多同样爱唱山歌的少数民族中实力最强的。对此，刘锡蕃在《岭

---

① （民）魏任重修，姜玉笙纂：《三江县志》第一册，台湾成文书局出版1975年版，第161页。
② （清）王锦总修，吴光升纂：《柳州府志》，卷之11，第2—4页。
③ 见刘锡蕃《岭表纪蛮》，台北南天书局1987年影印版，第155页。
④ 同上书，第156页。

表纪蛮》中就有清晰的表述，他说苗、瑶、侗、壮，都是爱唱山歌的南方少数民族，但"壮歌尤悦耳，唱时一呼疾起，曳声入云，在余音嫋嫋中，急转直下，再跌再起，长声绕天，回旋不散。若联合多人同声齐唱，抑扬振落，四山回声响应，虽隔数里而声彻耳鼓，使人怦然心动"①。在书中，他还记述了一次他与友人林壮国一起去凌云的"奇遇"。那天他们走到谋隘，觉得累了就坐在树荫下休息，看到一壮族妇人就在附近劳作，其友林壮国就以歌挑之，壮妇随声还答，双方立刻发生剧烈之歌战。结果，林竟败北，狼狈而行！壮妇得意地以歌嘲之曰："你歌哪有我歌多，我有十千八万箩，同治十年涨大水，歌书塞断九条河。"刘锡蕃大笑，戏林曰："君自恃口给，予阻君，君不听，今受创否？"林曰："吾以为易与耳，谁知此妇竟是一个歌博士耶！"② 一个随便偶遇的壮族村妇，唱歌水平竟然是一个"博士"和"健将"级别的，由此我们亦可以想见，壮族人的歌唱水平有多高了！而刘锡蕃的"歌坛健将""歌博士"的说法，亦将一个唱歌水平高的壮族形象非常形象地刻画了出来。

三 以歌代斗的壮族形象

壮族喜欢唱山歌和唱山歌水平高，还衍生出了一个比较有趣的山歌活动，就是"以歌代斗"，即以唱山歌的方式解决矛盾和纠纷。对此，刘锡蕃在《岭表纪蛮》中作了形象的反映。他说："桂省西北一带的土人，如有两村以上发生重大之隙怨，亦尝以歌战代械斗。斯时两寨男女排列战场，交迭唱歌，相互谩骂，其点揭透辟，尖锐划刻，有非语言所能形容者。如胜负不分，旁村出而和解，亦以唱歌相劝。以歌代斗，亦趣闻矣。"③ 这一段话，形象地将一个以歌代斗的壮族形象勾画了出来。

这种以歌代斗的现象，大概有四个方面的意义：一是说明壮族的唱歌水平真的很高，否则难以通过唱歌来达到解决矛盾纠纷的目的；二是说明山歌有"浇得心头火""解得万年愁"的作用，通过唱歌，不仅双方进行了充分的沟通，而且也宣泄了怨气，进而也就易于达成理解和宽容；三是显示了壮族其实还是很通融和文明的，有矛盾不是"一根筋"地对抗到底，而是懂得以一种灵活变通的歌唱方式去解决；四是显示了这样的矛盾

---

① 刘锡蕃：《岭表纪蛮》，台北南天书局1987年影印版，第157页。
② 同上书，第252页。
③ 同上书，第156页。

解决方法，只有具备深厚的歌谣文化基础才会产生，别的地方是学不来的，所以，作为外族人的刘锡蕃才觉得是件少见的"趣闻"。明白了这四个方面的意义，亦可加深我们对以歌代斗的壮族形象的理解。

四 倚歌择配、不讲礼法的壮族形象

上文提到，壮族喜唱山歌的原因之一是善歌者能博得妇女之欢心并借此达到美满婚姻之目的。由此可见，过去壮族的歌圩有一个重要的功能，就是为尚未婚配的青年男女寻找对象提供平台。由此，倚歌择配，就成了壮族的一个重要的习俗，同时也是歌圩的重要一景。对于这一现象，壮族人早就习以为常，但是外族人，尤其是汉族人，却觉得很怪异，因为这不符合汉文化的礼义。于是，柳宗元就将之当作是一种奇闻异俗来写，如其《壮俗诗》其二就说：

> 饮食行藏总异人，衣襟刺绣作纹身。
> 鼠毛火净连皮炙，牛骨醋乾似酒醇。
> 小语相侵随致怨，清歌互答自成亲。
> 趁圩亦有能装束，数朵银花缀网巾。①

在诗中，壮族完全是被当作是一个异质的他者来描述的，不但"饮食行藏总异人"，而且还"清歌互答自成亲"。而这"清歌互答自成亲"的诗句，则形象地勾画了一个"倚歌择配"的壮族形象。

无独有偶，清代乾隆三十一年（1766）冬，出任广西镇安知府的赵翼，在《土风》诗里亦以同样的笔调，描绘了"天保歌圩"男女青年"倚歌择配"的习俗，其诗云：

> 春二三月圩场好，蛮子红装趁圩嬲。长裙阔袖结束新，不睹弓鞋三寸小。谁家少年来唱歌，不必与侬是中表。但看郎面似桃花，郎唱侬酬歌不了。一声声带柔情流，轻如游丝向空袅。有时被风忽吹断，曳过前山又溺溺。可怜歌阖脸波横，与郎相约月华皎。曲调多言红豆思，风光罕赋青梅标。世间真有无碍禅，似入华胥梦缥缈。始知礼法

---

① 转引自刘锡蕃《岭表纪蛮》，台北南天书局 1987 年影印版，第 247 页。

本后起,怀葛之民本未晓。君不见双双粉蝶作对飞,也无媒妁订萝茑。①

诗中除了描绘歌圩唱歌之情景外,还特别提到了借唱歌定情的情景:"与郎相约月华皎""曲调多言红豆思"。而且赵翼还不忘表露他的汉文化观念立场:"始知礼法本后起,怀葛之民本未晓","君不见,双双粉蝶作对飞,也无媒妁订萝茑",给壮族的"倚歌择配"习俗明确地打上了不合汉族的"父母之命,媒妁之言"的礼法的标签。

此外,一些旧的地方志亦以同样的眼光来描述壮族的这一习俗,如民国《白山府志》(今马山县)就说:"若夫男歌女唱,赠带投巾,少女多野合之羞荡,妇有淫奔之丑,则习俗之恶者。然粤西各郡县土人,此风皆在所不免,不必致憾于一隅也。"② 这就直接地将壮族的"倚歌择配"习俗称为"习俗之恶者"了。

《桂平县志》则将壮族歌圩称为"浪场":"袁旧志云:三四十年前,犹有所谓浪场者。每岁正月,于村之庙宇附近地段空阔之处,男女聚会,攒簇成堆,歌唱互答,或以环钏、巾帨、槟郎之物相遗,谓之打同年。"③ 撰写者之所以直接将壮族歌圩称作"浪场",无非就是因为歌圩上"男女聚会,攒簇成堆,歌唱互答,或以环钏、巾帨、槟郎之物相遗",不合汉族的礼法。

从以上相关的描述,我们不难看出过去汉族人眼中的一个壮族形象,即倚歌择配、不讲礼法的壮族形象。但这一形象并未得到壮族人的认同,他们对于汉族人的这一壮族印象很不以为然,他们甚至以此习俗为豪,就像他们在山歌里所唱的那样:

竹篙打水浪飞飞,我俩结交不用媒;
不用猪羊不用酒,口唱山歌牵手回。④

在壮族人看来,"以歌择配"没有什么不好,"不用媒""不用猪羊不

---

① 转引自刘锡蕃《岭表纪蛮》,台北南天书局1987年影印版,第167页。
② (清)王言纪修,朱锦纂:《白山司志》卷之九,风俗,第5—6页。
③ (民国)黄占梅修,程大璋纂:《桂平县志》卷31,第1136—1138页。
④ 覃九宏收集整理:《传统情歌精选》,广西民族出版社2002年版,第1页。

用酒",将各种烦琐的礼数都省掉,只要心心相印,不是更好吗?由此可见,在这一壮族形象上,汉族与壮族的分歧还是很大的。

五 喜唱"风流歌"的壮族形象

汉族人由于认为壮族歌圩上的"倚歌择配"习俗不合礼法,所以,也将歌圩上"男女聚会,攒簇成堆,歌唱互答,或以环钏、巾帨、槟郎之物相遗"的行为,看作是一种有伤风化的"唱风流歌"的行为,因而清代和民国时期的官府都将之作为"淫风""淫俗"加以禁止。

禁歌之风,自明朝中叶逐步对土司统治地区实行"改土归流"后开始,但最早的禁歌令,被认为是自清朝开始,雍正皇帝就亲自下诏禁止唱山歌,各地方官吏自然是得令而行,像清朝李彦章任思恩知府时就禁歌圩,尽管民众以"竹枝词"嘲笑他:"兰卿太守真多事,示禁花歌浪费神",① 但禁令终究还是产生了效果,结果使得歌圩只在"溪峒之隩,尚间有之"②。

到了民国时期,对少数民族聚居区的歌圩进行禁止,仍然是一些地方官的工作重点。民国二年,容州苏次河任罗城县长,就以维持风化自任,在新岁歌圩时节,城里城外歌声四起时,他就派人去驱赶,不成,怒而捕歌者十余人,大半为妇女。民国十七年,冯冠伦任镇南道属行政督察委员时,就上书省政府痛陈歌圩之弊:"尤可怪者,乡村四月农事之暇,复多'歌圩'之俗,及时青年男女靓妆嬉游,趋之若鹜,往往唱歌酬答,作靡曼之音,合作畅饮,或醉酒偎倚,丑态百出,其本人毫不知耻,即其家庭中人见之,亦恬不为怪,盖莫不认为正常之娱乐,反是,必主荒歉灾疫之象,可笑孰甚!此等淫风,结果则'奸案''匪案''拐案''命案',亦层出不穷,为祸之烈,莫甚于此!"③ 到了民国二十五年(1936),广西省政府制定的《改良风俗规则》,也明令禁止歌圩,其第三十四条规定:"凡麇集歌圩唱和淫邪歌曲,妨碍善良风俗,或引起斗争者,得制止之;其不服者,处以一元以上五元以下罚金,或五日以下之拘留。"

新中国成立后,有些地方的领导也由于受上述旧观念的影响而对歌圩加以禁止,到了"文化大革命"时,则把山歌当作"四旧"和"封资

---

① 转引自刘锡蕃《岭表纪蛮》,台北南天书局1987年影印版,第177页。
② 见(乾隆)《广西通志》卷92。
③ 转引自刘锡蕃《岭表纪蛮》,台北南天书局1987年影印版,第74—75页。

修"的东西加以禁止。有的地方不仅出布告禁止歌圩，而且还派干部和民兵去守卡，结果群众不走大路，不过关卡，而从田野、山岭等四面八方赶来。守不住关卡，就去歌圩场驱赶，结果赶这里，他们又到那里唱，有些群众还编歌来批评、质问干部：

> 大路旁边长树木，不是你爹来种植；
> 我们唱歌来玩耍，试问关你什么事？！

干部无理以对，灰溜溜走了，留下民兵继续驱赶，最后民兵不仅不赶了，还被歌声迷住了，索性参加了对歌。[①]

由上所述可知，不管禁歌令出自哪个时代，都有一个共同的基调，那就是将壮族唱山歌活动看成是"唱和淫邪歌曲，妨碍善良风俗"的淫荡之风，在有此观念的人看来，壮族就是一个喜唱"风流歌"的民族，由此也就构成了一个喜唱"风流歌"的壮族形象。

不过，在这一壮族形象上，壮族与汉族也有着截然不同的认识。这从上面所提到的壮人对禁歌令的反对声中就可以看到。尽管壮族人也有把唱山歌称作是"唱风流歌"，把歌圩称作是"风流街"的，但是与汉族用这两个词的含义是完全不一样的。在壮族那里，"风流"指的是在歌圩上未婚的青年男女自在对歌、寻找意中人，已结了婚的则可以与旧情人或者假设的情人对歌、倾诉相思之情；而汉族的"风流"则是指歌圩上男女之间的唱淫邪歌曲、野合之羞荡、淫奔之丑等不合礼法之事。两者根本就说不到一个道上去。可见，在这一壮族形象上，壮族和汉族的看法是大不相同的。

以上就是在历史的纵向发展中外族人从壮族山歌活动中所看到或者曾经建构出来的壮族形象。其中既有赞赏的一面，也有出于汉族封建礼教观念而贬低壮族的一面。而从贬低的一面中，最能见出外族人（主要是汉族人）与壮族人文化价值观上的差别，同时也最能见出壮族的民族性。

[①] 转引自黄革《瑰丽的壮歌》，广西民族出版社1990年版，第10—11页。

第二节　壮族人通过山歌活动所建构的壮族自我形象

外族人通过观察壮族的山歌活动依据自己的文化观念建构出了自己眼中的壮族形象，但是作为局中人的壮族人又通过山歌活动建构出了怎样的壮族形象？下面笔者将依据采集、整理下来的一些不同时代的山歌作品作为依据来分析、解答这一问题。总的来看，壮族人通过山歌活动建构出来的壮族形象大致有以下几种。

一　爱唱山歌的壮族形象

壮族人爱唱山歌，是出自内心的一种喜爱，同时也是生活的一种需要。所以，这一壮族形象绝不仅仅只是外族人对壮族的一种观感，壮族人自己也是这样认为。这在他们的山歌中就有很清楚的表现，比如以下三首山歌就唱道：

> 其一云：
> 出门用歌来问路，睡觉用歌当床铺；
> 结婚用歌当彩礼，过年用歌来劏猪。
>
> 其二云：
> 雪莲爱长雪山顶，鲤鱼爱游深水河；
> 禾苗爱喝甘露水，壮乡人人爱唱歌。
>
> 其三云：
> 出门三步就唱歌，天生爱好没奈何；
> 祖祖辈辈相传唱，一代更比一代乐。[1]

而壮族用来反驳禁歌的官员的山歌，亦很清楚地表明了壮族人爱唱山歌的特性，比如以下两首山歌就是明证：

---

[1] 覃九宏收集整理：《传统情歌精选》，广西民族出版社2002年版，第1—3页。

其一云：
天上大星管小星，地下狮子管麒麟，
皇帝管得大官动，哪个管得唱歌人？①

其二云：
我唱山歌你抓人，再唱一首给你听，
穷人嘴巴封不住，要禁山歌万不能！②

这些山歌作品虽然是当代文人依据壮族山歌的特点编写出来的，但完全是壮族人心声和唱歌实践的反映，因而其中所反映出来的壮族形象也是真实的，它们将壮族人爱唱山歌的本性非常形象地展现了出来。

二 风情独特的壮族形象

俗话说："十里不同风，百里不同俗"。壮族不仅有自己独特的风俗，而且还通过山歌来反映这些风俗，由此形成了独具特色的风俗歌。这些数量众多的风俗歌，将一个风情独特的壮族形象，非常生动具体地勾画了出来。下面我们就以三类风俗歌为例，来一窥壮族风俗歌是如何建构风情独特的壮族形象的。

首先来看敬请花婆（即花王神）的"花歌"。

壮族民间有信奉生育女神和儿童保护神的花婆信仰，认为花婆是管人间生育的神，怀孕生孩子是花婆送花的结果。壮人的一生可以说是"花"的一生，出生是"花婆"送花来，结婚是两花种一起，生病是"花"生虫或花缺肥，有几个孩子就是开了几朵花，去世是"花婆"把花收回。所以，婚后没有生育或者是生育不良的往往都要请师公或仙婆来举行"求花"或"问花"仪式，以求花婆恩赐生儿育女。生育了儿女的，还要举行立"花婆"神位的仪式，即"安花"和"冲花"仪式。在这三个仪式上，师公或仙婆都会唱《花歌》或者《接花王歌》。当然，也可以根据所唱的内容的不同，将《花歌》细称为"求花"歌"送花"歌和"接花"歌等等。

---

① 覃九宏收集整理：《传统情歌精选》，广西民族出版社2002年版，第8页。
② 转引自"刘三姐"剧本创作小组《黄梅风味山歌剧〈刘三姐〉》，http：//www.yan-fengying.com/news_ view.asp? id=210。

如宜州的"求花"歌就唱道:"三月初三来求婆,少座木桥少朵花,生我命丑无缘分,无缘无分,好比壶里少杯茶。人讲我有龙虎煞,天狗吃了我的花,夫妻吵闹姻缘丑,花棚婆王,求你送我一枝花。烧香烧纸敬天门,酒肉饭菜求地神,头上靠天来保佑,谢天谢地,好花应送我家门。今年求你三月三,六月初六再来还,明年若有花枝到,众人欢喜,好丑送来心也宽。"当仙婆得到花婆应诺送花时,便接着唱"送花"歌:"我是花神来撒花,哪人接得子孙旺,花朵沾身娘欢笑,明年生个胖儿郎。我是花山花林婆,花林仙婆花心肠,谁人求花求到我,保你子孙万代长。"当仙婆带着求子夫妇去接象征生育的花纸时,则唱"接花"歌,"花啊花,花丛上下来,我家有钱米,请你来啊花。花呀花,长在苦瓜棚,朵朵笑眯眯,这回有了家。花啊花,长在丝瓜棚,我不要白花,要红花回家。花啊花,长在桐树上,人仔要娘领,我仔自进家"[1]。

这些"花歌"不仅反映了"送花"仪式的相关内容,同时也很好地展现了一个信仰花婆的壮族形象。

其次看看"哭嫁歌"。

哭嫁是壮族传统婚姻仪式的一个组成部分,也是比较有特色的壮族民俗。哭嫁歌,是在姑娘出嫁前唱,由即将出阁的新娘主唱,女友伴娘陪唱,时间少则七八晚,多则半个月二十天甚至更长,内容有留恋父母,哀叹婚姻不幸,骂媒人等,歌调有专门的"哭嫁调",听来声声悲切,句句痛心。从内容来分类的话,"哭嫁歌"的类型还是蛮多的,有《哭爹娘》《哭伯娘》《哭叔婶》《哭姑母》《哭哥嫂》《哭姐妹》《别同伴》等。如扶绥县东门镇的《哭嫁歌》就唱道:

> 人家嫁女嫁好人,我娘把女嫁贱郎;
> 女儿今世哪样过?好比坐在火焰山;
> 女有苦情娘不知,女儿吃了苦鱼胆;
> 样样受苦不如死,安然自在进阴间;
> 今朝就要分离去,女儿声声哭断肠;
> 爹娘心痛如刀割,请我爹娘进厅堂;

---

[1] 这三首歌转引自李素娟、贾雯鹤《壮族花婆神话的文学人类学解读》,《中南大学学报》2014年第2期。

> 一拜爹娘糖果饼，二拜爹娘苦心肠
> 三拜爹娘衣着我，爹娘恩情重如山；
> 爹娘恩情深过海，不知几时报得完。①

这首《哭嫁歌》将对父母的埋怨和感恩之情糅合在一起哭诉，哀切动人，从内容看应该是属于《哭爹娘》类型的。

唱了"哭嫁歌"之后，有些还唱"骂嫁歌"，根据内容不同，分为《骂媒婆》《骂新郎》等。如田阳县的《骂媒》就唱道：

> 夫家又穷路又远，无犁无耙也无纲；
> 无锄无铲无牛羊，无锅无碗又无床；
> 媒人还讲样样有，媒人心毒过财狼。②

从这些不同内容的《哭嫁歌》中，我们可以形象地感知到壮族的"哭嫁"习俗具体是怎样的。本来结婚是喜庆的事情，但却以"哭"的方式来表达，这就是这一习俗的独特之处。而从所唱的内容看，既有感恩父母、有难舍离家之情的表达的，也有"怨与骂"的，但一般情况下这种"怨骂"之情，却不一定是真的，更多是一种"矫情"，有的学者则将之解释为是母系氏族社会残余的反应，是女子对自己非要出嫁离家的地位的不满的反映。不过，随着时代的发展，"哭嫁"习俗如今已经很少见了。

与《哭嫁歌》相关联的还有各种婚嫁礼俗歌，如《接亲歌》《拦路歌》《上梯歌》《关门歌》等，它们都从各自的角度反映了壮族传统婚礼习俗的独特性，从中我们不难感受到一个婚礼习俗独特的壮族形象。

最后，看牛魂节唱的"牛歌"。

壮族是最早种植水稻的民族之一，有着悠久的文化传统。而这也使得牛在壮族人的心目中具有极高的地位。为此，壮族还在每年农历的四月八日为牛过节，称为"脱轭节"或"牛魂节"。在这一天不能役使耕牛，还要用干饭、糯饭、稠粥等精饲料来喂牛，为牛梳虱子，洗刷身

---

① 载中国歌谣集成广西卷编辑委员会《中国歌谣集成·广西卷》"壮族部分"，中国社会科学出版社1992年版，第85—86页。

② 同上书，第79页。

躯，还要用酒肉和各种菜肴举行隆重的敬牛仪式，由家长牵着牛绕着饭桌转，边转边唱"牛歌"，按内容大致有《祭牛歌》《哭牛歌》《劝牛歌》《牛哭仔歌》等，赞美耕牛劳苦功高，是农家之宝，一开始是这样唱的：

  牛也我的宝咯，
  牛也我的财咯，
  稆子花开了，
  阳雀鸟叫了，
  春水弹琴了，
  禾苗封垌了，
  四月八到了，
  脱轭节到了，
  我把你来敬，
  我把牛轭脱，
  让你喘口气，
  让你歇歇脚，
  吃口好料子，
  听我唱牛歌。

  唱到这里，家长用枇杷叶包一团团五色糯米饭喂给牛吃，接着唱出古时候人世没有牛的苦楚：

  古时候没有牛咧，
  人们好辛苦，
  靠人去拉犁，
  靠人去拖耙，
  母亲把犁扶，
  儿子把犁拉，
  脊梁弯像弓，
  手脚地上爬，
  儿子汗如雨，

母亲泪滴答……①

还唱到布洛陀如何的造牛。唱完牛歌，家长又给牛喂一口五色糯米饭和腊肉，全家都来摸牛背，说一些吉利的话，然后，家长将牛牵到牛栏里，用玉米粥、黄豆粥、玉米苗等最好的饲料喂牛。等喂罢牛，全家人才一起用餐，欢欢喜喜过节。除了敬牛仪式外，还有赎牛魂仪式。现在，四月八节，民间还过，但是敬牛仪式、赎牛仪式已经很少见了，不过从这些"牛歌"中，我们还是可以依稀地感受到这些仪式习俗的影子，感受到一个爱惜牛、视耕牛为农家之宝的壮族形象。

除了上面三种风俗歌外，壮族还有很多风俗歌，像正月初一抢第一担新水时唱的"伶俐水歌"，蚂𧊵节唱的"蚂𧊵歌"，春天祭祀谷种后到田里播种时唱的"播种歌"，春夏在房前屋后种树时唱的"植树歌"，冬天出猎时唱的"打猎歌"，秋收之后唱的"打鼓歌"，欢聚时唱的"喝酒歌"，春节舞春牛时唱的"春牛歌"等。如此繁多的风俗歌，在反映壮族丰富多彩的生活风情的同时也在总体上将一个风情独特的壮族形象建构了出来。

三 规矩言情的壮族形象

壮族山歌里还有一大种类的山歌叫情歌。歌圩上男女对唱，唱得最多的也就是情歌。也正因为如此，过去受儒家礼教观念影响的外族人才将之称为"风流歌""淫歌"，并将歌圩称为"风流圩"。但实际上，壮族唱情歌是很有规矩的，得看时间、地点、场合和对象，不能乱来的，例如办丧事的时候，不能唱情歌，在家里不能唱，也不能跟父母、兄弟姐妹、亲戚朋友、熟人唱，一般只对陌生人、外地人唱。即便是在歌圩可以大唱特唱，但也是要按照一定程式来进行的，如开始的时候唱"相遇"（初遇）、"试探""对问"（试情），找准了对象之后，就转入唱"初恋"（或相恋）、"深交""结情"（结义、定情）、"盟誓""离别"，各个环节相对独立，又环环相扣，紧密相联每个环节的歌，都可以很长、很丰富，好的歌手可以唱几天几夜。所以，壮族的情歌也分好几种

---

① 覃承勤：《牛节》，载南宁师院民间文学教研室编《广西少数民族风情录》，广西民族出版社1984年版，第80—82页。

呢，依据情感进程，有娱情歌、苦情歌、会情歌、试情歌、颂情歌、逗情歌、交情歌、拒情歌、恋情歌、送情歌、别情歌、思情歌、劝情歌、定情歌、结情歌、誓情歌、怨情歌、伤情歌、丢情歌、断情歌、老情歌、寡情歌、续情歌等等。

而且唱情歌的也不只是未婚的青年男女，已婚的中老年人也唱，只不过，各自的目的不同罢了。未婚的是想找伴侣，已婚的只是为了找乐、逗趣，纯粹是一种假想虚拟式的再体验。可见，不加分别地把壮族唱的情歌一律称为"淫歌""风流歌"，的确有失公允。

尽管唱情歌的人身份复杂，但都能紧紧扣住"逗、惹、贬、赞、吹、捧、求、厌、拒、思、恋、爱、别"13个字。按照一般的理解，"逗"要逗得双方开心，"惹"要惹得对方性起而敢笑不敢怒，"贬"有自贬与贬人两个内容，总之要把自己贬得使人可怜、同情、怜惜、疼爱，贬别人时，使别人抬不起头，无地自容，羞不可言，"赞"要赞得对方乐陶陶，从头赞到脚，从内赞到外，"吹"要吹得圆，吹得响，吹得使人不可信却又无可奈何，"捧"要捧得高，捧得对方心猿意马，暗恋自己，"求"要求得真诚，求得浪漫，求得一个可怜相，"厌"使对方讨厌又笑得可爱，"拒"要拒绝得婉转、文明、礼貌，夫妻不成朋友在，"思"要思得痛苦，"恋"要恋得情深，饭不思、茶不饮、酒不喝，"爱"要爱得浪漫大胆，爱得疯狂，"别"要别得依依不舍，别得双方流泪，别得老天也怜见。可见，情歌要唱得好，既需要情感拿捏得有分寸，同时还需懂得以相应的方式表现出来，可不是随随便便的随性胡唱。在这过程中，由于情感的拿捏过程和表现的过程，也是一个不断试探的过程，所以，情歌中所表现出来的歌者形象，也是随机变化的，在这个阶段表现为厚脸皮、恶嘴巴、相互自贬或假意抬杠的可笑的"丑"形象，在另一阶段则可就表现为胆大气豪、柔情含野、敢逗、敢亲、敢爱的可爱形象，如下面情歌中的男女对唱，就把歌者形象的动态变化特征栩栩如生地展现了出来。

在唱"交情歌"阶段，展现的是青年男女渴望交往、渴望爱的形象：

男：高山起屋望风凉，花开就望满园香；
　　同桌吃饭跌支筷，望妹捡起得成双。
女：生铁进炉望成钢，蜜蜂采花望成糖；
　　河面鸳鸯望成对，情妹恋歌望成双。

> 男：江边种竹望生笋，塘中栽藕望生莲；
> 　　蜘蛛撒网妹门口，望妹相思在眼前。
> 女：螺蛳爬上田坎顶，扒泥来埋二度身；
> 　　妹今就是孤独女，望哥来上妹的门。

当唱到"恋情歌"阶段时，感情越发热烈了，这时歌中展现的是青年男女为爱而焦虑，乃至食之无味的形象：

> 男：两地相思夜难眠，三更起床抽支烟；
> 　　因为想妹心思乱，烟花烧着嘴角边。
> 女：今早吃饭不下喉，手拿筷子顶心头；
> 　　不想情哥吃半碗，想到情哥把碗丢。①

尽管两个阶段的歌者形象有别，但总体上看，无论是在唱"交情歌"阶段，还是在唱"恋情歌"阶段，展现的都是一个大胆但又符合规矩地言情的壮族形象。而当唱者是已婚男女的时候，就更显示出壮族的这一民族特性了，因为已婚者还能够以一种假定的虚拟的方式抒发这种热烈的恋情，没有大胆而又符合规矩的言情习性，是很难做到的，像汉族做起来就会感到难为情吧，要不然也就不会把壮族的唱山歌活动统统贬称为淫风了。而壮族的山歌活动告诉我们，他们实际上是在符合规矩的情况下大胆言情的。

四　风趣幽默的壮族形象

壮族人唱山歌，不仅要娱己，也要娱人，因此，山歌的对唱过程就从来不缺笑声。逗趣，是壮族山歌活动必不可少的要素，自古至今都是如此，在今天还因此形成了一种爆笑山歌呢。比如，一对男女春节期间对唱，男歌手唱道："万朵桃花为你开，八方歌手为你来。我先恭祝你好运，请把红包递过来。"此歌一出，引得听众会心大笑，也很期待看女歌手如何应对。此时，女歌手先看了一下各歌手前面桌上的糖果，灵机一动，走到桌前捡了几颗糖，递给男歌手："酸笋哪比豆苗鲜，红包哪比糖

---

① 载覃九宏收集整理《传统情歌精选》，广西民族出版社2002年版，第65、83页。

果甜。这颗喜糖送给你，我也年轻几十年"。女歌手机智地解除了尴尬，也赢得了大众会心的一笑。现如今，网络发达，山歌活动也上网了，这自然也将山歌的爆笑的特点带到了网络上，并促成了"爆笑山歌"和"笑话山歌"在网络的流行，而有的歌者还因此而成了网红，像"武宣婆"和"柳州老鬼"就凭借网络上的《武宣婆大战柳州老鬼》的"爆笑山歌"视频系列而成了网红。他们的"爆笑山歌"虽然听起来有点俗，但总体上分寸把握得还不错，下面就选他们的一段对唱词来体会，虽然转成了文字的东西，但爆笑的风格还是可以从歌词中体会得到的。

老鬼：虽然大哥年纪大，
　　　精神起来像钢筋。
　　　碰对花朵眯眯笑，
　　　碰对石头冒火星。
武宣婆：莫要吹你更够力，
　　　　我今来漏你根基。
　　　　昨天带你去检查，
　　　　医生讲你尿结石。
老鬼：莫要讲我尿结石，
　　　讲起风流我第一。
　　　走过塘边屙泡尿，
　　　射死几多塘角鱼。
武宣婆：莫讲射死塘角鱼，
　　　　的确得了尿结石。
　　　　我在这边偷偷看，
　　　　摇摇两下滴两滴。
老鬼：哪样病来没问题，
　　　又会打药又会医。
　　　轻的就打青霉素，
　　　严重就吊大量的。
武宣婆：阿妹从小搞医学，
　　　　懂得男人内外科。
　　　　你若得了尿结石，

　　　　　我就慢慢下良药。
老鬼：你讲你是做医学，
　　　　来摸大哥看如何。
　　　　旁边群众吃一碗，
　　　　大伙欢迎我俩唱。
　　　　越唱越久心越宽。
武宣婆：观众对我来送果，
　　　　你一个来我一个。
　　　　若是我俩成双对，
　　　　不到半年有肚箩。
老鬼：你讲的话也不差，
　　　　祝贺我俩共一家。
　　　　若是真心做得好，
　　　　明年包你生娃娃。
武宣婆：和你唱歌我心开，
　　　　我从武宣跑来陪。
　　　　若是我俩成双对，
　　　　明年就有仔来背。
老鬼：明年有仔给你背，
　　　　我去街买背包带。
　　　　给你背去又背走，
　　　　我俩姻缘做一堆。
武宣婆：我俩姻缘做一堆，
　　　　我俩恋情不用买。
　　　　山歌好比糯米酒，
　　　　喝了一杯想两杯。[1]

　　这样的对唱，内容都是从生活出发，然后从中制造笑点，笑点虽然都比较低，也显得比较"俗"，但好处却是易于激起普遍的笑声来，而且有

---

[1] 《武宣婆大战柳州老鬼视频大全》，https://v.youku.com/v_show/id_XNjk3MzA2MDg4.html。

些表达因为用了比兴的手法还显得比较含蓄而有"雅味"。比如，柳江县山歌协会副会长韦红艳和姐妹一次在山歌演唱会上与一外来的男歌王对唱，当男歌王唱"……我们三人结夫妻"的时候，韦红艳反击性地唱道："你莫癫，一男两女怎样连？凭你一条小水管，怎样灌养两块田？"① 这个反击虽有点"俗"，但是用的比喻以及所产生的反击力量，又能让听者从笑声中感受到一些俗中之"雅"。从这种专以制造笑点为目的的"爆笑山歌"，我们不难感受到，一个善于寻开心、风趣幽默的壮族形象。

五 恋爱自由已受阻的壮族形象

虽然壮族有过"倚歌择配""不落夫家"的传统，但自清初受到官方的限制和改造后，流行范围就大幅减少了，就像（雍正）《广西通志》（卷92）所说的那样："男女婚嫁亦凭媒妁……至若倚歌择配之俗，虽迩来遵禁，而溪峒之隩，尚间有之。"因此，尽管壮族人仍然可以在山歌中大唱情歌，但是在现实生活中婚姻却遵循汉族的"父母之命，媒妁之言"，于是，这就造成了不少有情人难成眷属的人间悲剧，而遭遇这一悲剧的人，就只好将这一苦楚发于山歌之中了。在清代李调元辑录的《粤风·壮歌》中就有不少这一类作品。《粤风·壮歌》，出自西江流域浔州府一带，即今桂平、平南、贵港、武宣一带的壮族地区，如下面这首：

男：高山有野果，
　　想吃就敢打。
　　即便妹已婚，
　　八字哥也拿。
　　只要妹肯嫁，
　　恶人也不怕。
　　死才断交往，
　　活着定成家。
女：衣蒙头出嫁，
　　人娶去为妻。

---

① 转引自覃树发《柳江山歌，是有"酒味"的》，（2016-12-01），新浪博客 http：//blog.sina.com.cn/qinshufa. 。

父收人彩礼，
咋办哪情侣。
条条担都重，
百样都备齐。
三十六只羊，
四十双只鸡。

男：山石移不得，
也有洪水冲。
昔父母嫁妹，
今换碍谁人！
妹思哥便想，
咱俩不离分。
想哥命太差，
无妻怨自身。

女：若哥架天桥，
就相邀会合。
娶久恋情侣，
便找媒来说。
娶人妻招骂，
相告不饶恕。
若昔日结亲，
今早成公婆。①

就这首歌的内容看，歌中的男女原本是一对有情人，但因为男方没有"找媒来说"，女方的父母便接受了他人的说媒和彩礼，女方只好随父母之命出嫁为他人妇，结果两个有情人就只徒留永久的遗憾了。这首歌表明，壮族男女的婚姻，至少在清朝初年在很多地区就已经不能自决了，都要"凭媒妁""找媒来说"了，没有这个环节，即便再怎么热恋，婚姻也将不能缔结。而随着这样婚俗的普遍推行，连壮族人自己对过往的那种自

---

① 转引自（清）李调元辑，梁庭望译注《〈粤风·壮〉译注》，广西民族出版社 2010 年版，第 70—78 页。

由婚恋的行为也越来越看不惯。这在《粤风》中由壮人用汉歌唱的《粤歌》中就有所反映，如其中的《妹金龙》就唱道：

> 自叹十己妹金龙，
> 有意怜娘无福冲。
> 正要将心去妹屋，
> 今时人口利如锋。

"冲"是遇到的意思，歌者对姑娘有意却不敢去找，害怕他人说闲话。男女的交往已经没有了以往的自由随意了。《粤歌》中的《妹同庚》其七也唱道：

> 妹金龙，
> 日思夜想路难通。
> 恶歌又没亲人送，
> 寄书又怕人开封。

"恶歌"中的"恶"是古壮字，是"出、出来、出动"之意，这里是"写出"之意。歌者写出歌来却没可信的亲人帮送，寄书又怕别人偷看，可见，男女交往已经多了许多障碍，甚至连媒人也不可信了。而按照壮族的传统，在歌圩上对歌定情了之后，便可大大方方地请媒人去提亲了，但是自从皇帝下诏禁止对歌连情之后，以这种方式去请媒人也行不通了，因为甚至连媒人也不认同这种定情的方式了，《粤歌》中的《杂歌》其一就唱道：

> 真是不怜妹早说，
> 莫作乌云盖日边。
> 请媒又怕媒人讲，
> 不如侬两暗偷莲。

之所以"怕媒人讲"，就是因为媒人也不认同这种对歌定情的方式了，因而害怕自己说出来遭媒人批评，甚至还担心媒人可能会去密告官府,当然,"暗偷莲"就更只是嘴上说说而已了。以歌定情的自由婚恋的方式不流行了,那么,被逼婚的情况自然就难免了,比如,百色右江流域的排歌《父母逼妹另嫁人》就清楚地反映了这种状况,歌中唱道:

> 妹别哥哥回来后,
> 母亲弄鬼又弄神;
> 她把妹妹另许配,
> 恶声恶气硬逼人;
> 父亲喝了定亲酒,
> 硬要毁坏妹一生;
> 不给妹去耍,
> 不给妹出门;
> 赶街不给去,
> 跨过门坎也不行;
> 前门棍子守,
> 后门扁担顶;
> 等哥不见信,
> 盼哥不见人;
> 想哥妹半死,
> 真怕枉了心。①

这首山歌,就非常形象地反映了"倚歌择配"被"父母之命,媒妁之言"所代替之后的被逼婚的状况。

从上述壮族的山歌作品中,我们不难见到一个倚歌择配已失落、恋爱自由已受阻的壮族形象,"相恋不能娶(嫁)"的爱情痛苦,已成了不少青年男女的人生际遇。

六 深受兵战之害的壮族形象

明代的俍兵和桂系广西兵的善战,在历史上都是出了名的,也为壮族赢得了不少荣光,但除了荣光的一面之外,历史上因为内战和外敌入侵,

---

① 何承文、李少庆翻译整理:《壮族排歌选》,广西人民出版社1982年版,第189页。

壮族老百姓所遭受的兵战之苦，也是非常惨痛的。这方面的苦，壮族山歌就有非常形象的反映，如产生于以平果县为中心的百色右江流域的《嘹歌》中的《贼歌》，就反映了明代中叶广西桂西地区的"兵事乱世"：田州土司与思恩土司的兼并战争，带给老百姓的痛苦与灾难。《贼歌》以男女对唱的形式，讲述了主人公的征战之苦和老百姓所遭受的兵祸之苦，如男主人公征战回来后唱道：

> 官逼哥做贼，
> 别哥满三春；
> 三年离乱三年苦，
> 从头讲给妹听。
> 官逼哥做贼，
> 别哥满三年；
> 三年离乱三年恨，
> 相逢对歌唱苦情。

这样的"苦情"具体都有些什么呢？根据歌中所唱，于老百姓而言，就是"逼人离家园，逼人去做贼，逼人丢荒田"，是"寡妇贩铁打刀枪，百姓上山筑围墙"，是"走过山寨十二村，十二村寨无人声；走过山村十二寨，十二村寨都锁门"，是"村寨空溜溜，牛栏不见牛"的凄凉萧条；于参战的士兵而言，则是"砍头像砍芭蕉兜，戮人像戮野蕉树；血流好比山洪暴，人头堆像河滩石"，"天灰灰，人头成山堆；人头还比猪头贱"的惨象，是各种惨不忍睹的"横死"："有些死了咧着嘴，有些死时脸穿洞；有些死时茅担戮，有些卡死山洞中"，"有的死在马背上，有的死在石墙边；有的横在田坎上，乌鸦吃掉还不算。"即便有幸不死，但也落个"只剩下一条光棍命，半人半鬼过路途"，还有那难以抹去的负罪感："哥想妹进妹进门，手脚血淋淋，手脚沾满伤鬼血，无脸去见妹双亲。"

到了近代至新中国成立前这一段时期，由于军阀混战、外敌入侵，所以，壮族百姓遭受的战祸和强征之苦，一点也不比古代少。即便抗日战争时期当兵抗日有爱国救国的意义在里面，但也掩盖不了当时国民党政府强拉壮丁给壮族人民带来的痛苦。根据四川当时的情况，国民政府"一开始是三丁抽一（三个男丁通过抽签，抽一个去当兵），后来五丁抽二，再后来就拉无忠无孝的，最后就乱拉，当时路上都没有男人走路，全是老太婆"。① 估计当时广西的情况也大致如此，产生于左江流域扶绥县的山歌排歌《征兵歌》就反映了这种凄苦的状况，歌中唱道：

> 日本打进我中国，
> 征兵灾祸就临头，
> 一天开会几十次，
> 保长叫去把签抽，
> 背时还是老百姓，
> 单丁独子也抓走。②

而到了国共内战的时候，国民党政府的强拉壮丁就更加厉害了，许多壮族老百姓触景生情，常常借唱《嘹歌·贼歌》来抒发厌战、反对非正义战争的思想感情。这些反映战乱和兵祸的壮族山歌，形象生动地建构出了一个历史上曾经深受兵战之害的壮族形象。

七 生活困苦的壮族形象

壮族山歌中有一类歌，叫苦歌，而且数量还不少。所谓苦歌，就是悲叹和控诉生活苦难的歌。依据其所诉之苦的不同，又可以分为生活苦、媳妇苦、单身苦、长工苦、孤儿苦、鳏寡苦、当兵苦、拉伕苦、无家苦、做妹苦、牧牛苦等种类。这些苦歌从不同的角度为我们展示了过去相当长的历史时期，壮族贫困苦难的生活，至今读来都能令人唏嘘叹息，如以下几首山歌：

> 粥水稀零零，
> 照见我愁颜；
> 吃了一大碗，

---

① 廖平：《台湾老兵寻亲七十年找到时重庆四个弟妹均已过世》，《重庆晚报》，2018-05-11.（2018-05-11）http：//baijiahao.baidu.com/s？id=1600152970650138039&wfr=spider&for=pc。

② 转引自黄勇刹《壮族歌谣概论》，广西民族出版社1983年版，第78页。

无米沾牙根。
——广西贵县《无米沾牙根》

几多亚妹算我穷，
没有被盖盖竹筒；
人人问我怎样睡，
两头塞紧不透风。
——广东连山《没有被盖盖竹筒》

逢年到十月，
十月降寒霜，
家家缝衣裳，
谁顾单身郎。
——《单身苦》①

正月里来正月中，
正月十五去打工，
爹娘边送边流泪，
不去打工家又穷。
——《长工苦》

人家母亲在高楼，
我的母亲在荒丘，
人家请娘坐上席，
我祭娘亲泪双流。
——《孤儿苦》②

大树生在陡坡上，

---

① 以上三首转引自欧阳若修主编的《壮族文学史》（一），广西人民出版社1986年版，第150—154页。
② 转引自梁庭望、农学冠编著《壮族文学概要》，广西民族出版社1991年版，第88—89页。

刀砍树干连根翻，
有谁像我这样苦？
薄命浮浅像芦苇的根一样。
三十无妻室，
四十不成家。
独身光棍贫如洗，
奔波劳碌走他方。
要是有妻室，
谁还离乡背井去游荡？
我不吹来也不赌，
我不酗酒发癫狂，
为何盘碗犁锄都没有，
草席烂被无一床？
说不尽的苦楚呀，
吐不完的愁肠。
有谁像我这样苦，
薄命浮浅像芦苇的根一样。
——《贫苦歌》①

这几首苦歌，从生活、单身、长工、孤儿的角度，向我们展示了一个个贫苦的壮人形象，但这样的苦逼生活，绝不是个别现象，在过去的旧社会具有相当的普遍性，就像一首歌所唱的那样："世上不单自己苦，峒上几多苦过咱。"②而《达稳之歌》所表现的达稳之苦，成因就更复杂了。

歌中的主人公达稳，不仅农活做得好，而且还能唱成套的山歌，十八岁嫁给同村的舅表兄覃有如为妻。丈夫是个傻子，公婆和大姑联合起来虐待她，常把她打得皮开肉绽，还常不许出门，不许吃饭。为此，她逃回娘家求助，要求离婚，但是父母不但不同意，反而认为她丢了娘家的脸，不许她进家门。于是，她又和村里有同样遭遇的青年妇女逃离家乡，但不幸又被捉回，由娘家讲情赔礼送回婆家。由此而遭到的虐待比以前更为严

---

① 转引自欧阳若修主编《壮族文学史》（三），广西人民出版社 1986 年版，第 821—822 页。

② 同上。

重，不仅婆家人将她看作罪人，而且别人也把她当罪人看，达稳走投无路，终于在甲申年（1884）五月十八日晚，在夫家屋檐下悬梁自尽。死前达稳将自己的痛苦遭遇和悲愤用山歌唱给同村中同情她的覃如脑听，歌中唱道：

> 像我这样的人
> 世间虽广可没有容许我生存的地方
> 我这世人太凄凉悲惨
> 前途渺茫已没有一丝希望
> ……
>
> 谁不热爱生命而愿走死路
> 可是过多的苦难已把我说服
> 永别双亲和姐妹，我走入黄泉路
> 经过多番考虑，我的死念已成熟
>
> 无奈生来是个女人
> 这条苦命比坝下的拦水车还要烂贱
> 假如我生来是个男子汉
> 我的年华绝不会虚度
> ……
>
> 大家都是父母生的
> 为什么有的贵来有的贱
> 我死得那么冤屈
> 心里实在很不甘
>
> 请把我的遭遇对世人讲
> 去教导后代的子孙
> 我的生命是夫家逼死的

这点实情我要向人间申诉①

但在那个时代，一个普通女子的苦无人能救，于是，留给达稳的就只有诉苦于山歌和悬梁自尽一条路了。

从以上壮族的苦歌类山歌作品中，我们可以看到，在旧时代，壮族人遭受苦难的时候，就只能将苦诉于山歌以暂时缓解心中的痛苦，缓解不了的，就只能像达稳那样自尽了。这种将苦难的生活和感受诉于山歌，甚至还影响到了壮族的山歌曲调，如南丹县的一个壮族山歌调，就以沉重的叹气声开头，宜州市的歌王谢庆良告诉笔者，那是过去的人将生活困苦而又没办法摆脱的无奈叹息发之于歌调的结果。所以，从壮族的这一类的苦情歌中，我们不难感受到一个生活困苦的壮族自我形象。

八 崇尚英雄、敢于斗争的壮族形象

生活的困苦也滋生了壮族人的反抗意志、斗争精神和英雄崇拜意识。陷入困顿的人自然也最渴望和期盼英雄式的人物来搭救自己，所以，在壮族的歌唱性作品中就有不少赞颂救人于水火的英雄人物的作品。比如，壮族创世史诗《布洛陀》中的布洛陀，实际上就是一个无所不能的英雄人物。每当人间有什么困难的时候，他都能及时地在天上知晓并派下相应的大王来给予解决，让人们及时地解决困境，人们也因此歌唱他的功德，尊奉其为始祖。英雄史诗《莫一大王》中的莫一大王，也是一个一心只为壮族百姓着想的英雄，他有过人的武功，皇帝就想让他到京城里做自己的侍卫，但一想到要离开壮族百姓，不能为百姓服务，他就拒绝了。群众有什么困难，他都及时地予以化解，比如干旱了，他就用雨伞扎出山洞做引水渠，大山挡住了人们的出路，他就挑着大山去填海。

壮族人不仅用歌来赞美乐于救人的神话英雄，而且也赞美为了大众的利益而敢于斗争的历史英雄。

例如《天国女将洪宣娇》就唱道：

"天"字旗号当空飘，

---

① 转引自欧阳若修主编《壮族文学史》（三），广西人民出版社1986年版，第870—873页。

第六章　山歌活动的壮族形象建构

　　　　天国出了女英豪,
　　　　你若要问她名字,
　　　　天王妹子洪宣娇。

　　　　妇女去跟洪宣娇,
　　　　会打火枪会耍刀;
　　　　牛排岭前大摆阵,
　　　　杀得清兵跑断腰。①

从歌中,我们不仅具体感受到了太平天国女将洪宣娇的英雄气概,也感受到了壮族人对她的崇拜之情,连妇女们都去投奔她杀清军。

另外,领导汉、壮民众反抗法国入侵的刘永福和冯子材,也是壮族山歌歌唱、赞美的对象,如流传于宁明、凭祥和龙州一带的《中法战争史歌》就唱赞刘永福道:

　　　　刘二大人心气愤,
　　　　才和老番硬对硬。
　　　　丁勇个个摩拳擦掌,
　　　　双方拉出刀好枪;
　　　　老番全凭枪炮利,
　　　　刘二全靠丁勇强。
　　　　白帽番旗丢满地,
　　　　黑旗招展满城墙。②

而流传于广西凭祥一带的《冯子材打老番歌》,也以同样的气调赞美老将冯子材一往无前、勇敢追敌的英雄气概:

　　　　老番兵败如山倒,
　　　　斩头好比斩芭蕉。

---

① 转引自欧阳若修主编《壮族文学史》(三),广西人民出版社1986年版,第723页。
② 同上书,第795页。

见我兵勇就失魂，
丢枪丢炮死命逃。
老冯追到北宁地，
要把老番消灭掉。①

《辛亥革命歌》则唱赞孙中山道：

官家剪辫还放炮，
拥护孙文来独立。
几多神像毁去了，
提倡学堂废科举。

国家拿来归众人，
还有朝政跟着行。
学堂读书真中意，
上课算术和英文；
体操唱歌声响亮，
男女自由讲平等。②

这是赞美孙中山领导辛亥革命"灭了清朝立民国"的新兴气象。

由所述可见，只要是一心为民众排忧解难的、为大众利益着想的，壮族人都将之奉为英雄来加以崇拜和赞颂，而从这些山歌作品中，我们也清楚地看到了一个崇拜英雄的壮族形象。这些受赞英雄形象的塑造，亦从另一个角度反映了壮族民众渴望有英雄来帮助他们解脱苦难的强烈愿望。

与崇拜英雄和赞美英雄相一致的是壮族人还具有勇敢的斗争精神，被土官和朝官的苛捐杂税和徭役逼急了的时候，他们也会起来反抗和斗争，并用山歌来记录和反映这些事情。

比如，大致产生于明中叶"改土归流"之后的壮族伦理长歌《欢传扬》其开头就唱道："穷人操心受气多，受气缘由为哪桩？编就山歌千百

---

① 转引自欧阳若修主编《壮族文学史》（三），广西人民出版社1986年版，第799页。
② 同上书，第856—857页。

首，好让后人明主张"，接着就唱壮族百姓必须要起来反抗斗争的缘由：

> 虽说同种又同宗，
> 为何有富又有穷？
> 百思不解理何在？
> 举旗造反上京城。
>
> 猛虎扑向京城门，
> 大官贵人乱纷纷；
> 虽说同种又同宗，
> 为何有富又有穷？
>
> 这口闷气咽不下，
> 粗人一气把刀横；
> 百思不解理何在，
> 举旗造反上京城！①

光绪年间流行于广西都安一带的《控告土官歌》，反映的则是都安豆也壮族人民反对土司加派伕差银子的斗争，长歌一开头就唱道：

> 我们与土司对抗，
> 为的是替百姓出口气；
> 提笔把这件事记下来，
> 把前代的故事传给后代。②

而曾经广泛流传在广西南丹、河池一带的近代苦歌的代表作《酷旱》，则将斗争的矛头指向朝官，歌中唱道："光绪皇帝管天下，二十二年天酷旱"，"千村万户鬼号啕，赤地千里无人烟"，但是：

---

① 转引自欧阳若修主编《壮族文学史》（二），广西人民出版社1986年版，第404页。
② 同上书，第865页。

>官家睁眼看不见，
>躲在凉床挥大扇；
>谷子玉米储满仓，
>还派丁差来逼粮。
>
>穷哥们！
>勒紧裤带直起腰，
>活着要跟官家拼命，
>死去也要记住冤情！①

有些起义军及领导也用山歌来表达自己的视死如归、斗争到底的志向，比如1910年沈槐山等人领导的南丹壮族人民打官府、铲洋教的起义斗争，虽然最后被镇压了，但是被捕的起义军却视死如归，高唱着慷慨激昂的就义歌，阔步走向刑场：

>十七十八好威风，
>睡在地上像条龙，
>为了百姓刀下死，
>人头落地当风吹。

起义领袖沈槐山则唱道：

>莫嘈多，
>听我唱个分离歌。
>丈夫不怕刀下死，
>唐王陷在污泥河。②

从这些起义英雄所唱的山歌中，我们可以看到他们在面对镇压者的屠刀时是多么地从容、镇定、勇敢，完完全全地视死如归！

---

① 转引自欧阳若修主编《壮族文学史》（二），广西人民出版社1986年版，第862页。
② 转引自欧阳若修主编《壮族文学史》（三），广西人民出版社1986年版，第853页。

从以上出自不同时代的壮族山歌中,我们看到了,壮族人的爱憎分明、赞美和崇拜英雄、敢于反抗斗争、视死如归的精神,充分展示了一个个崇尚英雄、敢于斗争的壮族形象。

九 歌谣文化丰富发达的壮族形象

壮族山歌的研究活动也是壮族山歌活动的一个组成部分,以前壮族人只管唱山歌,很少有研究山歌的,但到了20世纪80年代实行改革开放之后,壮族人也开始重视对自己的山歌文化进行研究了,同时还带动了其他民族的学者也参与到了研究中去,使壮族山歌的研究成为一个学术的热点。而壮族的学者凭借自己熟悉的优势,更是走在了研究的前列,黄现璠、黄勇刹、梁庭望、黄革、覃承勤、覃九宏、何承文、李少庆、潘其旭等便是其中的代表。他们关于壮族山歌的研究成果虽然表面上是关于壮族山歌的知识的介绍,但实际上也起到壮族形象建构的作用,比如读了下面关于壮族山歌的知识,你会不由自主地形成一个关于壮族的看法来的:

(1)关于壮族山歌的曲调。有的学者粗略统计,壮族山歌的曲调稳定的大致有30多种,而且在一些高手的带动下,还在不断的裂变,产生出新的曲调。

(2)关于壮族山歌的体裁、韵律特点。有的学者总结到,壮族山歌体裁,如单就五言壮歌看,其下就又可分为五言两句歌、五言三句歌、五言四句歌、五言五句歌、五言六句歌、比欢、五言单勒脚、五言勒脚歌(其中又有先勒头后勒尾的格式和先勒尾后勒头的格式)、五言排歌(其中又有脚腰脚头单连环相扣格式和脚腰脚头双连环相扣格式)。而就六言壮歌看,其下又可分为六言四句歌、六言排歌。就七言壮歌看,其下又可分为七言两句歌、七言三句歌、七言四句歌、七言单勒脚、七言勒脚歌、七言排歌(其中又有脚腰脚头单连环相扣韵、脚腰双连环相扣韵、既押腰韵偶句又押脚韵三种)。就长短句壮歌看,其下又可分为三五韵、四六联、七三嘹雷、七五七嘹雷、跛脚比、二六句式、三五句式、三七句式、三三七啰歌、三五七啰歌、三七七啰歌等多种。此外,还有八言壮歌、十言壮歌等种类。而从山歌调的演唱方法看,壮族山歌则有独唱、重唱、领唱、合唱等方式。无论是支声式,还是和声式或者复调式,都丰富多彩,别具一格。

(3)关于山歌的对歌方式。有学者总结到,壮族山歌的对歌方式,既有程式化的套路,又有在此基础上衍生出一些有地方特色的变化,比如,一般的对歌环节,都是按照"求歌"("引歌")—"和歌"—"斗歌"—"防歌"—"分歌"—"抢歌"—"甜歌"等套路进行的,但在如何具体"求歌""和歌""斗歌""防歌""分歌""抢歌"上,又往往会呈现出地方特色,像德保山歌在这几个环节上都显示出自己的地方特点,而马山的三声部对唱,在开始、中间加入和结束上也体现出自己的特征。这让壮族山歌的对歌方式,总体上也呈现出动态多样的特征。

(4)关于歌圩的举办。有的学者总结到,歌圩举办的时间点,各地既有相同的,也有不同的,三月三那段时间,是各地歌圩日最为集中的,其他时段的歌圩,各地大都以当地的圩日为歌圩的时间。由于各地圩日不同,因此,歌圩日也都是错开的。这有助于方便群众从这个乡唱到那个乡,甚至从这个县唱到那个县。有的歌圩处在几个县或乡的交界处,各方歌手交叉对歌,甚是热闹。而官方组织的山歌会、山歌赛也很多,对于激发大家唱山歌的热情、营造唱山歌的氛围、促进山歌文化的发展,无疑都是有积极作用的。所以,从歌圩举办的角度看,壮族山歌也呈现出丰富多样的特点。

(5)关于山歌题材。有的学者总结到,壮族山歌题材非常丰富多样,因此,可以分出各种大类套小类的题材类型出来。从大类看,有诉苦歌(又可细分:长工苦歌、媳妇苦歌、单身苦歌、叹苦歌、怨命歌等等)、情歌(又可细分:散歌、套歌、探问歌、赞美歌、讨欢歌、示爱歌、定情歌、交友歌、发誓歌、分别歌等等)、风俗歌(又可细分:庆贺歌、祝祷歌、仪式歌、敬酒歌、迎宾歌、送客歌、摇篮曲、哭丧歌、哭嫁歌等等)、生产劳动歌(又可细分:农事歌、农闲歌、时令歌、节气歌、喜雨歌、苦旱歌等等)、盘歌(又称问答歌、碰头歌、猜谜歌、斗智歌)、历史歌、时政歌、童谣、革命歌曲等。

读了上面关于壮族山歌的知识,我们可能都会不由自主地感慨:没想到壮族山歌的门道还这么多呀!进而形成了一个歌谣文化丰富发达的壮族形象来。

十 积极传承和发展山歌文化的壮族形象

到了20世纪90年代,随着我国经济社会的城市化、现代化进程的加快,农村大量的年轻人外出进城打工,昔日繁荣的歌圩也日渐萎缩,不爱唱和不爱听山歌的势头也日益明显，壮族山歌文化的传承和发展成了一个问题摆在了众人的面前。而2005年我国加入联合国教科文组织的《保护非物质文化遗产公约》，使得壮族山歌的传承和发展被放在了"非遗"的框架下进行了探讨。其中壮族学者仍然是探讨的主力，壮族山歌盛行的聚居区地方政府和民众也以实际行动来回应壮族山歌的传承和保护的问题，形成了一股继承和发展壮族山歌文化的热潮。

政府方面的作为主要表现在，制定和落实非物质文化遗产保护政策，建立非遗传承人制度，鼓励和引导壮族山歌进校园和课堂，开展各种形式的大型文化活动，如山歌擂台赛、民歌艺术节等，为壮族山歌活动的展示提供舞台，发展文化旅游，为山歌活动提供活态传承的现实土壤等。政府的这些措施和行动，对引导大众正确地认识壮族歌谣文化的价值起到了很好的作用。

民众方面的作为主要表现在，思想上更认清了壮族山歌的文化价值和意义，更加大胆地参与壮族山歌的活动。在这方面，中老年人起着传帮带的作用，他们继续保持着对山歌的固有热情，是目前唱山歌和听山歌的主力，也是目前传承山歌、振兴山歌的重要倚靠力量。他们一方面以自己的演唱行为维系着山歌的"血脉"；另一方面又在以潜移默化的方式培育和涵养着社会对山歌的接受氛围，为壮族山歌的发展营造良好的社会环境，因为在中老年人的带动下，年轻人也逐渐地改变对山歌的鄙夷态度，参与山歌的积极性也在逐渐提高，有的已成长为"歌王"，他们的态度和行为让我们看到了壮族山歌传承和发展的希望。

学者们的作为主要表现在，以各种学术的角度探求壮族歌谣文化的传承、保护和发展的办法和对策，如潘其旭的《壮族"歌圩"的起源及其发展问题的探讨》、王芳的《壮族民间歌谣与歌圩的起源和发展现状》、陆晓芹的《壮族歌圩当代流变论》、廖昆铭的《壮族三声部民歌》、覃慧宁的《大众传媒背景下山歌的传承与传播机制：以广西宜州市为例》、赵琳的《新时代背景下广西壮族民歌的传承与发展》、覃德清主编的《诗性的思维：壮侗民族民歌文化传承与发展的调查和研究》等等，所聚焦的也都是壮族山歌文化的传承和保护问题。

看到上述以壮族为主体的人都在从各个角度为做好壮族山歌的传承、保护和发展献计献策，努力工作，从中你会感受到一个热爱和珍惜自己山歌文化的壮族形象。

综上所述，我们可以看到，壮族山歌活动实际上是一个多维的复杂的整体，所以，由此所折射出来的壮族自我形象也很丰富多样，显示了壮族山歌活动非常强大的壮族形象建构功能，值得我们在新时代继续弘扬。

第三节　新时代弘扬壮族山歌形象建构功能的策略

那么，在新时代如何弘扬壮族山歌所固有的壮族形象建构功能呢？笔者认为解决好这个问题需要从以下几个方面着手。

一　认清新时代壮族山歌的处境和发展趋势

新时代要想继续弘扬好壮族山歌的壮族形象建构功能，首先得对新时代壮族山歌的生存状况和未来的发展趋势有个基本的认知，然后在这个基础上采取针对性的措施，才可弘扬好壮族山歌的壮族形象建构功能。那么，新时代壮族山歌是个什么样的存在状况？

应该说，新时代的壮族山歌的存在状况与过去相比真的是大不如前了，其流传的范围和热度都在不断地下降，如果说过去壮乡是"歌海"的话，那么，现在大概是缩小为"歌湖"了吧？只有在一些山歌传统比较深厚且人口外流比较少的地方还有相当的热度，其他的地方就趋于冷淡了。这是因为这些地方的年轻人大量进城打工谋生，乡村空心化在加剧，作为产生自农耕文明基础之上的壮族山歌文化，其基础在动摇，其可持续性发展出现了危机，其兴盛景象已大不如前了。过去这些地方，山歌曾在生活中占据着主导的地位，甚至达到了一日不可无山歌的地步，山歌的传唱也非常的普遍，在这种情况下，山歌活动的壮族形象建构功能也获得了比较充分的发挥。但是现如今，这些地方，一方面是因为山歌的使用范围变小了，山歌展现的机会大大地减少了；另一方面是因为人们喜欢山歌的程度也都在下降，很多年轻人不喜欢唱、也不会唱山歌了，壮族山歌已经不如以往那么流行了，看看各地的地市、县级的广场、公园等公共场所，流行的是震天动地的广场舞和儿童游乐活动，乡村里随着年轻人的外流，"空心"化的扩大，平常也难以见到山歌的踪影了，由于山歌活动都已经弱化了，所以，山歌活动的壮族形象建构功能也就谈不上了。存在已经很不均衡了，这就是新时代壮族山歌活动的大致存在状况。新时代要想弘扬壮族山歌的壮族形象建构，就得针对这个情况来作具体的谋划，找出具有现实针对性的弘扬策略出来。

如今壮族山歌的存在状况虽然不怎么让人乐观，但是却有一个比较利好的消息是，政府比较重视对优秀传统文化的保护与传承，强调要有文化自信，并相继出台了一系列政策，这给我们在新时代谋划弘扬壮族山歌活动的壮族形象建构功能提供了非常好的政策环境。

二 利用新时代的条件开辟更多的展示和传播空间

由于壮族山歌活动目前最大的问题是活动空间日益窄化，严重地限制了壮族山歌活动的壮族形象建构功能的充分发挥。为此，我们必须对此采取相应的措施，为壮族山歌活动开辟出更多的展示和传播的空间来。对此，近年来人们已经做了许多探讨和实践，归纳起来主要有以下几种：

第一，建设文化广场、公园等基础设施，为民众唱山歌提供场地。现在，一些具有较为深厚的山歌传统的壮族聚居区的县城或者乡镇，都建立了文化广场或者公园，这为那些热爱唱山歌的中老年人开展山歌活动提供了很好的场所，久而久之还成了当地的一个文化名片，所以，外地人到当地一问：你们这里哪里有唱山歌的？当地人一定会说在文化广场或者公园，如东兰县城的拔群广场、宜州的中山公园，都是现今民众唱山歌的主要场所。

第二，组织开展大型的文化节庆活动。这些节庆活动比较有名的有广西三月三嘉年华系列活动、南宁国际民歌艺术节、武鸣的三月三歌圩节、田阳县的布洛陀民俗文化旅游节、宁明县的骆越王节、河池市宜州区的三姐文化旅游节、田东县搞的"一镇一节"等，这些节庆活动都为壮族山歌活动提供了很好的展示平台，同时也让壮族山歌获得面向更多大众的机会，而其身上所蕴涵的壮族形象建构功能也在此过程中获得了较为充分的释放。所以，参与这些节庆活动的人总体上都有一个感觉，就是觉得壮族的文化、广西的文化底蕴很丰富深厚，这就是壮族山歌文化的壮族形象建构功能效果的显现。

第三，组织开展山歌比赛、山歌政策宣传会。这些活动，一方面既拓展了山歌的展现空间和功能；另一方面也有助于提高山歌的地位，培养和激发民众的山歌兴趣。通过这些活动，壮族山歌不仅提高了曝光率，而且也借助所宣传的内容建构出了多样的壮族形象来。

第四，发展文化旅游产业。在这一类的旅游产业活动中，壮族山歌活动是一个不可缺少的要素，这一方面让外来的游客领略了壮族的山歌文化，并由此产生了与壮族有关联的想象，建构出相应的壮族形象；另一方面也让壮族山歌在当今的社会得到了一个展示自身的机会与空间，同时也增强了传承和发展壮族山歌的动力。像宜州的下枧河旅游、武鸣的大明山旅游、那坡的旅游等，都是这方面旅游活动的典型代表。

第五，落实"非遗"传承人制度。"非遗"传承人确认之后，政府文化部门就将壮族山歌的社会传教任务交给传承人去执行，通过传承人的传授和组织演唱活动，不仅可以让山歌有了更多的高水平展示机会，而且也能培养出更多的山歌传人，这样也就于无形中增加了壮族山歌的壮族形象建构功能发挥的机会。

第六，组织山歌进校园的活动。这一活动，目的虽然是为了在更多的小孩的心中播撒更多的热爱壮族山歌的种子，以便更好地传承山歌文化，但是无形中也为壮族的山歌活动开辟了一个校园的空间，能让孩子们通过山歌更好地感知壮族，并通过相关的想象建构出自己心中的壮族形象来。

第七，复兴壮族民间的庙会等传统活动。民间的一些民俗活动近年也有复兴的势头，庙会是其中最有代表性的一个。庙会是一项集体性的公共活动，在广西很多地方，都有规模大小不一的庙会活动，它们或者是民间举办，或者是以民间主导、政府协办的方式举办。庙会都以某一祭祀活动为核心，然后配以歌圩、经贸、娱乐等活动，实际上是一项综合性的活动。庙会活动上，既有道公在仪式上唱山歌的活动，也有参加庙会的民众自发组织的唱山歌的活动，当然，也有地方政府组织的山歌比赛和山歌演出的活动。因此，民间的庙会活动，也为山歌活动提供了展示的平台与空间，并且两者相辅相成，以多元的壮族文化内容，共同为民众提供了一个丰富多彩的壮族形象。武鸣区罗波镇的三月三骆越祖母王祭祀大典和马头镇的四月四的祁丰节、田东祥周镇的岭南商旅福神文化节等，都是现今比较有代表性的庙会活动。其他一些民间庆祝活动如祝寿、庆迁居、开业等，也会请山歌手来助兴，它们也都可以为壮族山歌活动提供展示的空间。这些活动的复兴，在某种程度上也就意味着壮族山歌活动空间的拓展及其壮族形象建构功能释放的扩大。

以上实践活动，都是当今时代为壮族山歌拓展生存空间的具体表现，对有效地扩展壮族形象建构功能的释放空间起到了很大的作用。当然，这得有赖于强有力的组织才行,而目前这方面的工作还有待加强和提高。

三 做好壮族山歌的创造性转化工作

要想让壮族山歌活动的壮族形象建构功能在新时代能得到充分的弘扬,还需要做好壮族山歌的创造性转化工作。这一方面是因为民众的审美需求发生了变化,受工业文化的审美方式的影响,原生态的山歌演出方式已经难以满足大部分民众,特别是年轻人的审美需求。因此,必须要转化升级;另一方面是山歌本身也必须要适应时代发展来转化,文化氛围具有时代性,山歌要想在新时代扎根,就必须做出适应时代文化氛围的改变,与中国现今所处的时代、文化接轨,这样才容易被民众所接受。所以,壮族山歌活动也只有创新变化,才能在新时代拥有更多的接受者和更充分的壮族形象建构功能的释放。

而所谓壮族山歌的创造性转化,主要是指利用壮族山歌的元素来创造出具有现代审美特征的文艺作品。这方面的工作,其实早在20世纪60年代就开始了,1961年长春电影制片厂拍摄的音乐电影《刘三姐》就是当时重要的代表作。只是后来由于"文化大革命",这一转化工作就中断了,直到20世纪90年代中后期,才陆续地又开展起来,迄今为止已经创作出了一些比较优秀的作品。如歌曲方面有,《壮乡欢迎你》《广西尼的呀》《壮族敬酒歌》《山歌牵出月亮来》《站在这坡望那坡》等;歌舞剧方面也有汲取壮族山歌元素进行创作的优秀作品,如原创壮族山歌剧《又唱三月三》、民族歌舞剧《八桂大歌》、壮族歌剧《赶山》、壮族歌舞剧《壮锦》等。这些作品在创作过程中都融合进了壮族山歌的元素,是当今壮族山歌创造性转化的代表作。这些作品既有传统的山歌成分又有现代的表现手段和审美观念,体现出了鲜明的传统创新的特性,在现代性的审美外衣中又裹含着浓浓的传统味道。而且这些作品在表演的时候,还会利用舞台空间加上了其他的壮族元素如服饰、舞蹈、习俗和壮人故事等,它们相互作用,相互融合,在灯光的配合下创造了一个炫丽的舞台艺术空间,同时也为观众展示了一个很酷的美丽的壮族形象,它们所形成的壮族形象建构功能一点也不弱。而现代特征和传统成分的杂糅,还使得这些作品既讨年轻人的欢心,又很对中老年人的心意,接受面是远远地超过了原生态的山歌,因而也就相应地拓展了这些作品的壮族形象建构功能释放的空间。

可见，与时俱进是对壮族山歌文化进行创新性传承、创造性发展，是新时代弘扬壮族山歌活动的壮族形象建构功能的一个比较有效的途径。只是创新性转化和创新性发展也需要一个过程，需要培养和储备好相关的人才，搭建好相关的舞台和市场运营机制。好在现在已经有越来越多的人在有意识地做这一件事情。这也预示着壮族山歌活动的壮族形象建构功能的弘扬会有一个美好的前景。

第七章

文人书面文学的壮族形象建构

前面我们谈到壮族口述作品、壮族英雄叙事以及壮族山歌活动的壮族形象建构的情况,总体上都属于民间文艺的壮族形象的建构,本章我们将转向考察与之相对的高雅的、上层的、书面的文人文学的壮族形象的建构,看看它们在壮族形象建构方面又会有着怎样的建树?在壮族形象的建构上又会有些什么样的不同特点和规律?今天我们又该如何更好地发挥文人书面文学建构壮族形象的优势?这些就是本章所要探讨的主要问题。

由于具有壮族形象建构的文人书面文学作品比较多,难以一一分析考究,所以本章在探讨上述问题的时候,拟采用典型案例的方式,选取最有代表性的作家作品为主要的考察对象,然后从中提炼出普遍性的规律来,以实现从特殊走向一般。而最有代表性的作家作品,非黄佩华的小说创作不可。这是因为黄佩华是一位被称为"深耕故乡故土,魂系民族根脉"[1]的壮族作家,他自己也强调说:"我的创作向来扎根桂西北,具有浓厚的地方气息,虽然我也做过其他尝试,但考虑到个人实际,我更愿意把我的精力奉献给我的家乡和广西。"[2] 而这样的创作取向,让他的小说创作比其他的作家作品具有更为鲜明的壮族形象的建构功能,而小说与其他文学的体裁相比在形象塑造方面亦具有独特的优势,所以,从他小说的壮族形象建构出发来阐明利用书面文学建构壮族形象的相关道理是可行的,也是有说服力的。

---

[1] 容本镇:《深耕故乡故土,魂系民族根脉——黄佩华小说创作简评》,《当代广西》2016年第7期。

[2] 转引自杜宁《广西作家凡一平、黄佩华长篇力作首发》,(2016-09-18),http://www.ddgx.cn/html/2016/0918/11262.html。

第一节　黄佩华小说世界中的壮族形象

黄佩华出生于桂西北的田林县，算得上是一个土生土长的壮族作家，长期的生活浸染以及壮族的民族身份，让他很自然地将自己的创作跟壮族联系在了一起。他的短篇小说集《南方女族》《远风俗》《逃匿》，长篇小说《生生长流》《公务员》《杀牛坪》《河之上》，长篇传记《瓦氏夫人》等，全都取材于与桂西北壮族有关的历史与现实生活。这样的题材，造就了他的小说洋溢着浓郁的壮族风味，建构出了丰富多样的壮族形象，概括起来大致有以下几个方面。

一　贫穷的壮族形象

在黄佩华的小说里，贫穷总是其小说人物形象的一个总的基调或者是背景。比如，《远风俗》中嫁到岩怀村的二姐一家几乎总是笼罩在贫穷与饥饿之中，并因此而成为她苦难的总根源。《公务员》中的吴启明即便是跳出了贫穷的家乡当上了省城的公务员，但他家为了送他上大学，全家受苦受累，父亲因没钱治病而早逝，哥哥则去当了上门女婿。而短篇小说《省尾》反映的则是富源县一整县的穷，因最穷，又离省城最远，所以，常被戏称为"省尾"。《生生长流》中的农盛文则因穷而感叹城里人的一包中华香烟"够我们吃一年盐巴啦！"《杀牛坪》中的牛蛋想去广东寻找失去联系的女友香桃时，穷得连必要的路费都没有，于是，只好偷卖家里的牛王岔角。《涉过红水》中的合社为了获得被丈夫爱的权利和在家庭中的地位，一连生了八个孩子，不幸的是无一存活，加上生活的穷困，深感绝望的合社跳下红河以便一了百了，幸好还是被救了回来。《瘦马》中的大章，其父瘦马本是千方百计地不想让他承袭自己的马帮活计的，但是命运作弄，其父瘦马从马背上跌下来，住院治疗花去了全部的积蓄，于是，因病返贫，他又不得不做回父亲的老本行——"天下最苦"的马驮佬。《流浪归来》中的天德，自幼父母双亡，又生性调皮捣蛋，好吃懒做，做不成田里的活，让村里的人讨厌，像猫爷这样的人就想方设法地赶他出去讨饭。而与他同病相怜的孤儿秀丹，也是命运坎坷，嫁人之后也同样的贫困，她的一个儿子干脆就起小名叫苦命。这一连串的壮族人物形象的穷困，自然地也就给人留下了一个壮族真贫困的印象。这样一个壮族形象，当然不是作者刻意为之的，而是他对桂西北山区壮族群众贫困生活的切身体验的反映。桂西北地处喀斯特山区，土地贫瘠，山多地少，这样的地理环境使得生活在这一地区的壮族，一直都比较贫困，即便是新中国成立60多年了，一些地方至今仍然是重点扶贫的对象。这正应验了匈牙利作家贝拉所说的："假如生活是残酷的，文学也一定是残酷的。"[①]

二 热情待客的壮族形象

虽然在黄佩华小说笔下的壮族人物形象大都是穷人，但是在待客方面却一点也不吝啬，只要有点吃的就一定拿来与客人共享。《杀牛坪》中的黄金宝就不愿意在客人面前独自吃饭，他瞪着眼睛反问儿子，怎么就一副碗筷呢，客人不吃么？儿子就劝着说，我们都吃一天了，不饿，你自己吃吧，但黄金宝还是坚持不在客人面前自己独吃，冷冷地对儿子说，我不饿，先拿走吧！对于入住家里的下乡干部，黄金宝家也按照客人的礼仪对待。县畜牧局的下乡干部韦一刀住在他家。黄金宝的儿媳韦桂兰每晚都为他端洗脚水，还帮他洗衣服，这让韦一刀自己都感到不好意思。而寨子上刚死了老公三个月的邓秋月，虽是由外地嫁入牛轭寨的，但也入乡随俗，牛蛋带着客人肥佬到她家里来求借宿，她不仅答应了，而且还杀了鸡来招待，这种大方也大大超出了牛蛋的意料。而寨子的小学教师谭老师，家在镇上，一个人在牛轭寨教书回家吃饭多有不便之处，于是，大多数日子都是吃百家饭，今天这家喊，明天那家请。《公务员》中的吴启明每次从省城回老家看望母亲，村里的叔伯、兄弟姐妹听说了，有的拿着鸭，有的拿着鸡蛋和黄豆，有的拿着青菜，有的拿着酒，大家齐心协力就把一顿待客饭给做出来了，人情味很浓。《流浪归来》中的天德出去流浪前将家里的房子都烧掉了，发财回家之后碰巧遇上了村里的方老师，方老师不仅邀请他到家里吃饭，而且还让他暂时在家住了下来。《瘦马》中的大章救下了哑女并送其回家后，哑女的妈妈虽然眼睛瞎了，但听到有客人来了，就吩咐另一女儿云妹："来客人了，多下筒米。等下去二叔家看看，有没有干鱼，要来煮笋。"当大章说自己已经吃过了饭，表示要走之意的时候，哑

[①] 转引自陈默《匈牙利作家贝拉：假如生活是残酷的，文学一定也是残酷的》，（2016-08-30），http://cul.qq.com/a/20160830/040122.htm。

女妈妈很不高兴地说:"后生,你是嫌我们孤儿寡母家里穷哇。"大章无法只好坐了下来吃饭。《知识青年》中的知青农盛军被安排住到李金禄家,李家待他却像亲人一般,李金禄经常晚上去红河撒网捕鱼来煮夜宵给他加营养,而女主人总是很勤快地帮忙煮饭、破鱼肚、掌勺做菜,却很少一起吃。《河之上》的杨宝章有一次回乡办事,本不想久留,但是乡亲们非要留他吃饭不可。《流浪归来》中的从贵州那边过来做木工的郑德贵,也发自内心地称赞广西这边人情好,不像他们贵州那边。从黄佩华这些作品中我们可以看到,其中的壮族人物形象虽然大都比较穷,但是都很好客,很有人情味,读了之后,你会很自然地从内心里形成一个热情待客的壮族形象来。

三 喜欢喝酒的壮族形象

黄佩华笔下的壮族人物形象热情待客的确不假,而且他们待客的时候往往少不了酒,并以能让客人喝够,甚至喝醉为荣、为真诚之表现。在长篇小说《杀牛坪》中,作者借叙述者之口介绍说:你敬我一匙,我敬你一勺,是我们桂西北红河一带待客喝酒的一种方式,而且不会喝酒的人,还会被人看不起,像畜牧局的韦一刀就因不喝酒而被同事看作是一个没有乐趣的人,到了牛轭寨蹲点之后又因不会喝酒而被少东家黄永平背后起了一个很恶毒的花名:"阉牛",意谓徒有男人之形而无男人之实的人,引得小孩子们还经常在他的背后齐声喊"阉牛""阉牛"的来嘲笑他。韦一刀得知了实情之后决心学喝酒。在东家黄金宝、黄永平父子俩的淬炼下,他的酒力很快就上来了,先是一个人可以和东家父子中的某一个人一对一地喝,到后来有时候也能够一个人把东家父子俩都喝倒了。

酒既然是待客之道的媒介,自然也就少不了蕴含多重意义的交际功能。长篇小说《河之上》中的廖兆武的升官宴,让我们看到了酒在待客之外的另一重意义。廖兆武在击败竞争对手龙海洋当上了市公安局的副局长之后,其父亲廖太平就决定在家里设宴请客,一是庆贺儿子升官,炫耀一番,二是答谢提拔儿子的贵人。而被邀请的商人杨宝章则另有所图,他想利用这个机会认识政府系统里的人,以便为自己日后的生意积累更多的人脉。为此,他不仅把自己茶楼的厨师带到廖家,还把若干山珍野味贡献了出来,还弄来了一瓶十年的茅台老酒,使宴席的规格一下子提高了不少。当然,这一番好意自然大大地助推了他意图的实现。而《公务员》

中的吴启明的升官酒宴，则展示了酒的另一层面的交际意义。吴启明来自桂西北，所以，能喝酒成了他的一个标志性特长。荣升副主任之后，他的同事们都怂恿他请客喝酒。经过一番谋划并得到做房地产的同学的资助之后，吴启明推出了一个全进口菜品并让同事们深感震惊、意外的高档晚宴。酒，自然是晚宴必不可少之物，再加上吴启明的好酒力，酒的现代交际功能在他的"导演"下被发挥得淋漓尽致，与乡野间喝酒是全然不同的风格，自然是显示了许多高贵的气质。首先，是开场白，吴启明先是礼貌地请主任说几句，但是主任知道这场酒宴的主人不是自己，自然也就很客气地推辞了，话语权自然很得体地又转回到了吴启明那里。说完开场白之后，吴启明就先敬主任，然后再敬大家，并且连敬三巡。然后，吴启明就开始程式化地引导着同事们相互敬酒和喝酒，整个晚宴气氛融洽、其乐融融，既酒足饭饱，又心情舒畅，效果很不错，人情、礼义都兼顾到了，文雅得体而又不失轻松热闹。整个酒宴，被他"导演"得像一堂标准的喝酒礼仪课，原本乡土味浓厚的壮族酒文化，经他的手在高档酒店里实现了现代化的转型升级。

由上所述可见，酒成了黄佩华笔下壮人生活中的重要物品和交际媒介，承载着他们的热情，也体现着他们的性格，尽管在不同的场合，喝酒会有不同的体现方式和功能意义，但能喝酒、喜欢喝酒，却是所有壮人形象的共同特征，因此，读完这些壮人形象的故事，你会不由自主地形成一个喜欢喝酒的壮族形象来。

四　情爱观开放宽容的壮族形象

黄佩华小说笔下的壮族人物在情爱观上的态度，与汉族有着鲜明的不同，最突出地表现在他们没有汉族的那般保守，而是显得比较开放和宽容。《杀牛坪》中的韦一刀，是由县畜牧局下到牛轭寨搞牛王配种的，住在黄永平家，天长日久，他竟与黄永平的妻子韦桂兰互生好感并发生了关系，还让韦桂兰怀上了牛蛋。对这种不仁不义的行为，按照习俗是要用笼子装了丢进红河的，但黄永平最后也仅仅是在韦一刀的右耳朵上割出了个V状的口子以示惩罚而已。有意思的是黄永平的遭遇竟又在儿子牛蛋的身上重演，牛蛋的女友香桃因牛蛋有病不能去广东打工，耐不了寂寞竟与同寨子的老黑好上了，而最终牛蛋也用其父亲黄永平的办法在老黑的耳朵上割了个V状的口子。不过，与父亲不同的是，牛蛋这次割的是老黑的左耳。《瘦马》中的瘦马在旧社会里做马帮，风流成性，马帮每到一处都找女人，还留下了种，以致后来差点让不知情的儿子大章要与有血缘关系的"别家"妹妹结婚，而瘦马的妻子则以与流叔、杨部长的通情来宣泄对瘦马风流的抗议。《倾斜的吊脚楼》中的秀媛，也是一个勇于追求情爱的女性，她一生中先后主动地与阿曼、瓦匠老马通情、怀孕、生子，但都不找对方麻烦而独自承担起养育孩子的责任。而她的未婚先孕所受到的惩罚，仅仅是父母给她搭个吊脚楼单独居住而已，后来她还自主地招赘了丈夫。《流浪归来》中的郑德贵来做木工的时候，不仅可以住在寡妇黄嫂家，而且一来二往两人还好上了。当然郑德贵在家里是有老婆的，但黄嫂还是不管这些与他相好。而黄嫂有两个儿子，其中二儿子就去当上门女婿了，要过三年才能带着妻儿回家。这种招赘婚，在壮族是很正常的现象。《杀牛坪》中香桃的爹，也是一个从云南那边过来的上门女婿。《公务员》中吴启明的两个兄长，也因贫穷早就上门入赘去了，而最小的妹妹则为了赡养母亲反而要招上门女婿。这样的"倒错"婚姻，在汉族中是很稀少的。这些壮族人物在爱情婚姻上所体现出来与汉族绝然不同的行为与习俗，无不彰显了一个在情爱观上开放、包容的壮族形象。

五 被迫当土匪的壮族形象

历史上，广西匪患一直都比较突出，主要的原因就是贫穷，不做土匪就会饿死的，所以，旧社会，好多壮族男人都被迫当了土匪，以至于1949 年解放军进入广西之后不得不用几年的时间和精力来剿匪。黄佩华在自己的一些作品中对此有意识地加以了反映。不过，他是带着一种"同情之理解"来写这些被迫当土匪的壮族人物形象的。所以，在他的小说中，土匪都不一律是那种杀人不眨眼的恶魔，而是有好有坏的多面性的人物。在《生生长流》中，他就借农宝田的口说，不当土匪，"没有办法啊，寨老和头人都是，哪个敢不是？你不干，就没人保护你。就跟山林里的野兽一样，不入帮的就容易死"[①]。在《河之上》中，他又借叙述者的口说："1950 年以前的桂西乡村，当地老百姓如果不参加土匪，就不能得到匪首的保护，往往会被歹徒欺凌，甚至性命不保。因此，男人们都会选择跟随土匪头扛枪吃饭，以求保护村寨，保护自己。于是，这一带山区就

---

① 黄佩华：《生生长流》，长江文艺出版社 2002 年版，第 54 页。

出现了十个男人九个匪的情况。"① 虽然在黄佩华的小说中，这种土匪身份的壮族人物形象大都是以群体性的面目出现，但由于数量众多，加上广西曾有土匪多的历史，所以，很容易就给人形成一个被迫当土匪的历史性壮族形象的印象。

六　因穷求变的壮族形象

对于黄佩华小说中的壮族人物形象来说，穷，可以说是他们大多数人的共同底色，但作者并不是一味地强调他们的穷，而是依据改革开放时代的精神，写他们为改变贫穷的面貌所做的各种努力，写穷如何成为倒逼他们求变求富的原动力。比如，《流浪归来》中的主人公天德，因为穷，被迫去流浪，在广东时幸得广州郊区的一老花农的救助，学会了种花、卖花，如果不是出了车祸的话，他还要跟花农的女儿结婚，成为花农的女婿呢。花农的女儿因车祸去世了之后，老花农就给了他一笔钱，让他回家乡利用家乡的资源优势来创业。回乡后，天德根据本地资源特点和市场需求开办了一个养狗场和一个木材加工厂，结果发财致富了，成了当地的一个农民企业家。《杀牛坪》中的牛蛋，在曾在寨子里当过知青的肥佬的启发和鼓动下也加入到了开发家乡的行动中，修路、炸石、卖树，渐渐地有了些钱后，人也变得懂事多了，一改原来"烂仔"的形象。吴建军是《公务员》中的平用村村长，心中一个最大的愿望就是在驮娘河上修一座桥，一座能够走汽车的水泥大桥。光头叔就笑话他说："哪个愿给你几十万的钱来修呢？"吴建军反驳说："要是什么事都不敢想，我们村也不要谈什么改变面貌了。别的村家家户户都起了楼房，可我们还是住泥瓦房，我们这些晚辈的能心安理得！"最后在吴启明的帮助下硬是将桥修好了。杨宝章是《河之上》的主人公，是军阀土匪头目熊镐的孙子，熊大炮的儿子，出身成分臭名昭著，解放后母子两人过得也很艰难，但他在国家改革开放之后，利用时代提供的机遇，承包县里的矿山发了第一桶金，加上父亲熊大炮以前偷偷留下的不义之财——黄金，他又把生意做到了北城，开发国家森林公园，投资北城的房地产，生意做得风生水起，成了北城最有名望的企业家。黄佩华小说的这三个壮族人物形象，可以说是改革开放时代，渴望改变贫穷落后面貌和由此走上发家致富之路的壮族民众的代表，从他

---

① 黄佩华：《河之上》，上海文艺出版社 2016 年版，第 165 页。

们身上我们可以清晰地感受到国家的改革开放政策对壮族产生的巨大影响力，感受到了一个主动顺应时势、因穷求变的壮族形象。

七 迷失的壮族形象

改革开放解放了中国的生产力，开辟了民众发家致富的大机遇，但是也应该看到，在追求财富的过程中，我们也在物质文明和精神文明的建设中出现了一些偏差。对此，黄佩华也给予了关注和反映，表现了自己的忧思和反思。他在《我的高地情结——兼谈桂西北叙事》一文中说："记忆中故乡的山川、河流、植被都变了模样，许多物种也已经灭绝，稻作文明甚至用于耕种的水牛已经渐渐被忽视了。工业污染以及四处飘舞的白色污染，已经难以认出这是原来的桂西北。"[①] 而改革开放之前的"文化大革命"则是另一种偏差。对这两种偏差，黄佩华都用小说来加以反映和思考。在他的小说中，"文化大革命"时期的偏差表现为荒唐的批斗行为，改革开放时期的偏差，主要表现为浮躁、浮夸和急功近利。前者主要体现在《村干与列宁》《生生长流》中，而后者主要体现在《逃匿》《杀牛坪》中。

"文化大革命"时期最流行的就是批斗，也因此衍生出种种荒唐的批斗行为。对此，黄佩华用一种富有喜剧色彩的笔调予以回顾性的叙述，比如，在中篇小说《村干与列宁》中，他就写到，农才武因长得像列宁而在"文化大革命"中被造反派抓来批斗，其父亲被荒唐地逼问：为什么生出长得像列宁的儿子？为什么把儿子养成走资派？而普通民众呢，则因乡村里缺少娱乐，都听说斗农才武好笑，于是就男女老少地都抢着来看来听。有的村为了完成批斗任务，就从别的公社借人批斗，有的则干脆胡乱抓了一个人来就斗，比如有一个生产队甚至把一个经常在被子底下放屁的丈夫也揪出来批斗，说是消除资本主义的流毒，令其妻子无地自容。对于这种荒唐现象的特质，作者则在《生生长流》中作了这样的阐释："谁都预料不到历史会和人开玩笑，然而，这个玩笑毕竟开起来了，而且愈开愈大，后来竟成了一出闹剧，一出悲剧。20世纪60年代中期，这个玩笑开起来了。"[②]

[①] 黄佩华：《我的高地情结——兼谈桂西北叙事》，《文艺报》2011年4月20日。
[②] 黄佩华：《生生长流》，长江文艺出版社2002年版，第104页。

改革开放让中国的发展出现了质的飞跃，但也出现了浮夸、浮躁和急功近利的不良现象。对此，黄佩华的小说《逃匿》也以一种喜剧性的手法来加以反映。小说的主人公韦国庆，只因一位大领导来村里考察扶贫效果时误打误撞地走进了他的家而被动地成了扶贫造假的"道具"。领导考察他家，他也因跟着领导上了电视新闻而成了本地的"名人"。而报道此新闻的记者，也因此获得了荣誉等方面的好处。其他的记者见状，也都想着从他身上挖点新闻，以便荣光一下自己。自此之后，他就被记者们，特别是记者老枪，像山蚂蟥一样粘上了。为了让电视拍得好看，或是为了让各级领导看到他家生活的变化，镇上和村里总是绞尽脑汁想办法来把他家装扮一下，如把一些养殖场或养殖户的禽畜借来放到他家圈栏里饲养。在这样被媒体铺天盖地地横扫了一轮之后，石磨村就不再是原来的石磨村了，而韦国庆呢当然也不是那个原来的韦国庆了。最后，受不了造假折腾的韦国庆在岳父过世之后带着老婆到广东投奔儿子"逃匿"去了。在《杀牛坪》中，黄佩华反映的则是壮族传统优秀文化的消失和乡村环境的日益遭破坏。随着农业现代化的发展，水牛遭到了怠慢，壮族的农耕文化——那文化——也在流失，农机化了稻谷越来越不值钱了，水牛的身价也不像以前那么高了。而省城的美化和开发，带来的则是牛轭寨的大榕树被买走，红河里的石头被当作奇石炸掉卖钱，乡村的环境在逐渐地被破坏。

对以上种种发展偏差现象的反映，体现了作者对壮族发展的忧思与关切。作者以文学的方式提出关切，本意也是为了更好地建设壮族。

从以上的分析，我们可以看到，黄佩华的小说的确为我们建构出了丰富多样的壮族形象，显示了文人书面文学优越的壮族形象建构功能。这为我们倡导用书面文学的形式来建构壮族形象提供了很好的实证依据。

第二节　文人书面文学建构壮族形象的策略

书面文学虽然在当今时代地位早已超越了口述文学，但能不能取得超越口述文学那样的壮族形象建构效果却是一个值得深入研究的问题。从黄佩华的小说创作中，我们一方面看到了书面文学有着壮族形象建构的诸多优势和潜力，但另一方面也让我们看到了，作为一个表述工具的书面文学能不能将这种优势和潜力发挥出来还是有着诸多条件和要求的。达到了，优势与潜力就能发挥出来，否则，不但不能为壮族形象的建构添加助力，反而有可能起到妨碍作用。那么，怎样才能用好文人书面文学这个表述工具来为壮族形象的建构服务呢？下面笔者将以黄佩华的小说创作经验为例来探讨这一问题。要用好书面文学来为壮族形象建构服务，以下几点是必须要做到的。

一　创作题材必须是壮族题材

黄佩华的小说之所以具有较强的壮族形象建构功能，主要是因为他的小说题材都是壮族题材。桂西北壮族的生活习俗、生产方式、地理环境、历史变迁、人文风貌都是其小说题材的来源，于是，像腊月二十八杀年猪、备年货、三月三歌节、吊脚楼、牛角风俗、喝酒习俗、招赘习俗等就构成了其小说壮族人物形象的生存环境，并由此而铸就了其小说人物的壮族身份，进而为建构出壮族形象打下了最坚实的基础。这就给了我们一个启示：文学作品要能建构出壮族形象来，其题材必须是壮族题材。具体而言凡是涉及书写壮族的历史风俗文化、抒发壮人情怀、彰显壮人魂魄、刻画壮人性格的题材，无论是何种书面文学体裁，就都具备了建构壮族形象的基本条件。就像别林斯基在《"文学"一词的概括的意义》中所说的那样："要使文学表现自己民族的意识，表现它的精神生活，必须使文学和民族的历史有着紧密的联系，并且能有助于说明那个历史。"[①] 所以，题材的壮族性，是书面文学能够建构壮族形象的首要因素，因而也是我们用书面文学来建构壮族形象时首先要解决的问题。

二　要对壮族的历史文化、现实生活有深入的了解

文学创作的壮族题材，不是从天上掉下来的，而是源于壮族的历史与现实生活，像黄佩华由于是桂西北土生土长的壮族人，因此，对于生活在这片土地上的壮族的历史、现实、文化与环境，自然十分熟悉，在进行小说创作的时候，壮族题材自然是信手拈来，予取予求的。但对于非壮族身份的作者或者是对壮族的历史与现实生活缺乏深入了解的作者来说，就得非常认真地解决自己的壮族题材的来源问题了。而解决的途径无非两个：一是深入壮族聚居区了解和体验壮族生活；二是通过阅读文献资料深入了

---

① ［苏］别林斯基：《别林斯基论文学》，梁真译，新文艺出版社1958年版，第77页。

解壮族。通过这两个途经积累起丰富的壮族创作素材之后，就不愁没有壮族题材可用了。

三 处理壮族题材的指导思想要正

壮族题材有了之后，接着就面临一个如何处理和表现的问题了。从文学史上看，同样的题材，不同的作者完全可以写出不同风貌的作品来。这是因为不同的作者不仅有着不同的观照题材的世界观、价值观和人生观，而且还有着不同的处理和表现题材的方法。为了让壮族题材能够体现和建构出积极、健康、进步的壮族形象，创作者首先"三观"要正，才能保证在处理题材和表现题材的时候，能够准确反映壮族社会的脉搏和动向，能够传递出向上向善的价值和正能量，避免低级趣味、猎奇或者歧视，以便使所建构出来的壮族形象具有正向的积极意义和价值。黄佩华的小说创作，就是因为指导思想正确，所以，无论是写壮族的好的方面，还是写壮族的不足的方面，都能让我们从中感觉到人性美的光辉。那些壮族人物形象，虽然穷但是却不自轻自贱，也不缺人情味，让人读了觉得很温暖，也很有热度。这就是作者能以正确的思想来处理壮族题材的结果。

四 处理题材时民族意识与国家意识要相携而行

在处理壮族题材的时候，还有一点要注意，不可将书写壮族题材，理解为只是封闭地写壮族，因为这样的反映并不符合壮族现实生活本身的实际，现实中并不存在一个封闭的壮族。新中国成立之后，壮族作为中国56个民族的一员，是在中华民族大一统体制下生活的民族，它的兴衰荣辱是与大一统的中国息息相关的。因此，从现实生活看，就没有一个封闭的自成一体的壮族存在。即便是从历史来看，自从秦始皇统一岭南之后，壮族就已经结束了自为的状态而与中原各王朝、中原各地发生了各种实际的联系，孤立自足的壮族早已不复存在了。因此，无论是书写现实的壮族题材，还是书写历史的壮族题材，都不存在着可以封闭式地书写壮族的客观生活条件，如果违背这一条件而硬写，就会导致作品失去真实性，进而导致作品难以在艺术质量上立得住和作品壮族形象建构功能的丧失。

因此，作家在处理壮族题材的时候，不仅观念上要有民族意识与国家意识相携而行的意识，而且还要在实际的书写中将两者水乳交融地结合在一起书写，让国家意识、国家形象以或隐或显的方式在场，这样写出来的作品才是符合壮族的客观实际的、具有真实性的作品。像黄佩华的小说创作就很好地做到了这一点。他的小说表面上直接写的大都是桂西北土地上的壮族人的生活，但是背后总有国家生活的影子在。这些壮族人的生活命运其实都是国家命运的投射，所以，无论是在他的历史题材的作品中，还是在他的文化大革命题材的作品以及改革开放题材的作品中，你都可以鲜明地感受到国家政治风云在其中的激荡。这样的一种处理，让他的作品既有深度也有厚度，获得了一种超越壮族性之外的普遍性意义，大大地提升了作品的艺术魅力，使他的作品，不仅让外族的人读了觉得新鲜，就是本族的人读了也觉得很有意趣。可见，创作者的民族意识如果与国家意识相携而行的话，不仅可让作品的壮族形象更有厚实感，而且还可以提升作品的艺术魅力。这就足见民族意识与国家意识相携而行对于壮族题材作品创作的必要性了。

五　作品在艺术质量上要立得住

有了壮族题材，又有了正确的指导思想和民族意识与国家意识相携而行的观念，作家创作出好的壮族题材的作品也就具备了基本的前提条件了。接下来，所要做的就是充分发挥个人的创作才能，努力创作出艺术质量上乘、立得住的作品。因为艺术质量不行、立不住的作品，一是愿意读的人也相应地少；二是塑造壮族人物形象的水平相应的也就比较差，进而建构壮族形象的能力也就不强。这样，想借助创作书面文学来达到壮族形象建构的目的也就很难了。

而作品的质量高不高跟作者的创作能力、创作水平有很大的关系。如果作者创作能力和创作水平足够高，那么，创作出艺术质量上乘、立得住的作品的可能性也就比较大。所以，有志于壮族题材创作的作者要注意磨炼和提高自己的创作水平。而艺术质量好的作品通常也都有一些共同的特征，如思想内容上有对真的洞见、对善的讴歌、对美的颂扬，对生活本质的揭示和对向上向善的价值的追求，艺术上则显出有意境、有意趣、有意蕴，还有审美上能够温暖人、感动人。壮族题材的作品如果具有了这些特征，那么，其在艺术质量上立得住也就不是什么难事了。黄佩华的小说就是在思想和艺术上比较接近了上述的标准而占据了广西文坛的显著位置，在全国也有一定的影响。这为他的作品具有较强的壮族形象建构功能及释放能力奠定了重要的基础。

六 作品还要传得开

艺术质量高作品自然就立得住了，作品的壮族形象建构功能的生成也有了充分的艺术保障，但是光有这一点还不足以保障作品的壮族形象建构功能也能获得顺利而充分的释放，因为这还需要有较大的读者群来做基础。而在当今信息化、图像化和市场经济叠加的时代，书面文学实际上是处于边缘化的地位，即便是质量上乘的作品，如果不作宣传或者不被改编为影视作品，也是不广为人知的。而当作品处在这样的地位的时候，其所蕴涵的壮族形象建构功能就只能是潜在的，而不能转化为现实的、可以让人感受得到的壮族形象建构效果，因为作品的这一建构效果是要体现在每个读者的阅读体会中的。读者不读、不知作品，也就意味着作品的壮族形象建构功能无从释放，永远处于潜在的状态。

为此，作家就要主动为自己的作品站台了，比如召开作品新闻发布会、新书签售仪式、新书品鉴会，或者是在报纸、杂志等媒体发表有关新书的文学批评文章，或者通过自媒体如个人公众号、朋友圈、QQ空间发布有关作品的信息。现在互联网发达，也为作家发布作品信息提供了方便的路径。当然，如果能够有机会改编为电影和电视剧的话，那也是一个扩大作品知名度的极好机会，因为影视作品的受众比较多，一旦引起反响，就会反过来吸引读者去找原著来读，所以，改编实际上也可以起到扩大作品壮族形象建构效果的作用。总之，无论是从市场经济时代的角度看，还是从信息化时代的角度看，都有作家要为自己的作品吆喝和做广告的内在需求。这可以为作品很快传开起到促进和增效的作用。像黄佩华就很重视为自己的作品做广告和吆喝，他为此搞过签售活动和召开过专门的作品发布会。所以，书写壮族题材的文学作品，不管是从提高作品的知名度考虑，还是从扩大作品的壮族形象建构效果考虑，都有设法为自己的作品做广告和宣传的必要，以便让作品能在更大的范围里传播开来并释放出更大的壮族形象建构功能。

此外，如果有条件，作家还要争取面向外国人推荐和翻译自己的作品，这样就可以将作品的壮族形象建构功能释放到外国去，让更多的外国人认识壮族和了解壮族。像广西作家东西不仅将自己的作品译介到国外，而且还带领广西的一些作家一起走向世界，在他看来，文学要繁荣，离不开有才华和勤奋的作家，同样也离不开精品力作和推广。在他的推动和带领下，2017年，"八桂学者文学创作岗"的广西作家作品，成功"试水"越南市场。2018年，他与凡一平、朱山坡、田耳等的小说，被翻译成俄文、瑞典文出版，俄文版《广西获奖小说集》《广西诗歌集》相继出版。① 这就启示我们，如果含壮族形象建构功能的作品，走向海外，将会获得更广泛的读者，也将因此而让更多的人了解壮族。

综上所述，我们可以看到，以书面文学为手段来建构壮族形象，是一个系统性的复杂工程，需要遵循一整套的系统的规律，采取相应的具体策略，才能保证壮族形象建构目的的实现。

第三节 文人书面文学建构壮族形象面临的问题及其解决

以书面文学来建构壮族形象的榜样有了，要遵循的规律和具体运用的策略也有了，总该可以信心满满地去进行壮族题材的创作了吧？但实际上并非如此，因为并不是每一个作家都能像黄佩华那样自信地染指壮族题材，在一些作家的心中似乎还有一些心结在妨碍着他们义无反顾地投入到壮族题材的创作中去。这些心结不除，就难以有具体的创作行动的产生，它们也因此而构成了文人书面文学建构壮族形象所面临的问题。那么，这些心结都有哪些呢？概括起来大致有以下几个方面。

一 认为写壮族题材不容易取得创作的成功

一些创作者总觉得壮族题材土气、题材面狭窄，写壮族题材很难取得成功，似乎壮族题材成了决定作品成败的决定性因素。但放眼文学史，就可以发现这个观点根本就站不住脚，因为在众多的题材中，每一种题材都既有成功之作，也有平庸之作。比如，从性质上看，题材通常被分为工业题材、农业题材、军事题材、公安题材、反腐题材、财经题材、教育题材、民族题材、历史题材、玄幻题材、穿越题材、武侠题材、谍战题材、言情题材、青春题材等等。在这些众多题材中的每一种，都曾经出现过热销、热看、热读的作品，但也有不少平庸的作品。所以，作品成不成功，

---

① 林雪娜：《东西："文学桂军"与改革开放同行》，《广西日报》2019年1月3日。

与题材是没有直接关系的，而有直接关系的则是作者的创作能力、创作水平以及相关的胆识。如果作者胆识过人，能够敏锐地发现和触及读者所关心的各种现实问题，并且表现得生动、感人，那么，就很容易引起读者的关注，进而造成高收视率或者高阅读率，名气、名声也就出来了。像2017年热播的反腐电视剧《人民的名义》，就因为敢于触碰大家普遍关注的腐败和反腐问题，而很快引起了观众的连锁性的关注，而且还带动了小说的热销。

再有，近几年来出现一些热播剧，而它们的题材也是多种多样的。从国别看有韩剧、美剧，从国内看，则有谍战剧《誓言无声》、有宫斗剧《甄嬛传》、有古装历史剧《琅琊榜》和《芈月传》、有玄幻剧《花千骨》和《三生三世十里桃花》、有穿越剧《步步惊心》等。更往前的热播剧有武侠剧《射雕英雄传》、言情剧琼瑶系列、古装剧《还珠格格》等。这些轮番出现的热播剧，题材各异，但都有它们感动和吸引观众的地方。当然，与它们同类题材的电视剧中，也有一些被网友吐槽的"烂剧"。由此可见，题材也不是造就热播剧的首要原因，题材也不是决定创作是否成功和出名的关键因素。

对于壮族题材，也应该如此看。虽然壮族题材至今也还没有出现过热播的电视剧和热销的小说，但根本不在壮族题材本身，而是创作者尚未做到最好。所以，对于壮族题材，创作者所要焦虑的不应是壮族题材本身，而应该是如何去写好它。端正了对这个问题的认识，创作者就应该卸掉不该有的心结，轻装上阵，并将重心放在如何提高壮族题材的表现质量上，这样必将能够促进壮族题材创作的发展，进而滋养起自己对于壮族题材的自信心。

二 认为非壮族身份难以写好壮族题材

这主要是一些非壮族身份的作家们的担心。这些作家担心自己不是壮族，对壮族了解不深，所以，就怕写不好壮族题材。这样的担心是有一定的道理的，因为不了解，连写下去都不可能，更谈不上写得好了。但人是活的，只要有心，愿意学习，就完全可以由不了解转向了解，然后在由此基础上开始写，并且写得比纯正的壮族人还要好，这都是有可能的。对于那些生长于广西的非壮族作家来说，这种学习其实并不难，因为长期的壮汉融合，早已使广西的许多文化习俗都是壮汉浑融型的了，好多习俗文化都是汉族和壮族共享、共有的了，这使非壮族身份的广西作家，学习和了解起壮族文化习俗来，其实一点也不难了，况且其中还有不少人还是壮、汉"混血"的呢。这一类人由于姻缘和亲缘横跨壮汉两族，具有较为开阔的民族文化视野，所以，写起壮族题材来优势其实更加明显。这一方面，我们国内就有很好的旁证，比如现代文学中的沈从文和当代文学中的阿来，就都是汉族和少数民族"混血"的。

沈从文是现代文学中一个比较独特的作家，曾经一度默默无闻，但是20世纪80年代后突然就红火起来，1988年甚至还曾成为诺贝尔文学奖的候选人，要不是因为已经早几个月去世，否则很可能就获得了诺贝尔文学奖了。而如果我们以民族身份去看他的创作，就会觉得很有意思。从民族身份看，沈从文也是"混血"的。其祖父是汉族，如果从父系血统来看他当然属汉族，早年亦以汉族人自居，但其祖母刘氏是苗族，其母黄素英是土家族，这种多民族成分的交融，使沈从文也拥有了多民族的文化视野，只是他本人则更倾向于认同苗族，所以，到了晚年时他改为苗族了。而他的创作也很好地体现了他这一民族身份的选择。他的大部分作品都是写苗族风情或者与此相关。从沈从文的创作实例中，我们可以看到，"混血"的民族身份着实为他顺利地进行少数民族题材的创作提供了得天独厚的条件。无独有偶，四川当代作家阿来，在民族身份上也是一个"混血"的作家，用他的话来说就是"远缘杂交"。他的父亲是一个把生意做到川西北藏区的汉族人，母亲则是藏族人，但由于生长在藏区，他的民族身份取的是藏族。但他在与汉族的妻子结婚之后，又给自己的儿子取回了汉族身份。这样的一种多民族身份的"杂交"与转换，也使阿来形成了很独特的关于作家的民族身份的看法。他一方面很反感人们给他贴上"藏族文学家""少数民族文学家"的标签，他说："我只喜欢我是文学家。世界上哪有在文学家前面贴民族标签的？什么时候讨论文学会先把这个东西绑定在文学前面"，但另一方面又不妨碍他在写作题材上的藏族偏好，他说："我觉得我的归宿感很强。一是我背后的山川土地，不管对这个族群文化怎么命名，我就是它的一部分；二是我作为一个文学写作者，我生活在这个语言当中，语言就是我的宗教，语言就是我的信仰。"① 我

---

① 参见《阿来：我有很强烈的归宿感，文学是我的精神宗教》，（2017-05-31），http：//cul. qq. com/a/20170531/003271. htm？pgv_ ref=aio2015&ptlang=2052。

们广西的汉族作家应该从沈从文和阿来的身上得到启发,产生壮族题材创作的自信心。

沈从文和阿来的创作,让我们看到了,其实民族身份根本就不是少数民族题材写作的障碍,自然也不是壮族题材写作的障碍,在某些情况下倒还是创作的一个优势。对此,我们不应该有什么担心和纠结的。你只要能够像沈从文、阿来那样在心灵上热爱和认同这个少数民族的语言、文化、历史与山川,那么,即便你的父系民族身份是汉族,你也可以为这个少数民族代言。同理,如果你热衷于壮族题材,那么,你当然也可以为壮族代言。

三 对如何写好壮族题材心里没有底

有些作家之所以在写壮族题材这个问题上犹豫不决,则是因为不知道怎样才能写好壮族题材,换句话说就是,不知道写好壮族题材的标准到底是什么。对于壮族题材创作经验不多的作家来说,有这样的担心,是很好理解的,但是完全可以从已经成功的作家身上汲取经验,获得启示和信心。在这方面,黄佩华、沈从文和阿来都从各自的角度为我们提供了写好少数民族题材的经验。

黄佩华小说创作的名气,虽然还比不上沈从文和阿来,但是从壮族题材的创作来看,他在目前算是顶尖的了,因为到目前为止,再也找不到一个名气和创作如他那么大的壮族题材作家了。而他的这一名声的得来,也绝不是仅仅因为写了壮族题材,而是在写壮族题材的时候表现出了超越壮族的普世性内蕴。黄佩华的小说很多都没有刻意地标明是写壮族,但是由于写的故事发生地是桂西壮族聚居区,人物的生活风俗也大都呈现为壮族特征,所以,他的小说题材也就被认为是属于壮族题材了,但他从题材中所挖掘出来的意蕴,却绝不仅限于壮族范围的意义,其小说感人之处也不在于其内容的壮族特色,而是从这些壮族题材中所散发出来的普遍人性的内容。比如,他 2016 出版的长篇小说《河之上》,写的是北城四大家族廖、熊、龙、陆之间跨越时代的爱恨情仇的故事。对这四大家族,黄佩华并没有明说谁家是壮族,只是在叙述中通过人物的口或者叙述者的口,让读者大概知道了龙家是本地的土著人,而陆家则是从北城之外别的地方迁来北城行医的,廖家则来自广东,熊家则来自湖南。民族成分一律不明,但是由于故事的发生地北城是壮族聚居区,所以,大家也都推定黄佩华这小说写的也还是壮族题材。小说中自然写到了涉及桂西北壮族的历史、生活习俗、生活环境、人情交际、生产方式的内容，但是小说最令人感动的并不是这些壮族的特色内容，而是由这些特色内容所呈现出来的普遍性的人性内涵，如由时代变迁所产生的人世间的悲欢离合以及由此引发的人情冷暖、人性善恶、世态炎凉的无常转换所给予人的各种震撼、思考与感慨。这些普遍性的人性内涵超越了壮族性，因而大大地提升了小说在读者中的共鸣度，进而也提高了小说的品质。这就很好地说明了壮族题材的成功标准，就是看你的作品是否表现了具有普遍性的令人感动的人性内容。而沈从文和阿来的创作也旁证了这样一个标准。

  沈从文的作品以描写湖南湘西苗族的生活出名，但促成其成名的却不是作品中苗族的生活本身，而是从中表现出来的具有普世性的人性美。他的《边城》就是以表现边城人的人性美而出名的。小说中的翠翠，就被他写得犹如优美的山川一般自然纯美："触目为青山绿水，一对眸子清明如水晶，自然既长养她且教育她。为人天真活泼，处处俨然如一只小兽物。人又那么乖，如山头黄麂一样，从不想到残忍事情，从不发愁，从不动气。平时在渡船上遇陌生人对她有所注意时，便把光光的眼睛瞅着那陌生人，作成随时都可举步逃入深山的神气，但明白了面前的人无心机后，就又从从容容的在水边玩耍了。"她的爱情憧憬，也同样的自然纯美而又浪漫。在作者的笔下，翠翠可以伴随着傩送为她上山唱的情歌声而在睡梦中"飘浮起来"，"飞窜过悬崖半腰"，去摘象征美好爱情的"飞耳草"，多么美妙而纯真。而翠翠的祖父——一个老船夫，则被沈从文写成了善的化身，他不辞辛苦，跨代承担着呵护养育孙女翠翠的重任，翠翠长大了，又为翠翠的婚事操劳，虽然最后因为沟通的不畅和各种误会，他的美好愿望没能实现而是在一个雷雨交加的夜晚遗憾地死去，但也正是这一层人性的悲哀，更增添了他的人性善所具有的感人力量。具有淳朴人情美的还有边城的其他众人。翠翠的祖父死后，船总顺顺和寨里人都来帮忙安置后事，"家中的人进进出出"。船总顺顺扛了一口袋米、一坛酒、一腿肉。他甚至商量把翠翠接回家中，做二佬的媳妇。船总顺顺虽为当地的首富，但他从不以财富欺人，他明事明理、正直和平、豪爽大度、乐善好施，"凡因船失事破产的船家、过路的退伍兵士、游学文人，凡到这个地方，闻名求助他的人，都尽力帮忙"。整个"边城的世界"，就浸润在这样一个人情美和人性美的天地中，显得是那样的原始、安详与淳朴，读来恍如进入到了一个与世隔绝的"桃花源",人世常见的喧嚣纷扰、尔虞我诈、相互倾轧,在这里全无踪影。而这正是作者所追求的优美的人生境界。他说在《边城》里:"我要表现的本是一种'人生的形式',一种'优美,健康,自然而又不悖乎人性的人生形式'",要"为人类的'爱'字作一度恰如其分的说明"。他之所以在被冷落了很长一段时间之后还能在20世纪80年代被人们重新发现和认同,就是因为他能够从苗族题材中表现出这种具有普世性的人性美内容。

而对于自己的作品这样的命运,沈从文似乎早已预料到,在1936年时,他就说过:"这一本书一到了批评家的手中,就有了花样。一个说'这是过去的世界,不是我们的世界,我们不要。'一个却说'这个作品没有思想,我们不要'。"但沈从文不为所动,他说:"虽然如此,我还预备继续我这个工作,且永远不放下我一点狂妄的想象。以为在另外一时,你们少数的少数,会越过那条间隔城乡的深沟,从一个乡下人的作品,发现一种燃烧的激情,对于人类智慧和美丽永远的倾心,康健诚实的赞颂,以及对于愚蠢自私极端憎恶的感情","如果觉得完全失望了,不妨把我放在'作家'之外,给我一个机会,到另外一时,再来注意我的工作","我希望我的工作,在历史上能负一点责任,尽时间来陶冶,给他证明什么应消灭,什么宜存在"[①]。沈从文这话,后来果然应验了。到了20世纪80年代,经过夏志清等海外华人学者的阐释和"文化大革命"的人性浩劫之后,国人才忽然感觉到沈从文创作中这种人性美追求的可贵性。于是,有人因此称赞他为"世界的真正公民"和具有"公民精神"的作家。也只有到了这时,人们才真正体会到了他曾经说过的:"照我思索,能理解我;照我思索,可认识人。"[②] 这里所谓的"认识人",主要指的就是认识人性的美。而他也正是靠在创作中对这种具有普世性的人性美的揭示,才没有被历史的激流险滩冲洗出局的。

像沈从文一样,阿来的作品也曾一度不被人看好,他的小说代表作《尘埃落定》1994年写好了之后,先后被十几家出版社拒绝。直至被人民文学出版社编辑慧眼识珠,给予正式出版之后,命运才来了一个大的转

---

① 沈从文:《〈从文小说习作选〉代序》,载《沈从文别集——边城集》,岳麓书社1992年版,第29—36页。

② 参见《太阳下的风景——纪念沈从文诞辰110周年》,(2012-12-28),http://book.ifeng.com/special/shengcongwen110/。

折。小说 1998 年 3 月出版了之后，出乎意料的卖得好，并一版再版，面世第一年，就创下了销售 20 万册的奇迹。2000 年，阿来也凭借这一小说获得了茅盾文学奖，成为该奖成立以来最年轻的获奖者。自出版至今，该书已被翻译成 30 多个国家语言出版，印数达 100 多万册，并被认为是历届茅盾文学奖中最好的作品之一。而细读阿来小说，就可以发现其成功之处不在于藏族题材的神秘与独特，而在于其所具有的超出藏族、藏地的普遍性意义。比如，从主题思想来看，《尘埃落定》里所涉及的权力、英雄、宗教、信誉、仇杀、爱情等话题，都是具有普遍性意义的母题，只不过在作品里是以藏族题材来呈现而已。从人物形象看，小说中的主要人物都具有超越藏族性的普遍概括性，比如老麦其土司就既代表着整个土司阶层和土司权力，也代表着那些私欲膨胀的聪明人和人性中的无限的私欲与贪婪；翁波意西书记官等人则既是藏族民族文化精神的载体和象征，也代表着积极的信仰力量，是先进理念的文化符号；傻子二少爷则是土司少爷，表面上傻，但实际上所作所为却又显示出他的聪明，代表着大智若愚的一类人，也是人类智慧的另一种表现形式。从作品表现的对象来看，《尘埃落定》表面上书写的是藏族嘉绒部族的历史，而实际上从中我们可以看到人类历史深处的某些文化秘密，比如权力的滥用与蛮横等内涵。这种从藏族性显示出普遍性意义，正是阿来有意追求的结果，正如他自己所说的："写作一定是把自己和整个社会、整个人群联系起来，让我们看见，深入到社会当中一些东西去。"[①] 2014 年 1 月出版的历史纪实文学《瞻对：终于融化的铁疙瘩———一个两百年的康巴传奇》，阿来也同样秉承这一创作追求，他说："这部地方史正是整个川属藏族地区，几百上千年历史的一个缩影，一个典型样本。"[②]

相反，如果创作民族题材的时候，只着眼于宣示民族性，想以民族特性来吸引人而忽视普遍性内涵的发掘和营造，获得的则可能只是昙花一现的荣光而难以有持久的魅力。这方面，藏族的万玛才旦和侗族的丑丑的电影创作就是一个很好的明证。他们两个人都有一个共同的创作理想，就是力图向外界展示一个原生态的藏族和苗族、侗族的生活与文化，以避免由

---

① 参见《〈尘埃落定〉作者阿来：小说的深度实质是情感的深度》，（2013-07-16），http://fangtan.people.com.cn/n/2013/0716/c147550-22217719.html。
② 参见《朱维群阿来对话：过分强调民族差异 不利于国家认同形成》，（2015-05-31），http://news.ifeng.com/a/20150531/43876620_0.shtml。

外族人来表现本族生活时所常出现的"篡改"与不实。为此,万玛才旦在拍摄电影《静静嘛尼石》(2005)时,不仅以代表藏人精神祈愿的"嘛呢石"来命名自己的影片,而且影片全部采用藏语对白和非职业的藏族群众来进行本色的演出,以近乎纪录般的影像风格展现小喇嘛从大年三十到初三这几天所经历的简单琐碎的日常生活,以求将本真的藏族文化生活原原本本地呈现给观众。他的这一表现策略,也确实在一定时期里获得了外族观众的青睐。够新鲜、够独特,这应该是外族人观此电影的第一感觉。这一特性,也让影片一举夺得第 24 届加拿大温哥华国际电影节"龙虎"特别提名奖、第十届韩国釜山国际电影节"新潮流"特别奖等多个奖项,但是对于土生土长的藏族观众来说,这种完全日常化的影像很难吸引他们,觉得没什么意思。而对于外族观众来说,当那种新奇感过去了之后,还能保留有多少审美的兴趣,则还是一个疑问。同样,丑丑所拍摄的《阿娜依》(2006),号称要对苗侗文化进行全景式的展览,影片也很好地满足了外国观众的好奇心,在 2007 年 9 月法国举行的第三届中国电影节上"闪耀巴黎",一定程度上实现了她的"带着我的民族走向世界"的愿望,但是影片同样因为缺乏普世性的内容而让本族观众觉得很平淡。这是影片没有表现出超越本族性的普世性内涵而导致的影片对于本族人的审美失效,而对于外族人来说,则存在着一个审美持久性的问题。所以,这两部影片在国内其实都没有什么名气,很多人都不知晓。

上面所述的正反两方面的创作实例告诉我们,作为民族题材之一种的壮族题材的创作成功的标准是有的,这标准就是要能够在壮族性中表现出普遍的人性和社会性内涵来。这样作品才能打动更多的读者,也才能产生出持久的审美魅力来。有意于壮族题材的作者只要能够自觉地以这一标准来衡量和要求自己,扎实地走好每一步,就有希望达到这一标准。

也许有人会说,这一标准不仅是民族题材、壮族题材的成功标准,而且也是其他题材创作的成功标准,因为其他题材也只有从中表现出了普遍性的人性内涵才会感动人。这样一个所谓的成功标准对壮族题材和其他民族题材的创作来说,好像没有唯一性和排他性,它还具有针对性的指导意义吗?

首先,我们要认识到,壮族题材、民族题材以及其他类型的题材创作其实都属文艺创作,它们有着共同的成功衡量标准,一点也不奇怪。所以,不应该凭借这一点而否定这个标准对于壮族题材和民族题材的合理性。

其次，也要认识到这个共同的成功标准并不否定，也不掩盖各个创作个体的创作个性和民族题材的个性化，因为这个标准只是针对所有创作个体的最终表达效果，并不限定它们通达此最终目的的方法与途径。"条条大路通罗马"，只看目标，不管路径，这就是这一成功标准的特性。而事实上每一个创作者通达这个创作成功标准的民族性路径也的确是不一样的。比如，黄佩华的壮族题材路径就不完全同于沈从文的苗族题材路径，而沈从文的路径也不同于阿来的藏族题材路径，他们有保持自己创作个性的充分自由，就像沈从文所说的："一切作品都需要个性，都需要渗透作者的人格和感情，想达到这个目的，写作时要独断，要彻底地独断！""不特读者如何不能引起我的注意，便是任何一种批评和意见，目前似乎都不需要。如果这件事你们把它叫作'傲慢'，就那么称呼下去好了，我不想分辨"，"先生，不瞒你，我就在这样态度下写作了近十年"，"我只觉得我至少还应当保留这种孤立态度十年"，"目前我的工作还刚刚开始，若不中途倒下，我能走的路还很远"①。而阿来也很同样强调文学创作的个性化，比如在关于文学经典的认定标准时，他就说："我觉得每个人自己选择吧，每个人自己坚持自己应该坚持的要求吧，我觉得至少我们在物质生活层面，都这么介意标准，我们平时不是精神说得更高嘛，为什么到了精神层面、情感层面，就愿意放弃任何标准呢？大家问问自己这个问题，不要老问别人看法，多问自己"，"在中国这个社会，我们中国人都是从众的，被流行操作，其中一个最大的理由就是我不想坚持什么，因为我就想和大家一样，很多问题就是这样出来的，或者我们老要问某一个人特别的看法。我觉得我们每个人都是按照自己的标准就可以了，不要跟从太过流行的、时尚的，用这种商业元素包装的东西就可以了"②。优秀作家的创作其实也是按照各自的个性组织题材和创作的，只是这些个性化的创作路径，最后都达成了表现普世价值的共同特征，而一旦达到这样的表达效果，就是好的作品。像歌曲创作也是如此。列侬与妻子小野洋子合作的歌曲 *Imagine*，就因表现了某种全球性的普世价值而曾一直占据音乐排

---

① 沈从文：《〈从文小说习作选〉代序》，载《沈从文别集——边城集》，岳麓书社1992年版，第28—29页。

② 参见《〈尘埃落定〉作者阿来谈"当下，我们的经典还剩多少"》，（2013-07-16），http://live.people.com.cn/bbs/note.php?id=57130712141835_ctdzb_062。

行榜榜首的位置,歌词正如歌名,让听者思绪飞扬,尽情遐想。

总之,黄佩华、沈从文、阿来、列侬与小野洋子的创作,都在说明尽管民族性的表达有着根本的不同,但这并不妨碍他们最终所达成的普遍性效果是一样的。由此可见,壮族题材与其他题材的创作有着最终的同一衡量成功的标准,并没有什么不妥之处。它也无损于壮族题材的创作个性和民族性,但对鼓励壮族题材创作的成功,却有着不可估量的意义,因为有了这个目标,创作者就可以在壮族题材创作之始,就做到心中有数,心中有底,信心、动力自然也就很足了。

四 认为民族性不合潮流

有些作家对壮族题材创作没有信心,是因为觉得壮族题材像其他民族题材一样总给人一种土气、偏僻、狭小、落后的印象,难以立马获得读者的关注与认同,知名如沈从文和阿来的作品,不也曾因这个遭过冷遇吗?

这样一种担心,好像有一定的合理性。比如,有的评论家就说,在全球化的浪潮下,随着文化同质化现象的增多,文学的民族属性的确有减弱的趋势,像朝戈金就认为,这个趋势的出现,与人类活动半径大幅度增加、全球经济一体化导致的交流更加频繁、移民浪潮空前高涨、占据支配地位的强势文化整合(包括语言同化)效应增强等都有关系,因为所有这些因素,大多朝向削弱个体或群体民族属性的方向发展,从而使得民族身份越来越难以从众多的身份认同的多维尺度中凸显出来。[①] 于是,在当下的文学创作和文学批评中,一些作家和批评家将民族性视为本土文学生长的障碍,"祛除民族性""追求普适性"因而成为一种潮流。但这样一种潮流真的是一种有生命力的潮流吗?

持这种观点的人恐怕忘记了一个著名的观点了:"越是民族的就越是世界的。"在全球化时代,民族性却是书面文学具有世界性的前提条件之一,因为民族的优秀的东西,可以成为全世界人民都喜欢欣赏的东西,当然民族的落后的东西不在此列。这告诉我们,民族的东西只要是积极、健康的、进步的,就属于优秀的,就能具有世界性,就能合乎潮流,而不是土气、落后的代名词。这是进行壮族题材创作时要明确的观念。

此外,民族的东西要想成为世界的、合潮流的,还有一个途径和办

[①] 参见朝戈金《重建文学的民族性》,《人民日报》2014年4月29日。

法，就是要用世界通行的方式来加以表达和转化。就像阿来所说的那样："民族的东西要成为世界的东西，有一个前提，采用全世界大家共用的话语方式，今天已经是一个全球对话的时代，首先我们从小说形式和语言上讲，也是世界性的。第二个，可能平台是民族的，但是，我们里面牵涉的世界观、价值观，应该是世界的，和世界共通的。因为我们不可能提出一个特别奇怪的价值观。所以我们就可以说，只有和世界进行沟通，民族的东西才会触动产生意义。我觉得民族的有可能成为世界的，但是，绝对不是所有的民族的东西就自动地成为世界的。"[1] 当民族的东西以一种世界性的话语来加以表现的时候，实际上就是进行了世界性的转化，那么，外国人就可以用他们熟悉的方式来接受异族他者的东西了。所以，民族的东西是可以通过用世界性的形式进行创造性转化而成为世界的、符合潮流的东西。这是我们进行壮族题材创作的作者所应该具有的另一理念。

我们与其一味地抱怨民族的东西土气、落后，为何不转换一下思路，用一种世界性的或者符合潮流的方式去对之加以创造性的转化。这样不仅可以创作出符合今天的读者口味的作品，而且还可以让民族的东西发扬光大，并且让作品的壮族形象建构功能获得更充分的释放。如此来看，民族的东西并不是必然的落后的东西，在某些时候，关键还得看你有没有转化它的能力。所以，与其担心壮族题材的民族性不合潮流，还不如担心和专注于提高自己转化壮族性为世界性和潮流性的能力。明了此道理，一切有志于壮族题材创作的人，都应该可以放下这种不切实际的担心和纠结，放心地投入到壮族题材的创作中去了。那种认为民族的东西不合潮流的思想，应该可以终结了。

综上所述，我们可以看到，围绕壮族题材创作的种种心结，实际上大多都有点杞人忧天的味道，因为所忧之问题其实都是似是而非的，不应深受其扰。当然，最终要破除这些心魔还是要依赖实实在在的壮族题材创作的实绩。因为有了创作的实绩，信心自然也就有了，那些不切实际的担忧，也就不存在了，就能像黄佩华那样自信地说"我更愿意把我的精力奉献给我的家乡和广西"了。而要达到那样的创作实绩，最好也要像黄佩华以自己的家乡为创作根据那样形成自己的"壮族题材创作根据

---

[1] 参见《〈尘埃落定〉作者阿来谈"当下，我们的经典还剩多少"》，（2013-07-16），http://live.people.com.cn/bbs/note.php?id=57130712141835_ctdzb_062。

地"。有了这一坚实的创作基地，壮族题材才能充盈，然后潜心用力，长期坚持，在天赋的助力下，相信定会有久久为功的回报。这样，书面文学成为当今壮族形象建构领域中的一道独特风景，也就有了扎实的基础了。

第八章

仪式活动的壮族形象建构

追求仪式感，是人类的一种共通的心理，而这也直接导致了仪式活动的普遍化，在任何一个社会里，都会有种类繁多、形形色色的仪式活动，因为人们总是希望通过仪式活动赋予某些人、事、物以特别的意义。壮族社会也不例外。从现在来看，既存在着传统的仪式如婚丧仪式、添粮仪式、求花仪式、祝寿仪式、祭祀仪式等，也存在着各种新创的仪式活动如各种新造节日的仪式活动，如田阳布洛陀民俗文化旅游节和宁明的骆越王节的意识活动以及武鸣罗波的骆越始祖王祭祀仪式活动等，这都是在新时代发展旅游文化的热潮下新创的较有名气的仪式活动。而无论是传统的仪式活动，还是新造的仪式活动，都因浓厚的壮族文化氛围而具有比较强的壮族形象建构功能，通过观看这些仪式活动，人们都可以从中获得不同角度的壮族认知，进而形成了丰富多样的壮族形象。因此，本章在这里聚焦于壮族社会里普遍存在的仪式活动，分析其中三个比较典型的祭祀仪式活动的壮族形象建构功能，并由此出发探讨新时代以仪式活动来建构壮族形象的共性规律。

第一节 布洛陀祭祀仪式活动的壮族形象建构

所谓布洛陀祭祀仪式，是指现今每年农历三月初八在田阳县敢壮山举办的祭祀壮族人文始祖布洛陀的大型祭祀仪式活动。这一大型的祭祀仪式活动，自2003年开始，是百色布洛陀民俗文化旅游节的一个重要的组成部分。除了祭祀仪式活动外，旅游节活动还有："布洛陀之夜"文艺晚会、歌圩活动、经贸活动、文体活动等。由此可见，布洛陀祭祀仪式是一个出于发展旅游经济和非遗保护传承目的而利用壮族民间文化元素重构出来的一个新型的大型祭祀仪式活动。作为百色市布洛陀民俗文化旅游节的一部分，祭祀仪式活动自然是与百色市布洛陀民俗文化旅游节是相互依赖，相辅相成的，而其中浓郁的壮族民俗文化元素，使得布洛陀祭祀仪式活动本身具有鲜明的壮族形象建构功能，观众通过这一仪式活动及其缘起，大致可以感受到如下几个方面的壮族形象。

一 具有强烈寻根意识的壮族形象

布洛陀祭祀仪式，祭拜的是被尊称为壮族人文始祖的布洛陀。而之所以在敢壮山上举行祭祀仪式，是因为敢壮山被认为是"布洛陀古居"的所在地。这个发现最早是广西著名壮族诗人、词作家古笛先生。他2002年6月26日就是怀着"寻找老祖宗的老家"的心愿登上敢壮山并从当地人"敢壮"的发音中直觉地"发现"敢壮山就是布洛陀遗址。为此，他还非常激动，几乎想大声欢呼："啊！我找到了，找到我的根了！"[1] 因为他一直把寻找布洛陀遗址当作是自己最大的心愿，并发誓"找不到它的老窝死也不瞑目"。而后，南宁国际民歌艺术研究院的彭洋对古笛的这一发现进行了不遗余力的宣传、鼓动和阐释，认为古笛先生的这一"发现"具有"了却分布于全国乃至世界各地数千万壮民族及壮泰语系民族寻根问祖的文化情结，也将揭开壮族'根'在何处的千古之谜"。接着，谢寿球、农超将古笛的"发现"和彭洋的阐释在2002年7月13日的《南宁日报》上发表，认为这一发现"将揭开壮族族源的千古之谜"。古笛的发现，因此而被许多人所知晓。在这一舆论氛围下，学界也开始介入，从学术的角度来论证古笛这一发现的合理性和科学性。虽然质疑之声也有，但在经过2002年8、9两月间召开的三次座谈会讨论之后，以广西民族研究所为牵头单位，学者们最后一致认为，敢壮山具备布洛陀诞生地的四个基本条件：第一，布洛陀是壮族创世始祖，传说中布洛陀出生地周围在历史上或现在居住的人群中的宗教信仰、生活习俗、农耕模式都应当具有浓郁的壮族文化特点，而敢壮山恰好有与传说内容相对应的文化背景；第二，敢壮山有传说中的布洛陀出生地必须的庙、神坛、奇异的石头、大树、岩洞等历史标记；第三，敢壮山当地流传的故事传说、巫师唱本、歌手唱本等有关于布洛陀的共同内容；第四，敢壮山具有圣地性质，每年都有周边

---

[1] 古笛：《古笛艺文集》（十一卷），中国广播电视出版社2004年版，第13—14页。

县市的数万群众前来朝拜。经过学界的这一番论证之后，有两点共识被确定了下来：

（1）敢壮山就是壮族文化的发祥地和精神家园，布洛陀遗址就在敢壮山。

（2）确认布洛陀是珠江流域原住民族的人文始祖，田阳县是布洛陀圣地，敢壮山是布洛陀圣山，布洛陀岩洞和祖公庙是布洛陀圣府。[①]

布洛陀祭祀仪式活动以及百色布洛陀民俗文化旅游节，就是建立在纪念布洛陀始祖信仰的基础上的，具有鲜明的寻根问祖的性质，所以，从布洛陀祭祀仪式活动缘起来看，我们不难感受到一个具有强烈的寻根意识的壮族形象的存在。

二 崇拜布洛陀的壮族形象

从布洛陀祭祀仪式活动祭拜的对象是布洛陀，我们就可以非常直观地感受到一个崇拜布洛陀的壮族形象的存在。尽管有的认为敢壮山周边老百姓信仰玉皇、观音、关公的多过信仰布洛陀的，但就整个仪式的诉求和所营造的氛围来看，就是给人一种以信仰布洛陀为主的印象。仪式活动上的布洛陀神像、祖公祠、祖公旗台、祖公屋、布洛陀殿堂、布洛陀大鼎、布洛陀祭坛、万人祭拜队伍，以及仪式上齐唱的《十拜布洛陀》，还有布洛陀民俗文化旅游节晚会上演唱的《寻根问祖布洛陀》《布洛陀之歌》《布洛陀的故乡》《颂祖公》《布洛陀圣乐》等歌颂布洛陀的歌曲，无不在营造着当地壮族民众崇拜布洛陀的浓厚氛围和景象。所以，无论是谁，只要亲临这样的境界，就都能感受到一个崇拜布洛陀的壮族形象的存在。

三 历史悠久文化特色鲜明的壮族形象

从祭祀仪式活动所展示的有关布洛陀的内容看，祭祀仪式活动还建构出了一个历史悠久、文化特色鲜明的壮族形象。布洛陀的身份、身世和祭祀仪式上所展示的布洛陀文化符号，相互营构出了这样的一个壮族形象。

布洛陀并非实有的壮族历史人物，而是壮族及其先民们创造和崇奉的创世神、始祖神、宗教神和道德神，是一个神话人物，但这样的人物也不

[①] 敢壮山作为布洛陀遗址的发现和论证经过，参见刘婷《布洛陀的当代重构及其实践理性》，博士学位论文，中南民族大学，2012年，第69—72页。

是凭空臆造的,他实际上是壮族远古时代文化和社会发展的产物和表征。据《布洛陀经诗》记载,布洛陀为壮族创造了天地、造人、造万物、造土皇帝、造文字历书和造伦理道德六个方面,使壮族社会从茹毛饮血的蒙昧时代走向农耕时代。从布洛陀的这些文化和文明的创造行为中,我们可以大致知道壮族先民氏族部落社会的情况,了解壮族先民如何从茹毛饮血的蒙昧时代走向农耕时代的具体过程。因此,布洛陀这一神话人物形象的身上,积淀着壮族先民的历史记忆和文化基因,承载和传递着壮族远古的文化精神,从他的身上,我们可以感受到壮族历史的悠久和文明发展的早期轨迹。

而布洛陀祭祀仪式活动所展示的包括壮语、麽教、稻作文化、壮族干栏、壮族传统服饰、壮族民间祭祀、壮族传统婚俗、壮族民间故事、壮族山歌、壮族铜鼓、壮锦、绣球、唐皇、师公、壮族传统节日等壮族文化景观和文化符号,被统称为布洛陀文化系统,它们都是壮族古老的传统文化,其中既有壮族的普遍的文化成分,也有百色田阳当地壮族特有的文化成分。

总之,祭祀仪式上布洛陀、壮族普遍文化、当地特色文化的交相辉映,让人看了无不在心中形成一个历史悠久、文化特色鲜明的壮族形象。

四 充满文化自信的壮族形象

从祭祀仪式活动举办的气度看,布洛陀祭祀仪式不单是为了展示自己的信仰和根脉,同时还展露出了一种对壮族文化的自信和自豪感。这与过去相比真的是一个翻天覆地的变化。20世纪50年代的"四清运动"和60年代的"文化大革命",布洛陀文化在当地都是被当作迷信加以禁止和打压的。即便是到了20世纪90年代末至21世纪初期,这样的禁毁传统文化的行为仍然发生,仅1999年就炸毁庙宇977座,2001年县政府在开展"精神文明建设"的名义下,将麽公、道公、巫婆作为危害人们生活、阻碍社会进步的对象组织起来开办学习班,对他们进行了思想改造,并且要求麽公、道公、巫婆带头拆庙宇,砸神像。根据资料记载,在这场政府组织进行的"精神文明建设"会战中,县政府共召开了81场大会,参与大会受到精神洗礼的群众约3万人次,政府出宣传板报22期,印刷宣传资料约1.3万余份,广播电视宣讲83场,推倒销毁庙堂39座,收缴销毁麽公、道公、巫婆做法事所用的法器若干,烧毁大量的麽经、道公、巫婆所用的经书。此外，政府要求麽公、道公、巫婆写下保证书，保证不再做法事，不再从事封建迷信活动，危害社会危害人民群众。以至于，后来进行布洛陀研究的学者们去向他们征集《布洛陀麽经》的时候，都无一例外地遭到了拒绝。[①] 而从 2003 年到现在，从政府到民众都认识到了这些壮族传统文化具有促进民族区域经济社会发展、提高民族的凝聚力、增进壮乡人民与各地、各国朋友的友谊的价值，于是，在政府的组织和领导下，又把它们通过祭祀仪式恢复和重现了出来。仪式上的彩旗仪仗队、唢呐队、铜鼓队、舞狮舞龙队、牛角队、师公唱经队、壮语合唱《敬酒布洛陀》的歌队、民间文艺节目表演队，都是展现当地壮族布洛陀文化的重要载体。由禁毁到大大方方的展示的变迁，鲜明体现的不仅是当地政府和民众的文化价值观的变化，而且还有他们对自身文化的那种日渐滋长和增强的自信心和自豪感。所以，从祭祀仪式活动所展示的举办者的气度中，我们不难感受到一个充满着文化自信的壮族形象的存在。

五　努力弘扬和转化传统文化的壮族形象

从布洛陀祭祀仪式活动所产生的文化传承效果看，布洛陀祭祀仪式活动不仅让我们看到了当地人对壮族传统文化的"传"，也让我们看到了他们在努力地"承"。

关于传统文化的"传"与"承"，葛剑雄先生作了非常好的概括和阐释，他认为，"传"就是记录、保存、延续，它是无条件的、不需要选择、用不着考虑是否"有用"、是否"先进"，而"承"，就是要继承、发扬、延续，但是也要转换、转型，在原有的基础上开拓创新，"承"的时候要有选择、有条件地"承"。这样做了，传统文化不仅能够在我们国家发挥作用，也可以为世界提供有益的经验。[②] 布洛陀祭祀仪式活动的举办客观上就起到了传承壮族传统文化的作用，通过举办仪式活动让当地传统的壮族文化有了一个集中展示的舞台，而这种展示的需要由于是年年都有的，所以，这也就相当于给传统文化的可持续性发展以一个内生的动力源。同时祭祀仪式活动作为布洛陀民俗文化旅游节的一个组成部分，其举办的目的与旅游节的目的是有相同之处的，不仅是为了保存和延续布洛陀

---

① 相关资料参见刘婷《布洛陀的当代重构及其实践理性》，博士学位论文，中南民族大学，2012 年，第 54 页。
② 葛剑雄：《对待传统文化，要分清"传"和"承"》，《解放日报》2018 年 10 月 23 日。

文化，更是为了开发布洛陀文化，为发展地方的旅游经济服务，而这就是对传统文化的"承"了。这一方面的内容亦可以从布洛陀民俗旅游文化节的筹备和举办的过程得到充分的展现。

布洛陀民俗旅游文化节的筹备是在古笛"发现""布洛陀古居"之后，以南宁国际民歌艺术研究院的彭洋为田阳县制定《布洛陀遗址开发策划思路》《布洛陀文化艺术大典策划方案》《敢壮山雕塑群策划及设计方案》等开发规划为开端。这些开发方案旨在于开发以布洛陀文化为中心的田阳县壮族文化旅游资源，打造布洛陀文化品牌。

县政府在彭洋的建议下开始筹划相关的开发布洛陀文化的活动。首先，是在2002年8月到9月间召开了三次专家座谈会。座谈会的目的就是为布洛陀文化遗址的开发利用提供学术上的"论证"，像广西壮学学会名誉会长、研究员张声震在2002年9月23—25日召开的第三次敢壮山布洛陀遗址研讨会上强调："我们来的用意可以概括为两句话：一是帮助田阳县布洛陀热，为布洛陀造势、升温、再点一把火，给他更热一些；二是帮助田阳县开发民族旅游业方面创造软件，硬件也尽量帮助一点，主要是软件。"[1]

其次，田阳县政府也在同步做与开发相关的筹划活动。2002年8月8日的第一次敢壮山布洛陀遗址座谈会上，时任百色地区副行署专员刘侃在会上就给未来的开发提出了这样的要求："要形成品牌、树立精品、吸引客商、提高效益。"8月19日田阳县就成立了敢壮山布洛陀文化旅游工作领导小组，负责规划和组织对敢壮山的保护和开发工作。8月24日，百色地委和行署也成立了百色地区布洛陀文化旅游工作领导小组。2003年2月，田阳县委、县政府成立了"敢壮山歌圩活动筹备领导小组"，并本着"以民间为主，政府正确引导"的精神制定了《敢壮山布洛陀歌圩筹备工作方案》。2003年4月8—10日，举办了以"万民纪念祖公，万人同唱山歌"为主题的敢壮山歌圩活动，拉开了地方政府开发和保护布洛陀文化的序幕。2004年改名为"百色市布洛陀民俗文化旅游节"，2005年的布洛陀祭祀活动由民间祭祀转变为公祭。[2] 自此之后，祭祀仪式就依附在"百色市布洛陀民俗文化旅游节"的名义下年年举办。

---

[1] 转引自刘婷《布洛陀的当代重构及其实践理性》，博士学位论文，中南民族大学，2012年，第72页。

[2] 同上书，第80页。

由上所述，就可以清楚地看到，筹备的过程中"开发"是一个核心的关键词，也是祭祀仪式活动和百色市布洛陀民俗文化旅游节的主要目的，显然其对传统文化"承"的意图也是很明确的。这也可以从敢壮山碑林园里有关学者的碑林题词和媒体的相关报道中得到证明。

在敢壮山碑林园里，树立着一些学者的碑刻题词。有中国民间文艺家协会主席、中国社会科学院少数民族文学研究所所长、研究员贾芝的题词："布洛陀是壮族的人文始祖，她创造了世界，创造了人，布洛陀经诗是记录壮族原始文化的经典，它渗透到人民生活的方方面面，成为壮族传统观念的核心与标志。它凝聚着壮民族的全体英雄主义精神，承载和传递着远古的文化精神，结合现代科学与精神文明构建社会主义和谐社会，实现中华民族的伟大复兴"，有中央民族大学教授梁庭望的题词："纪念壮族人文始祖布洛陀，铭刻祖德，不断创新，铭记祖德，振兴民族"，有中央民族大学教授牟钟鉴的题词："山秀水碧人文盛传承祖业，事新理明时运昌再创辉煌"，有国家图书馆名誉馆长任继愈的题词："开展壮学研究，开发布洛陀瑰宝，丰富中华文化"，有中国社会科学院民族文学研究所副研究员罗汉田的题词："弘扬始祖艰苦创业精神，共同构建和谐美好家园"，贵阳学院教授周国茂的题词："弘扬布洛陀创造精神，发展民族经济文化"。这些题词中"传承""弘扬""发展""创新""振兴""再创辉煌""构建"等字眼，无不标示着"开发"的意图。

而媒体的报道也有意凸显旅游节的文化开发的经济价值，如《右江日报》2012年就报道说，百色市布洛陀民俗文化旅游节"通过开展民俗文化活动和旅游开发推介及经贸合作交流，形成集民俗、旅游、经贸为一体的文化旅游活动氛围，推进百色文化大发展大繁荣"[1]。而有关部门的粗略统计也在证实着媒体的报道，据2012年初步统计，共有40多万人次的国内外游客及群众汇聚敢壮山，实现旅游综合收入3800多万元，初步实现了保护和开发布洛陀文化，促进地方经济社会发展的预期目标。[2]

从以上的事实材料中，我们不难感受到一个努力弘扬和转化传统文化的壮族形象的存在。

综上所述，我们可以看到，布洛陀祭祀仪式活动的壮族形象建构功能

---

[1] 岑平和：《2012年百色市布洛陀民俗文化旅游节开幕》，《右江日报》2012年3月29日。
[2] 转引自刘婷《布洛陀的当代重构及其实践理性》，博士学位论文，中南民族大学，2012年，第82页。

还是很强大的，以其所展示的丰富多样的壮族布洛陀文化内涵让我们能从各个方面感受和认识壮族，进而形成不同的壮族形象。当然，除了以上五种壮族形象之外，也不排除某些年份因为增加了某些主题而让仪式活动增添了别样的壮族形象，比如，2012年的百色市民俗文化旅游节因为突出强调"同心·同根·共世界"的主题而使得祭祀仪式活动又多了一层团结同心的壮族形象内涵。由此可见，仪式活动的壮族形象建构功能是活性的会随着仪式内涵的变化而变化。

第二节 宁明骆越根祖祭祀仪式活动的壮族形象建构

了解了田阳的布洛陀祭祀仪式活动的壮族形象建构功能之后，我们再来看看另一个举办时间更近一些的祭祀仪式活动。这个祭祀仪式活动就是宁明县的骆越根祖祭祀仪式活动。之所以拿它来分析，是因为它同样是祭祀壮族始祖的，看看到底建构出来的壮族形象有何不同。只不过，这个始祖不叫布洛陀，而是一个集体性的名称——骆越始祖，一个部落性祖先。骆越是秦汉之前壮族先民的一个大部落，与另一部落西瓯同时代，都属于壮族先民。宁明地处古骆越的地域范围，所以，祭祀的是骆越祖先。

宁明骆越根祖祭祀仪式活动，始办于2010年的崇左（宁明）花山国际文化节，2014年该节改名为宁明花山骆越王节，但骆越根祖祭祀仪式，仍继续保留，并且还是该节的重头戏。每年的农历三月三，该祭祀仪式都会在宁明县的花山文化广场举行。而每年的这个时候来自区内外及东盟国家的骆越后裔、宁明各族群众代表上万人就汇聚花山文化广场参与这一盛大的骆越始祖祭祀大典活动。这一祭祀仪式活动的举办目的、举办机制与上面田阳县的布洛陀祭祀仪式活动大体相同，即都是利用壮族传统文化来发展旅游经济，政府在其中都起着实际的组织和领导作用，因此，从这个祭祀仪式活动中我们同样也可以感受到历史悠久文化特色鲜明的壮族形象、充满文化自信的壮族形象、努力弘扬和转化传统文化的壮族形象的存在，但由于祭祀仪式所祭祀的对象、所展示的内容以及所赋予的功能有所不同，所以，从骆越根祖祭祀仪式活动中，我们还是可以感受到有些不一样的壮族形象的，概括起来，大致有以下几个方面。

一 骆越后裔的壮族形象

由于骆越根祖祭祀仪式祭拜的是骆越根祖，所以，祭祀者自然就是骆越的后裔了，他们的祭文话语也很明确地说："吉日良辰，骆越后裔，鸣钟奏乐，公祭壮祖!"这让人在面对着祭祀人群时，很自然地就会在心中产生一个隶属骆越后裔的壮族形象。

那么，何谓骆越？所居在何处？据史籍记载，骆越，是秦汉时期活动于今越南红河三角洲地区及广西沿海地区的古代民族，与西瓯一起被认为是包括壮族在内的南方20个少数民族的祖先。《史记·南越列传》载："西瓯骆裸国亦称王，……"《汉书·贾捐之传》载："骆越主人，父子同川而浴，相习以鼻饮。"《汉书·南蛮传》："骆越之民，无嫁娶礼法，各因淫好，无适对匹，不识父子之姓，夫妇之道。"《汉书·马援传》也提到骆越："援好马，善别名马。于交趾得骆越铜鼓，乃铸为马式。"《交州外域记》说："交趾昔未有郡县之时，土地有雒田，其田从潮水上下，民垦食其田，因名为骆民。设骆王、骆侯、主诸郡县，县多为骆将，骆将铜印青绶。"《旧唐书·地理志》云：贵州（今广西贵县）郁平县，"古西瓯、骆越所居"，又说党州（今广西玉林境）"古西瓯所居。秦置桂林郡，汉为郁林郡"。"潘州（今广东高州县）：州所治，古西瓯骆越地，秦属桂林郡。汉为合浦郡之地。""邕州（今广西邕宁）宣化县；州所治，汉岭方县地，属郁林郡。"这些记载，都比较清楚地反映了"骆越"活动的时间和地点。而宁明之所以举办这个骆越根祖祭，一是宁明处于古代骆越旧地，二是宁明境内的花山岩画被认为是古骆越人留下的文化遗产。所以，宁明自认为自己是骆越文化的根祖地，本地壮族都是骆越的后裔子孙，故要祭祀骆越根祖。所以，历史的信息和现实的自称，都在向人们宣示祭祀者都是一群骆越的后裔，由此而让人形成一种骆越后裔的壮族形象，也就是很自然的了。

二 四海骆越同心的壮族形象

在历届的骆越根祖祭祀仪式的仪程中都有一个环节叫"同根共土"。仪式上，前来参加祭祀大典的各骆越后裔分支代表，穿着当地特色民族服装，手捧带来的骆越大地上的泥土，在礼仪小姐的引导下供奉汇土，撒向种有象征花山精神的木棉树的花盆，以象征骆越大地后裔落叶归根、认祖归宗、同根同心之意。

现在,古骆越民族后裔,除在广西及周边省市有分布外,也广布于东南亚许多国家,所以,共同供奉汇土祭祀骆越根祖,也就象征着这些地区的骆越后裔无论生活在何处,都共同认同花山为根祖地,大家同根同祖同心,同时也寓意千百年来,骆越后裔从根祖地走向世界,根深叶茂,成就斐然。

为了凸显这个寓意,骆越王节的文化活动,也经常会安排各地骆越后裔欢聚的活动内容,如 2015 年的骆越王节,就邀请了越南、泰国、老挝、缅甸等与壮族同根生的歌手约 200 人参加了歌坡节,邀请越南高平省、谅山省代表队参加了 3000 米往返龙舟比赛和抛绣球比赛,邀请全区 14 个地市壮族青年代表约 70 名、东盟留学生代表 50 名参与"骆越后裔青年寻根问祖助力花山申遗"的活动,还举办了"同根共土·万粽同心"的美食品尝活动等。[①] 2016 年的骆越王节则是举办"中国—东盟青年贝侬情深篝火夜"和"中越边关'三月三'民族团结'连心宴'"。"连心宴"前各族群众代表还将表演本民族歌舞、山歌演唱等节目,共同举杯祝愿"民族团结人人幸福,边境稳定家家安宁"。[②]

这些活动与祭祀仪式的"同根共土"仪程,相互烘托、相互说明,共同诠释着千百年来骆越后裔虽然从根祖地走向了世界,但一致认同根祖,团结一心。这些景象和寓意,自然会让人形成一个四海骆越同心的壮族形象。

三 尚祖崇文、精业强边的壮族形象

祭祀仪式在"同根共土"仪程之后,还有一个仪程就是点燃采自花山的圣火,寓意骆越后裔"尚祖崇文、精业强边、自强不息、薪火相传",紧接着的"净手上香""颂祖昭恩""行祭拜礼""乐舞告祭""自由祭拜"等仪程,也都是在表征着这样的精神意旨。当然,其中的"祭拜""颂祖"等活动,直接表征的自然主要是"尚祖崇文"的精神,而"精业强边""自强不息"则是对宁明这个边境县壮族民众世代长期建设

[①] 参见庞革平、周贻刚《宁明县 2015 年骆越王节——"三月三"文化活动亮点纷繁》,(2015-04-13),http://gx.people.com.cn/n/2015/0413/c179430-24481747.html。

[②] 参见周贻刚《宁明 2016 年骆越王节文化活动亮点纷呈》,(2016-04-05),http://news.gxnews.com.cn/staticpages/20160405/newgx5703a1ac-14692276.shtml。

边疆、保卫边疆的历史和现实功绩的概括、礼赞和对未来的期许。点燃"花山圣火",就是希望"尚祖崇文""精业强边""自强不息"的精神能够代代相传。这一内容也是宁明祭祀仪式活动明显不同于田阳祭祀仪式活动的内容之一,是宁明这一边疆县的特殊地理环境造就的。仪式活动内容和现实地理环境的相互呼应,很容易就让人感受到一个尚祖崇文、精业强边的壮族形象的存在。

四 为中华文明的发展作出过积极贡献的壮族形象

2017年的骆越根祖祭祀仪式活动还特意增加了一个花山壁画获批"世遗"的内容,这让骆越根祖的祭祀仪式活动更显示出自己的独特之处。

花山岩画,是指左江及其支流明江流域大约200公里长的沿江岩石壁画,其中宁明县明江流域的花山壁画,是最集中、表现最鲜明的一处,是左江流域岩画群的代表,也是目前为止中国发现的单体最大、内容最丰富、保存最完好的一处岩画,较为真实地反映了已经消逝久远的骆越社会活动情景。它不仅是壮民族先民绘画艺术的不朽杰作,还是国内外著名的古代涂绘类岩画代表。其地点分布之广、作画难度之大、画面之雄伟壮观,为国内外罕见,所留下的诸多谜团至今仍无法解开,例如花山岩画所传达的内容是什么?在两千多年前生产力水平不发达的情况下,在这高耸陡峭的岩壁上,这些图像是怎么画上去的?他们为什么要冒着生命危险去画?有何目的和意义?花山岩画已有两千多年的历史,为何色彩如今还能如此鲜艳?古人用的是什么颜料?这些难以揭示的谜团,从另一个侧面说明了骆越祖先伟大的创造力,同时也让花山岩画获得了世界的声誉。

为了让花山岩画的这些独创的成就能为更多的人所知,宁明县自从2015年开始筹备申请世界非物质文化遗产名录,突出强调花山岩画对中华文明、世界文化的贡献内容。2016年7月15日在土耳其伊斯坦布尔召开的第40届世界遗产大会上花山岩画以"中国左江岩画文化景观"的名义正式地被列入了世界文化遗产名录,成为中国的第49处世界文化遗产,也是中国第一处岩画类世界文化遗产。中国本是世界上岩画遗存最丰富的地区,但在此之前却没有一处成为世界遗产,"左江岩画文化景观"代表中国弥补了这一缺憾。这不仅意味着骆越先祖的一千多年前创造的文化得到了世界的承认,同时也代表着中国岩画的成就得到了世界的认可。这标志着花山岩画已获得了超越其自身所固有的时空存在的意义，它不仅是骆越先祖的、宁明的、广西的，也是属于中国的、世界的。它代表中国申报世界文化遗产成功，也彰显了壮族骆越祖先对中华文明所作出的贡献。而主办方不失时机地在祭祀仪式活动的解说词和节日宣传的报道中增加这方面的内容，自然地能让人感受到一个曾经为中华文明作出过积极贡献的壮族形象的存在。

五　开放包容的壮族形象

骆越根祖祭祀仪式活动除了要体现不忘祖根、铭记祖恩、弘扬祖德的情怀和理念之外，还通过强调"国际化"来表达一个开放包容的理念。这除了通过上面提到的"四海骆越""精业强边"加以表现之外，还通过强调"国际旅游"这个诉求来体现。骆越根祖祭祀仪式活动是作为"崇左花山国际旅游文化节"的一个组成部分来进行安排的，因此，仪式活动所展示的骆越文化的最终诉求是为面向世界发展国际旅游服务的，这是一种以特色的民族文化来吸引外国游客的营销策略。而这种营销策略和发展国际旅游的眼光自然是建立在开放、包容的理念的基础上的。而祭祀仪式活动邀请国外的骆越后裔代表参加"同根共土"的仪程，还显示了主办方渴望与旅居世界各地的骆越后裔一起携手合作、共谋发展国际旅游的强烈愿望。这些仪式活动的诉求，显示了主办方在全球化和改革开放时代的熏陶下已学会了以世界眼光、国际视野来谋划自身的发展了。所以，置身祭祀仪式活动现场和节日的"国际"诉求语境，观看者是可以很容易地感受到一个开放包容的壮族形象的存在的。

综上所述可见，宁明骆越根祖公祭仪式活动虽然与田阳的布洛陀祭祀仪式活动都有祭"壮祖"的诉求，但由于具体内容有着诸多的差别，所以，所建构出来的壮族形象仍然是有不同的。可见，仪式活动作为一种载体，其表现壮族内涵和建构壮族形象的能力还是很强大的，值得我们去加以利用。

第三节　蚂蜴祭祀仪式活动的壮族形象建构

分析了两个当代新创作的仪式活动之后，下面我们来看看一个一直流传至今的传统祭祀仪式活动。这就是蚂蜴祭祀仪式活动。与前面两个仪式活动不同的是，它是一个历史悠久的仪式活动，而且都是民间按照传统习俗自发地组织的，不像前面两个公祭仪式活动具有明显的后天"重构"性，而且都是由政府出面组织的。

那么，什么是蚂蜴祭祀仪式活动？蚂蜴祭祀仪式活动是祭祀蚂蜴的一种活动，是蚂蜴节的核心内容。蚂蜴节被认为是"壮族历史最悠久、最有特色、最富神淀色彩、文化积淀最深厚、最有代表性的一个传统节日"①。它主要流行于红水河流域上游的天峨、南丹、巴马、凤山、东兰等县，尤以东兰的蚂蜴节最为外界所熟知。一般都是从每年春节的农历正月初一、初二或初三开始举行，至农历正月三十结束，但自 20 世纪 90 年代以后，蚂蜴节活动时间逐渐变革，由传统的一个月变为半个月，即举行孝蚂蜴歌会后的亥日（鼠日）之后举行安葬蚂蜴仪式。民间认为鼠日安葬可以克鼠类，减少其繁衍，保护作物和粮食不受鼠类损害。由此可见，这是一个蚂蜴祭和蚂蜴节高度融合的综合性节日，蚂蜴节主要做的工作就是蚂蜴祭。而祭蚂蜴仪式活动通常由找蚂蜴、抬蚂蜴游村、蚂蜴歌会、葬蚂蜴、蛋卜、吃蚂蜴饭等程序组成。作为一个古老的传统祭祀仪式活动，它又有着怎样的壮族形象建构的功能呢？总体上看，这一祭祀仪式活动可以让我们从中感受到的壮族形象概括起来大致有以下几个方面。

一 崇拜蛙图腾的壮族形象

祭祀蚂蜴，以现代的眼光看简直是不可理喻，但换以历史和社会学、人类学的眼光看，则其意义就完全不同了，它其实是人类远古的思维和社会记忆的体现，蕴涵着丰富的远古社会的信息。而这也正是蚂蜴祭能够吸现代引人的地方。

从信仰方面看，蚂蜴祭体现了原始时代鲜明的图腾崇拜特征。所谓图腾崇拜就是将某种动物或植物等特定物体视作与本氏族有亲属或其他特殊关系的崇拜行为。图腾崇拜通常有三个特点：（1）认为图腾是祖先、保护者、亲人，有超人的能力，因而人们崇拜它，甚至畏惧它；（2）不得屠杀、食用或接触图腾所代表的动物、植物或其他物种；（3）举行崇拜图腾的仪式。图腾崇拜是原始宗教的最初形式，约发生于旧石器时代晚期

---

① 覃彩銮：《壮族蚂蜴节》，北京科学技术出版社 2013 年版，第 45 页。

的氏族公社时期。今天红水河流域上游的天峨、南丹、巴马、凤山、东兰等的壮族民间举办的蚂蚜祭，实际上就是那个时代壮族图腾崇拜仪式的遗存，原始时代的图腾崇拜信仰的反映。而蚂蚜被壮族当作图腾和壮族的保护神，是吉祥幸福的象征，自然也是那个时代壮族的宗教信仰的主要内涵。而这一蛙图腾崇拜现象，在宁明花山岩画中也有很形象的反映。

也正因为有如此的观念，所以，今天祭蚂蚜仪式活动的第一仪程——找蚂蚜，仍然将最先找到蚂蚜的人看成是幸运之象征，并以蚂蚜郎来敬称。而游蚂蚜仪程，则将抬蚂蚜游村入户看作是可以给主家带来幸福吉祥的行为。葬蚂蚜仪程则将厚葬蚂蚜看作是可以借助蚂蚜灵魂升天来为大地播降雨水、为人们赐福消灾，吃蚂蚜饭仪程，则将吃游村时由各家奉送给蚂蚜的食品做成的蚂蚜饭看作是可以获得蚂蚜神的灵气和护佑等。这些仪程活动形式及其内涵，自然会让人感受到一个崇拜蛙图腾的壮族形象的存在。

至于为什么这一祭祀仪式活动现今只在红水河上游壮族地区流传，这大概与红水河上游地区过去经常遭遇干旱有很大的关系。

二 追求人神和谐统一的壮族形象

现今人们还乐意去举办这样的祭祀仪式，当然不会是出于对蛙图腾的崇拜了，而是另有所图、所乐了。这个乐，就体现在"孝蚂蚜歌会"仪程中。所谓"孝蚂蚜歌会"，顾名思义，就是用唱山歌的方式来孝敬蚂蚜，以感谢蚂蚜神给大家带来风调雨顺、五谷丰登、吉祥幸福的护佑。

蚂蚜歌会一般都以唱赞蚂蚜功德为先导，然后，就是大家以对歌相互娱乐了。在东兰的孝蚂蚜歌会上，参加对歌的既有青年人，也有中老年人，那些唱得好的人，周围还时常簇拥着许多听歌人和赏歌人，他们还不时地为歌者精妙的歌句喝彩，整个歌场简直就是一个歌的海洋，对歌、听歌、赏歌都可以通宵达旦。而在南丹、天峨的一些歌会上则还要表演与蚂蚜崇拜有关的各种舞蹈，如献祭舞、犁（耙）田舞、播种舞、插秧舞、耘田舞、收割舞、皮鼓舞、蚂蚜出世舞、蚂蚜舞、敬蚂蚜舞、蚂蚜拜春牛舞、拜铜鼓舞、征战舞等来敬蚂蚜神。由此可见，祭祀蚂蚜仪式活动现今还在流行的一个动力之一，应该就是大家还可以借助孝敬蚂蚜神的名义或者形式来娱乐自己，实现娱神和娱人的统一。由此可见，蚂蚜祭仪式活动实际上是一个人神共乐的综艺性娱乐大聚会，从中我们不难感受到一个追求人神和谐快乐的壮族形象的存在。

三 珍惜爱护传统文化的壮族形象

现今人们还乐意去举办蚂蚓祭祀仪式活动，还有一个新的动力，就是将之当作是当地的一个非物质文化遗产来进行传承。这样的动力当然是2004年12月我国加入了联合国教科文组织的《保护非物质文化遗产公约》之后才有的。也就是说，自此之后，人们才有意识地将蚂蚓祭祀仪式活动当作一种应当受到保护的非物质遗产看待，并加入这一新态度来举办的。2006年5月20日，壮族蚂蚓节经国务院批准，被列入第一批国家级非物质文化遗产名录。而蚂蚓节申报国家级非物质文化遗产的成功，在某种意义上也是对当地壮族人一直以来对自己文化传统的坚守和传承的一种褒奖和承认。试想如果没有一直以来的坚持举办，又怎么会有后来的申遗成功？而村民们坚持办节当然不是为了申遗的，因为以前就还没有申遗这回事。这说明以前一直坚持办节实在是他们对这节日的认同和认可，所以，每到节日时间，他们都大大方方地张贴广告，广邀亲朋好友、外村人来参加，热热闹闹地过节。而现在国家非遗的申报成功，只是让他们更加自觉地认识到这一节日的文化价值和可贵性，更加自信地向外界展示这一节日的内容。所以，申遗成功之后，东兰县还依据蚂蚓祭祀仪式活动编排了一个非遗展演舞蹈节目《蚂蚓祭》，以便让外来的旅游者能通过这一舞蹈来领会这一节日的精髓。申遗的成功，使当地壮族人对自己传统节日和传统文化的热爱更加理性自觉了。所以，现今置身蚂蚓节和蚂蚓祭仪式活动，我们不难感受到一个发自内心地珍惜和爱护自己传统文化的壮族形象的存在。

四 淳朴亲和、热情待客的壮族形象

蚂蚓节的蚂蚓祭祀仪式活动是一项时间跨度长的公祭活动，既需要有人出面组织协调，也需要大家相互出力，团结协作，才能办好。所以，从节日组织的角度看，你也能感受到不一样的壮族形象。

蚂蚓祭祀仪式活动的组织一般以村为单位，通常会有这样一个组织构架：一是有一个由村寨中有威望的中老年男子头人组成统筹和领导整个祭祀活动的组委会，负责组织和策划工作；二是有一个由村中的青壮年组成的专事执行的蚂蚓队，负责组织和执行找蚂蚓、祭蚂蚓的活动。其他的大

小村民则各尽其力自由参与到祭祀的各项活动中去，如参与找蚂蚜、轮流敲铜鼓、布置歌会场、维持秩序、迎客备餐备唱等。大家同心协力，让节日按照既定的仪程顺利地开展起来，同时也共同营造出了一个喜庆热闹的节日气氛。

到了仪式活动结束吃蚂蚜饭的时候，大家也照例分工协作，忙而有序，其乐融融，即便平时曾经有矛盾的人，在这样的氛围中，吃饭时的共同举杯畅饮中，也都不计较了。

而来参加祭祀活动的村外人当然也能充分感受到了这种和乐融融的气氛，比如在东兰的孝蚂蚜歌会上，外来唱歌的客人在歌会进行至深夜的时候，都会被各家请到家里吃宵夜，家里来的客人越多，主家越是高兴，因为这代表着自家人缘好。而唱得难舍难分不忍停下吃饭的人也不用担心，也有主家把热气腾腾的糍粑、年糕或粽子送到歌唱地点，让他们边吃边唱。在天峨，跳蚂蚜活动结束之后，凡是来参加蚂蚜节活动的外村客人，也都被热情的主人邀请到家里做客款待。由此可见，蚂蚜节和蚂蚜祭实际上还成了人们聚会、交流的一个平台。因此，置身这样的场合，我们不难感受到一个淳朴亲和、热情待客的壮族形象来。

综上所述，我们可以看到，源自传统的蚂蚜祭祀仪式活动也具有自己独特的壮族形象建构功能。可见，作为一种载体的仪式活动，它可以随着表现内容的不同而折射出不同的壮族形象来。因此，我们可以根据自己壮族形象建构的意图来创设不同的仪式活动，以实现用仪式活动来建构壮族形象的目的。

第四节　以仪式活动来建构壮族形象的共性规律

上述三个公祭仪式活动丰富多样的壮族形象建构功能，让我们见识了仪式活动作为一种载体建构壮族形象的威力。从中也让我们发现了在新时代利用仪式活动来建构壮族形象的一些共性规律，概括起来主要有以下几个方面。

一　仪式活动要含有与壮族有关的内容

为了达成壮族形象建构的目的，仪式活动的内容必须涉及壮族的内容。上述三个公祭仪式活动之所以具有壮族形象的建构功能，一个重要的原因就是它们本身就含有明确的壮族内容，一个是壮族人文始祖布洛陀，一个是壮族先民骆越部落，一个是壮族的蛙图腾崇拜。有了这些内容打底，仪式活动就都具备了壮族形象建构的功能。

那么，具体应该选择什么样的壮族内容参与到意识活动中去？这个就要由仪式活动的举办者和组织者的意图来决定了。只要能够体现意图的就都可以选用，它们可以是壮族的某一文化事象、某一有影响的壮族人物、某一与壮族有关的风物遗迹等等。有了这些内容，人们自然会在观看仪式活动的时候往壮族方面联想，进而也就会在心中相应地构建出有关的壮族形象来了。反之，如果一个仪式活动没有一点壮族的内涵，那么，它也就不可能具有什么壮族形象的建构功能，因为它不能让人产生任何的壮族联想。因此，如果我们要想利用某个仪式活动来达到建构某种壮族形象的目的，那么，首先就要给它选择好有关壮族的内容。

二 仪式活动的壮族形象建构内容可随意图变动而调整

作为一种载体的仪式活动，它能够建构出什么样的壮族形象完全取决于举办者和组织者的意图。像上述三种祭祀仪式活动性质都差不多，都是祭祀性的，但是由于举办者、组织者的意图不完全一样，所以，通过祭祀仪式所展示的内容也不一样，而由此所折射出来的壮族形象自然也就不同。这就给我们一个启示：

仪式活动的壮族形象建构内容是可变的、可调整的，我们完全可以根据自己的需要和意图，通过给仪式活动添加一些内容而让原有的仪式活动折射出相应的新的壮族形象来。像骆越根祖祭祀仪式、蚂蚜祭祀仪式活动就通过跟非遗申请成功联系起来而添加了新的内涵，并产生或者强化了某一方面的壮族形象。

仪式活动这样的一个特性，为我们在新时代利用仪式活动来进行壮族形象建构提供了很好的机会。当今的世界，面临着百年未有之大变局，国际经济合作和世界格局正在发生深刻的变化，全球治理体系面临重大调整；而当今的中国，正处在全面开放的重要关口，从经济领域到文化领域，都在经历着一系列的变化，经济面临新常态，迫切需要转型升级，城镇化在推进中也面临着妥善处理好城乡的关系的问题，社会结构在经历着改组和重构，传统文化需要创造性发展，乡村需要振兴。国内外的这种变化局面，在不断地刷新我们的观念和需要的同时，也给予了我们在已有的仪式活动中添加新内容或者创造新的仪式活动，提供了丰富的资源和充足的动力。所以，在新时代，以仪式活动来建构壮族形象的空间、机会还是很大的，举办者、组织者也有较大的创新余地。我们大家都要好好把握，像"三月三·八桂嘉年华"活动由于每年都举办，都需要有新内容，这就给我们进行仪式活动的创新提供了机会。

三 仪式活动的壮族形象建构效果的大小与宣传力度成正比

除了从内容上考虑仪式活动的壮族形象建构问题之外，我们还需要从仪式活动的壮族形象建构效果出发来思考，因为前者只是解决了仪式活动能不能建构得出壮族形象以及建构出什么样的壮族形象，而后者则需要考虑仪式活动所建构出来的壮族形象能不能为更多的人所知晓。就我们的目的是为了建构壮族形象来看，两者都不可偏废，两方面都要做好，才能真正达到目的。由于前者在上文已经作了相关的阐述，所以，在这里重点阐述后者。那么，怎样才能让仪式活动所建构出来的壮族形象能够让更多的人感受到呢？

根据上文所阐述的那三个案例的经验，办法大致会有：首先是发动本地人广泛参与，这可以通过行政的力量层层发动和组织，解决起来一般不成问题；其次，是针对外地人就多方面地发布活动的广告，除了常规的报纸、电台、电视之外，网络发布也是一条重要的途径，这样就可以让有参与意愿的外地人知晓有这个仪式活动而来参与；最后，是加强对仪式活动的报道、宣传和相关的后续研究，以便让仪式活动以资料的形式能为更多的人所知晓。这三方面做好了，不仅仪式活动为更多的人知道，而且连带着仪式活动所建构的壮族形象也能为更多的人所知晓。这样我们的壮族形象建构的目的就能最大限度地获得实现了，因为仪式活动的壮族形象建构效果的扩大总是与对它的宣传力度成正比的。

四 仪式活动要以正向壮族形象建构为主

我们利用仪式活动来进行壮族形象的建构当然是为了取得积极的促进壮族发展进步的效果，因此，在开展这方面的工作的时候，要以正向的壮族形象建构为主，以产生正能量为最高的价值取向，要杜绝任何会产生消极的、负面的壮族形象建构效果的仪式活动。这是我们在新时代开展以仪式活动来建构壮族形象的基本出发点。像上文所述的那三个大型的公共祭祀仪式活动，都因具有促进民族文化的保护与传承、丰富大家的精神生活、促进经贸和地方旅游业发展的实际作用以及由此树立了良好的壮族形象而得到了公众的支持。

为了达成这样的正向效果，就需要仪式活动的举办者和组织者指导思想要正确，要以"三个代表"的标准来衡量我们的相关创意和方案，这样就可以稳妥地保障我们的仪式活动及其所建构的壮族形象呈现出积极的、正向的力量与魅力来。

近年来，随着广西三月三嘉年华活动的举办，各地在此期间举办的仪式活动也日渐增多，像武鸣县罗波镇于2011年开始举办的骆越祖母王祭祀大典和2018年大化县举办的"万人同祭红水河"活动，都是近年来在三月三期间举办的具有一定影响力的大型公祭仪式活动。在创新仪式活动的时候，只要遵循上述四个规则，就可以实现仪式活动与壮族形象建构的双赢目标。

第九章

品牌创建活动的壮族形象建构

如果说仪式是我们生活中最常见的生活现象之一的话，那么，"品牌"则可以说是我们生活中的一个热词了。这是因为现阶段我国的社会生产已由"不足"的时代变为了相对"过剩"的时代，买方市场的出现推动着整个社会的生产和消费进入了"品牌时代"。这一方面表现在，生产者和组织者由过去的生产经营、资本经营走向品牌经营，品牌的创建和品牌的竞争已成了他们头号的工作；另一方面表现在，消费者热衷于参照品牌来购买商品，开始了从"商品消费"进入"品牌消费"的新阶段。所以，在今天的生活中，谈论品牌及其创建都已司空见惯。现在上至国家下至百姓，确实都很关心品牌的创建。就国家来说，为了提高"中国制造"品牌的质量和国际声誉，我们国家特地制定了《中国制造2025》战略规划。就广西来说，也很重视"广西制造""广西品牌"的创建，提出要立足广西"绿水青山"的生态环境优势，锻造广西的"绿色品牌"，让更多"桂"字号绿色农产品"走出去"。在这样的文化情势下，思考如何利用品牌创建来为壮族形象建构服务正当其时。

而且品牌本身也的确具有很好的形象建构功能。民营企业家曹德旺认为，品牌有"四品"：一是人品，即品牌要体现品牌拥有者的正确追求；二是产品，即产品要以国家和人民的需求短板为诉求；三是品质，即产品的质量要高而且要稳定；四是品味，主要指企业的文化，即品牌拥有者要以一种很高的境界和情怀来看待自己的事业。[①] 这品牌"四品"中的每一品，其实都反映出了品牌相关者的形象，细分的话可以有企业家形象、产品形象、企业形象、政府形象、地方形象、民族形象、国家形象等。基于

---

① 参见《与世界对话的中国制造》，央视网·央视财经·对话，（2017-09-03），http://tv.cctv.com/lm/duihua/index.shtml。

此,本章拟从品牌种类的角度出发,分析、探讨如何利用各类品牌创建的时机来建构壮族形象,并从中归纳、提炼出利用品牌创建来建构壮族形象的共通规律。

第一节 工农业产品品牌的壮族形象建构功能的打造

工农业产品的品牌,是我们接触和使用最多的一种品牌,而且也是目前广西区政府要着力打造的一类品牌。那么,如何在这类物质性产品品牌的打造、创建过程中同时赋予其壮族形象建构的功能呢?这就是本节所要探讨的问题。

壮族形象建构本质上是一种精神的诉求,如何让这一精神品性凝结在这些物质性产品的品牌中并借助其品牌实现我们的壮族形象建构的目的呢?笔者认为我们大致可以遵循以下做法来实现这一目的。

一 选取能与壮族关联上的优质工农业产品

为了能让物质性的工农业产品品牌带上较好的精神性的壮族形象建构功能,首先就要选取与壮族成分有关联的优质工农业产品作为品牌创建的对象。之所以强调产品的优质性,是因为品牌能不能打得成,最主要的就是看产品的质量好不好、过不过硬。如果产品质量不过关、不过硬,品牌肯定立不起来,更谈不上能借助它来建构壮族形象了。所以,要想创建蕴含壮族形象建构功能的物质性产品的品牌,就一定要选优质的产品作为品牌打造的对象。这是基础,基础不好,就别想着以它为基础做搭架建屋的事情了。

但是选好优质产品只是创建品牌的第一步,出于实现壮族形象建构功能的考虑,接着就要考察该优质产品有没有能够和壮族联系起来。当然,这种联系从产品的原材料本身看是比较难以建立起来的,因为原料的物质性是非常客观的,难以直接与壮族性联系,但是产品的产地、生产者、生产方式、生产工艺等方面却是可以与壮族关联上的,即便是没有实际上的关联,只要品牌的所有者和壮族形象的建构者愿意,通过各种变通的方式都可以让这些物质产品与壮族联系起来,比如我们所熟知的所谓贴牌生产,就是属于这种变通的方式之一。当然,通过各种变通,人为地为产品

"嫁接"上这种关联，才可以联系上壮族的，都是属于比较难联系的品牌类型。为此，我们所重点考察的应是那些容易联系上壮族的优质产品。它们与壮族有着切实的关联依据，所以，联系起来也比较自然。这对于品牌的消费者来说也是如此。

二 为选取的优质产品打造蕴涵壮族形象建构功能的品牌

选好了可以与壮族关联上的优质的工农业产品之后，接下来就是要将与壮族有关联的内容融入和凝结到品牌的内容中去了。这些可关联的壮族成分，都是外在于产品本身之外的，由于产品本身是不能够直接体现得出来的，如果你不主动在品牌中引入，它们也是不会自动地跑进产品的品牌内涵里去的。所以，为了让产品的品牌具有壮族形象的建构功能，就需要品牌的打造者主动地将这些要素引入品牌内涵中，而且由于这些要素本就是产品本身的联系所具有的，因此，引入也让人觉得非常的自然。比如，曾经有厂家以"黑衣壮"来打造自己酒的品牌，命名其酒为"黑衣壮酒"，品牌的广告词是："黑衣壮酒，来自壮乡的酒"。"黑衣壮""壮乡"这样的壮族性内涵，显然是品牌打造者有意引入的与壮族发生联系的内容，酒原料本身自然是不会体现出这样的属性的，而且这样的"嫁接"也很自然，壮族能喝酒，在广西可是有名的。而从品牌效果来看，打造者通过将当时舆论的热点"黑衣壮"嫁接到自己的产品上，一是可以借力新闻热点快速地提升酒品牌的知名度，二是又借此赋予酒品牌以壮族的内涵，进而让品牌带上了壮族形象的建构功能，从这个品牌中，消费者可以感受到一个爱喝酒、善酿酒的壮族形象来。从品牌的壮族形象建构功能的打造看，这样的操作显然是非常成功的。可惜的是，由于种种原因，后来这个品牌没有继续运营下去。

无独有偶，笔者在一次调研中也发现，宜州的一家蚕丝被厂的老板，也同样以主动融入壮族成分的方式赋予了自己蚕丝产品品牌以壮族形象的建构功能。宜州现已是广西重要的蚕业基地，也是壮族的聚居区，壮族民众是当地种养蚕茧的主力，蚕丝被厂的老板巧妙地将这些要素融入自己产品品牌的创建中，他不仅以"壮都""壮王""壮歌"这样富于壮族性的字眼来命名自己产品的品牌，开发出了"壮歌丝绸蚕丝被系列"和"壮王丝绸蚕丝被系列"两大系列产品，而且自销店面和公司的名称也离不开"壮"字，分别命名为"壮都丝绸城"和"壮歌茧丝绸有限公司"，营造了非常浓厚的壮族氛围，而消费者也很容易从这一系列的带有"壮"的名称和品牌中，联想到壮族，并从中感受到了一个善做漂亮蚕丝被的壮族形象。虽然这一品牌的名声还不算大，外地人都没怎么听说过，但是老板打造品牌壮族形象建构功能的方法，却是值得学习的。

相反，如果只是着眼于产品本身的物质属性来创建品牌，则会错失利用品牌来建构壮族形象的机会。在这方面，田东芒果品牌可算是一个代表了。

田东也是一个壮族聚居区，其所产的芒果是百色地区最优质的，有"百色芒果看田东""芒果正宗，源自田东"的美誉。当然其种植芒果的主体也是壮族，可以说，产品本身与壮族的关联是非常显眼的，但是该县在打造和创建本县域的芒果品牌的时候，由于没有利用壮族元素打造品牌的意思，更没有借此品牌的打造来建构壮族形象的意识，所以，在品牌的打造中，没有将这些壮族元素融入进去，导致了我们无法从其一系列的相关品牌中读出壮族成分，因而也就没有从中感受什么壮族形象来。比如，该县的"田东芒果"品牌获得了一系列的荣誉，2004年荣获"广西无公害农产品（芒果）产地认定证书"和"广西优质产品"称号，2006年荣获"广西无公害农产品（芒果）生产示范基地县"称号，2007年荣获"第二批全国无公害产品（芒果）生产示范基地县"称号，2009年获"西部著名特色产品（芒果）"桂冠和"西部特色产业（芒果）之乡"称号，2011年6月27日，国家质检总局发布2011年第93号公告，批准田东香芒为地理标志保护产品。从这些品牌荣誉中，我们感受到的只是产品自身的物质属性怎么怎么的好而没有感受到什么壮族形象，所以，"田东芒果"品牌是不具有什么壮族形象建构功能的，这是非常可惜的，本可以让壮族形象随着优质的"田东芒果"飘香海内外的，但是由于没有壮族形象建构的意识而白白浪费了让自己民族也一同扬名的机会。

我们广西拥有丰富的工农业产品，利用这些产品的品牌创建来建构壮族形象具有广阔的空间。工业品方面，广西拿得出手的品牌也不少，像两面针、玉林柴油机、五菱微型汽车、柳工的装载机、多用途乘用车、乘龙货车等的市场占有率居全国前列，南南铝、南宁化工、富士康、南宁地铁、皇氏乳业、东糖、大锰锰业、南方黑芝麻等都是百亿级别的企业，但是就目前来看，能够从这些品牌中感受到壮族形象的确实不多。不过，这同时也意味着我们可以利用的空间还是很大的。

农产品方面，广西作为壮乡，地处亚热带，优势特色农产品则更是丰富多样，同时也是我们的优势，像香菇、八角、茶油、木耳、土鸡、山鸡、核桃、芒果、龙眼、板栗、大米、柚子、珍珠李、竹笋、矿泉水、辣椒酱、茶、橘子、山羊、香猪等都是比较有名气的广西特色农产品，其中有一些已经打造出了牌子，如天等辣椒酱、巴马矿泉水、凤山板栗、天峨珍珠李、马山黑山羊、巴马香猪、田林八步笋、田东芒果等，但是遗憾的是这些品牌也都是只见物而不见壮族，因此，也都没有鲜明的壮族形象建构功能。现如今，自治区政府下发了《关于加快推进广西现代特色农业高质量发展的指导意见》（2019），提出了按照高质量发展的要求，在坚持绿色发展的理念的基础上，提升农产品的品质品牌，力争打响广西农产品品牌。可以预见，广西将会迎来新一轮的特色优势农产品品牌创建的热潮，只是希望在这一轮的品牌创建中能够融入壮族形象建构的自觉意识，在创建出响当当的"广西品牌"的同时，也能够顺带地让品牌带上鲜明的壮族形象建构功能，让壮族形象随着丰富多样的"广西产品"进入更多人的视野。

三 大力宣传品牌以扩大其壮族形象的建构效果

任何产品的生产都是为了卖给人消费的，为此，产品的生产者生产出产品之后，还得要想方设法地将产品送到有需求的消费者手中。而达此目的的最常用的手段就是对产品进行大力的广告宣传，因为通过广告宣传之后，产品的信息就能够广泛地传送到更多的消费者那里，这样一旦他们有需求，就会优先想到去购买那些产品。因此，大力宣传产品，是所有产品生产的内在需要，工农业产品尤其如此，因为它们是直接服务于人们日常吃穿住行的需要的，属于人们的第一消费品，而且不少产品都有保质期，具有快速出货的迫切需要。虽然由于生产者实力有限，能够在大的媒体平台上做优质的广告宣传的毕竟比较少，但仍然可以通过其他渠道来做广告宣传，如当地的室外广告牌、当地的媒体，还有微信朋友圈、Q群、微博等，尽管范围有些小，但总比无宣传要好得多。像上面我们提到的"黑衣壮酒"就是在南宁民族广场的广告牌上打的广告，从民族大道路过此处人都能看到，而且印象深刻，广告效果不错。宜州的那个蚕丝被厂的老板，也会利用其店面外墙来打醒目的广告，不管买与不买，只要瞄见那广告，也都会留下深刻的印象。而对于区域性的产业化农产品，其品牌的宣传还多仰赖政府来进行，因为分散的农户很难去做这样的公共品牌的广告。

产品广告宣传的传播范围越大，那么，品牌所蕴含的壮族形象的传播范围也就越大，实际收获的是品牌名声和壮族形象建构效果的双赢。当然，产品品牌的广告宣传，也不能毕其功于一役，还要注意广告的间隔性和周期性，以唤起消费者的品牌记忆，以便让品牌"保鲜"的同时也让其所蕴含的壮族形象"保鲜"。

四 产品品牌要注意升级以维持长久的壮族形象建构效应

工农业产品的品牌即便知名度有了也不能安枕无忧，因为消费者的需求是经常变的。就中国而言，以前消费者的需求是要有东西可买，而后物品丰富了，大家就要求质量要好，再进一步就是要求品质、品味要好，比如吃的，以前是求吃得饱，后来是求吃得好，现在是求吃得健康、吃得放心，所以，要求绿色、有机、无污染。可见，农产品的生产和加工，就更要跟着消费者口味需要的变化而转型升级了，否则，原来再怎样有名，也有可能会被消费者抛弃。就变的要求来说，工业产品实际上也不能例外。不少百年老字号品牌，就因不能随着时代的变迁而适时地转型而遭遇了抛弃。而广西的工业品牌就有过不少这方面的教训。广西曾经在啤酒、叶面肥等领域有叫得响的产品，但由于不注重产品创新升级，市场份额大幅度缩水。还有很多产品面临着诸如"名头很响市场不旺""区内很火出省就凉""市场有需求产品跟不上"的尴尬，原因就是产品档次不高、技术含量低、缺乏创新造成的。当然，也有做得好的，如柳州螺蛳粉、桂林米粉、合浦大月饼、梧州六堡茶，都因注重产品升级换代而在产业化方面越做越大。升级换代做得好，品牌的寿命自然就有保障。当然，随之有保障的还有附着在品牌上的壮族形象建构功能。对于蕴含着壮族形象建构功能的产品品牌来说，如果产品的市场寿命短，就意味着其壮族形象建构的效果也就不长久；反之，则会持续释放。所以，就是出于维护工农业产品品牌的壮族形象建构功能计，产品品牌的转型升级、更新换代也是应该的。

总之，一个工农产品的品牌经过上述四个步骤的创建活动之后，就可以转变成一个具有持续的壮族形象建构效果的工农业产品品牌了。

第二节　文化品牌的壮族形象建构功能的打造

如果说工农业产品的品牌难以通过产品自身的自然物质属性来体现壮族形象的话，那么，文化品牌则完全可以避免这样的缺憾了。它通过品牌自身的文化内容来直接体现壮族形象，因为文化品牌就是一精神性产品的品牌。文化品牌中的"文化"是狭义的文化，即指推动人类社会不断发展进步的精神食粮，亦即精神产品。所以，所谓的文化品牌就是指基于精神性、非物质文化产品所形成的品牌。当今社会，随着文化产业、文旅产业的兴起，文化品牌的创建和打造也是如火如荼。

你只要在百度上以"特色文化品牌"去搜索，就可以看到这方面的大量例子，比如河北唐山滦县王店子镇整合现有的资源，以"文化+农业""文化+初加工产业""文化+旅游"的模式，重点打造"一区两园"即青龙山景区、晟元农业庄园、卧龙谷红苹果公园三大文化产业品牌。青海格尔木市也以"文化+旅游"的模式利用本地独有的昆仑山世界地质公园、察尔汗国家矿山公园两个5A级景区和4个3A级景区，大力实施昆仑文化品牌发展战略。深圳市坪山区则通过创建以"滨海客家"或"山海客家"为馆藏特色的客家特色文化馆藏区，来打造"小而精"的客家文化品牌。

广西也不例外，各市县也都提出了自己的文化品牌打造计划。如柳州市就提出要利用柳江（龙江）水域资源，努力打造"中国柳州国际水上狂欢节"这一节庆文化品牌。宜州市则提出和实施了利用"刘三姐故里"和山歌文化的资源，以"刘三姐文化+旅游"的模式来打造刘三姐文化品牌。南宁市则提出继续打造和维护好"南宁国际民歌艺术节"这一节庆文化品牌。田阳县则以底蕴深厚的布洛陀文化努力打造布洛陀文化品牌。武鸣县则提出和实施了以"壮族歌圩文化（南宁）生态保护区""中国壮乡文化研究保护基地""全国文化先进县""广西民间文化艺术之乡"和"广西首批特色文化产业示范县"为基础，利用壮乡的民族风情，着力打造"壮"文化品牌。上林县则提出和落实了依托龙母湖国际生态文化旅游度假区、云里湖现代农业观光园、金莲湖健康养生产业园、鼓鸣寨养生旅游度假区、智城遗址公园、塘红乡龙母文化基地、澄泰乡霞客桃源景区徐霞客文化体验基地等重点项目，以良好的生态环境打造"壮族老家 养生上林"的生态养生文化品牌。马山县则提出要利用"中国黑山羊之乡""中国民间文化艺术之乡""中国会鼓之乡""中国长寿之乡"的品牌影响力，打造好马山县美食文化品牌。横县则提出和实施了依托茉莉花种植生产基地和"中国茉莉花之乡"的品牌声誉，建设以茉莉花为主题的特色文化产业，打造好花、茶文化品牌。宾阳县则提出和实施了要发挥"中国炮龙之乡"的品牌效应以便打造工艺美术文化品牌。隆安县则提出和实施了深入挖掘独特的农耕文化，依托隆安"那"文化旅游节和"四月八"农具节以及龙虎山自然保护区、布泉山水景区、西大明山水源林保护区、绿水江等特色旅游资源，来着力打造"那"文化品牌。[①] 利用这样的文化品牌打造热潮趁势创建出具有壮族形象建构功能的文化品牌来，应该是一个非常好的选择。所以，本节就拟以这些例子为基础探讨如何在文化品牌的创建中打造出具有壮族形象建构功能的文化品牌来？笔者认为，可以从以下具体的创建步骤来进行。

一 选择含壮族文化因子的文化产品作为品牌打造的对象

要想让文化品牌具有壮族形象的建构功能，作为品牌之基础的文化产品就必须含有壮族文化的成分。为此，在打造的时候，首先就要选择具有壮族文化因子的文化产品作为品牌打造的对象。这样的文化产品，品牌一旦打出来了，就会具有壮族形象建构的功能，因为其中的壮族文化因子会让消费者联想到壮族，进而在心中建构出相应的壮族形象来。以此为标准来考量上文所列的广西各区县将要打造的文化品牌，我们可以发现可以打造出具有壮族形象建构功能的品牌分别是宜州市的刘三姐文化品牌、南宁市的"南宁国际民歌艺术节"节庆文化品牌、田阳县的布洛陀文化品牌、武鸣的"壮"文化品牌、上林县的"壮族老家 养生上林"的生态养生文化品牌、隆安县的"那"文化品牌，因为其中都含有比较明显的壮族文化成分。因此，在打造的时候，就要选择类似它们那样的文化产品来作为品牌打造的对象，就可以打造出具有壮族形象建构功能的品牌来的；而柳州市的"中国柳州国际水上狂欢节"节庆文化品牌、马山县的美食文化

[①] 参见《南宁市"十三五"文化产业发展规划》，（2017-01-18），http：//www.nanning.gov.cn/Government/jcxxgk/zcwj/bjwj/whfl/zxwj/201701/t20170118_ 710172. html。

品牌、横县的花、茶文化品牌、宾阳县的工艺美术文化品牌,则难以直接具有壮族形象的建构功能,因为其品牌之基础的文化产品壮族内涵不明显。所以,在打造品牌的时候,类似它们的那些文化产品都不要选择,即便是选择了在打造的过程中还得要想方设法地为它们"嫁接"壮族成分,而且还要"嫁接"得自然合理才能用。因此,为了达到壮族形象建构的目的,在品牌打造的时候一定要优先选择含壮族文化成分的文化产品作为打造的对象。

二 精心打造文化精品以树立文化品牌

选好了含壮族文化成分的文化产品作为打造的对象之后,接着要做的就是将这文化产品好好打磨,锻造成精品,这样具有壮族形象建构功能的文化品牌才会树得起来。刘三姐文化品牌的形成就是经过这样一个过程才树立起来的。

刘三姐文化品牌的核心是刘三姐故事,但这样的故事早就在广西、广东的民间传播了,并没有形成有广泛影响的名声,即便是在故事的流传地区,也许大家也只将之当作是一个关于唱歌人的普通故事看罢了。刘三姐能成为一个文化品牌,跟三个作品有密切的关系。首先是宜州的邓昌伶先生在 20 世纪 50 年代初将当地民间流传的刘三妹故事改编为戏剧《刘三姐》,首次赋予了民间故事以戏剧性的情节同时也赋予了刘三姐的反抗性格,尽管作品本身没有什么名气,但是却为后来的人进一步改编创作奠定了一个良好的基础;其次是柳州市彩调剧团 1959 年改编的彩调剧《刘三姐》,该剧参加了当时全国的戏剧会演,虽然会演获得了赞誉,但尚未有全国的影响力;第三是长春电影制片厂 1961 年依据彩调剧改编的音乐电影《刘三姐》,电影刚一上映就轰动大江南北,刘三姐获得了全国的名声,还蜚声海外,同时也具备了品牌的实力。当时,很多外省人都是凭借电影《刘三姐》而认识广西、认识壮族的,这使得"刘三姐"很快就获得了象征广西、象征壮族的符号意义。只是囿于当时的社会环境,没人将之称为品牌罢了。但到了 20 世纪 80 年代实行改革开放,发展商品经济之后,其品牌的价值很快就因被注册为商品名称、品牌而得到了彰显。从刘三姐文化品牌的形成过程中,我们可以看到,不同版本的作品《刘三姐》在其中起到了关键的作用,而其中电影版的《刘三姐》则是关键中的关键,而它则是在前两个作品的创作的提出上萃取出来的结果。可见,文化品牌能不能叫得响，关键还是看品牌所倚靠的文化产品是不是属于叫得响的精品。因此，用心打造所选择的含壮族文化成分的文化产品，并努力使之称为叫得响的精品，就成了我们打造文化品牌的核心工作。这一个过程可能耗时比较长，也可能较短，关键就看创作者的才华以及相关的运作机制了。有的人可以一炮成名，有的人则属大器晚成，所以，品牌的打造还是需要耐心的，切不可急躁冒进。

三 文化品牌需要常"保养"以稳固其壮族形象的建构功能

文化品牌与工农业产品品牌的一个最大的区别就是无形与有形的差别。工农业产品的品牌因有有形的产品作支撑，总是给人一种实在感。文化产品品牌因所依据的文化产品是精神性的、非物质的产品，所以，总让人觉得有点虚。而且工农业产品由于多是人们的日常生活所需要，可以做到天天见或者常常见，而文化产品很多都不能做到能让人天天见，即便现在一些作品有了视频版，也不能做到，因为你得需要有适当的心情来看才行，而且即便有心情来看，看多了也会有审美疲劳的，再说，视频版与现场版毕竟也还是有差别的，这些也会影响人们有天天都去看的心情。但也不能隔了很长的时间都不能看，因为如果文化产品长时间不展演，不"露面"，那么，你原来保存的关于作品及其品牌的记忆就会逐渐淡化，甚至会最后消失。总之，文化产品既不能天天看又不能长久的看不到，文化品牌也不像物质产品的品牌那样有那么大的实存感。这些特性，决定了文化产品及其品牌需要的是合适的"曝光"率，用一句通俗的话来说就是需要经常"保养"，就像汽车需要定期进行"保养"才能确保其正常运作和正常寿命一样。

文化品牌具有无形性，而作为其基础的文化产品又多是过程性、间歇性的存在物，比如作品展演完了就不再直接呈现在眼前了，除非你用录像的方式来保存。文化产品的这种过程性、间歇性的存在特征，让文化品牌的存在感也是飘忽不定的，因为文化品牌打造的过程就是文化产品展演的过程，当展演累积的效果达成一定程度的时候，品牌就形成了。但由于文化品牌是无形的，所以，它的形成往往不怎么牢靠。你看，当文化产品在展演的时候，你是可以感受到文化品牌的存在的，而当作品展演结束之后，品牌就只存在于你的想象中和记忆中了。所以，文化品牌一旦经由作品的展演打造成功之后，就还需要经常进行"保养"，有如汽车需要定期"保养"。

那么,"保养"的方法又是什么呢?就是有节奏地定期地展演和展示文化产品,比如每年一次这样的频率,而且每次展演和展示的力度也不能有太大的差别,否则,展演和展示的效果反差太大,观者不满意,这会砸牌子的。这方面的例子近年就有所体现,比如南宁市国际民歌艺术节、武鸣的"壮族三月三"歌圩暨骆越文化旅游节、宜州市刘三姐文化旅游节、田阳县的布洛陀民俗文化旅游节、宁明骆越王节因为以往无论是规模,还是力度都搞得比较大,因此,也就形成为了名气比较大的品牌,但自从2012年中央实行了"八项规定"之后,政府投入办节的钱没有以往那么大了,文化产品的展示规模和力度都明显的不如以前,观众也感觉到不如以前那么好看了,因此,参与节日的热情日渐降低,没有那多人追捧了,品牌的美誉度也就在降低。现在有一些节也呈现出"冷清"的颓态,如果还是这样发展下去,那么,文化品牌也就逐渐名不副实,离老百姓抛弃它也就不远了。而品牌被抛弃了,那么也就意味着品牌所具有的壮族形象建构功能也就随之失去了。所以,在文化品牌打造成功之后,还要学会"保养"品牌,细心呵护,让其能够定期地以相对均衡的力度或者超越往常的力度来展现和展示,这样,品牌的活力才会长青,品牌的壮族形象建构的能力也才会持久。

四 文化品牌需要创造性开发以扩大其壮族形象的建构功能

如果说对品牌进行周期性的"保养",着眼的是对文化产品及其品牌的规模和力度的定期"复现"的话,那么,对文化品牌的创造性开发所着眼的是对品牌的迁移性应用。一个品牌成功了、有了名气之后,大家都想着利用它来为自己服务,以便能更快、更好地实现自己的目的,只要这个品牌是可以合法地利用的话。而许多文化品牌恰恰是属于这样可以被任何人合法性地加以开发、利用的公益性、公共性的品牌。而这样合法性地开发、利用文化品牌,对于维护品牌自身的活力也是很有好处的。试想一个品牌名称被人创造性地用到各个领域,从品牌"曝光"的频率角度来看,不就相当于"曝光"率翻了好几倍了吗?"曝光"率越高,意味着这个品牌为人所知就越多,品牌的影响面也就越大,而且还能让品牌"保鲜"呢。不过,这是知名品牌才会有的好待遇。不知名的品牌,谁会去抢着使用呢?不过,这倒可以给我们打造品牌的人一个启发,对于一些还不知名的品牌,我们也可以通过创造性开发利用的方式，让其在使用中变得有名气起来，甚至会成为知名品牌。当然，这需要你的开发利用是一种成功的开发利用为前提，否则，品牌还是会知名不起来的。而前面讲的知名品牌的开发利用，也不能随便，如果抢着用结果因为自己的产品或者服务的缘故而导致砸牌子的行为发生的话，那么，这种开发利用也会在一定程度上反身伤害知名品牌的声誉。由此可见，无论是知名的文化品牌，还是一般的文化品牌，都是需要合法的成功的创造性开发利用的。这样的开发利用越多，就越意味着品牌的生命力越强。而品牌的生命力越强就意味着品牌所具有的壮族形象建构的功能越持久，所产生的影响面就越大。在这方面刘三姐文化品牌就是一个好的典范。

上文提到，刘三姐文化品牌在1961年电影《刘三姐》上映之后就形成了，但却没有将之当品牌来认知和使用，以至于这一品牌也曾一度因电影的不常放而逐渐让人暂时遗忘了。不料，到了20世纪80年代初实行改革开放，大力发展商品经济之后，人们突然发现竟然有卷烟厂将"刘三姐"用作了香烟的品牌名称，而这一发现同时也将刘三姐文化品牌拉回到了人们的记忆之中。这一利用，也应该算是刘三姐文化品牌的创造性开发利用的第一步。

进入20世纪90年代后，人们对刘三姐文化品牌的开发利用也在不断地加深而且多元化。比如，广西南宁市在90年代末打造的"南宁市国际民歌艺术节"节庆文化品牌，就利用到了刘三姐文化品牌的元素。几乎每一届的开幕式的文艺晚会都会提到"刘三姐"，或者出现改编刘三姐的歌曲。这种利用，一方面等同于年年刷新人们对刘三姐文化品牌的记忆；另一方面又成功地借用刘三姐文化品牌来为造就"南宁市国际民歌艺术节"节庆文化品牌出力。而广西宜州市则又是另一种开发利用的模式，他们用"刘三姐文化+旅游"的模式来利用刘三姐文化品牌，发展旅游经济。借着"三姐故里"这一名号，不仅自2010年连续多年有力度地举办刘三姐旅游文化节，而且以刘三姐命名了一系列的东西，如将流河乡改为刘三姐乡，并在刘三姐乡建了刘三姐书院、刘三姐山庄，在市里建了刘三姐音乐喷泉广场，并立了一尊汉白玉刘三姐塑像，在城南广场设立刘三姐歌台，还以"刘三姐"命名牛肉条、蚕丝被及各种菜肴等，拍摄了新的旅游风光片《刘三姐故乡——宜州》，创作大型动漫连续剧《歌仙刘三姐》。① 这些开发利用刘三姐文化品牌的工作，成效显著。通过完整而有效的宣传，向世人展示出刘三姐故乡的民俗风情，推广刘三姐文化旅游品牌，进一步扩大了刘三姐故乡宜州的知名度、美誉度和影响力。2007年宜州被国家旅游局命名为"中国优秀旅游城市"，2009年宜州被评为"中国最具民俗文化特色旅游目的地"，2011年宜州荣获"中国最具海外影响力明星城市""中国最具民族特色节庆"等称号。

宜州市的做法也启示了被认为是刘三姐传歌和成仙之地的柳州市。鱼峰区的一些政协委员也提出了利用本市流行的有关刘三姐传说来打造柳州市的刘三姐文化的建议。建议的内容有：一是由鱼峰区牵头制定一个关于刘三姐文化的发展规划；二是在鱼峰辖区营造浓郁的刘三姐文化氛围，如将"鱼峰歌圩"改名为"刘三姐歌圩"，开展刘三姐塑像公开征集活动，建议市政府命名"三姐桥""三姐路"，在鱼峰山公园播放与刘三姐文化有关的音乐、电影，打造刘三姐文化商品一条街；三是丰富刘三姐文化保护传承的载体平台，如可在鱼峰区新筹建的文化馆设立"刘三姐文化展示厅"，收集有关的音像、书籍、绘画等资料，成为刘三姐文化研究的中心，成立刘三姐文化研究会和刘三姐山歌队（团）来负责文化研究、组织文化活动、歌手培训交流等；四是要加强刘三姐山歌文化的提升包装，要请知名策划人、作曲家对山歌的曲调、内容、形式等进行提升包装，同时开发有关的图书、电子音像品、网页游戏、微电影等，吸引年轻一代关注；五是进行刘三姐文化的产业化发展，开发"刘三姐"有关品牌的白酒、餐饮、工艺品等商品。② 这些建议非常鲜明地体现了人们开发利用刘三姐文化品牌的自觉意识。

进入21世纪，对于刘三姐文化品牌的开发利用又出现了一些创新性的方式，其代表就是2004年桂林阳朔开始搞的大型山水实景演出《印象·刘三姐》。该演出将阳朔的自然山水与广西少数民族的文化风情展演以及现代的声光电技术结合在一起，大大地突破了以往人们关于文艺演出的观念，给人们提供了一种不同于过往的新鲜的艺术欣赏体验，因而备受

---

① 参见江日清《宜州市打造刘三姐文化旅游品牌的调查与思考》，《广西师范大学学报》（哲社版）2009年第5期。

② 参见《为"唱响"刘三姐文化品牌出"金点子"》，（2012-09-11），http://lzzx.liuzhou.gov.cn/liuzhouwenshi/wenshi_news/201209/t20120911_550687.htm。

游客的欢迎，短短几年就迅速地成长为了一个知名的文化品牌和驰名商标，其中刘三姐文化品牌所起的作用，也是不容忽视的。

2015年，南宁铁路局则结合自己的行业特点，将刘三姐文化品牌与铁路运输服务相结合来打造刘三姐服务文化品牌。他们在南宁客运段、南宁站、柳州站、桂林站、梧州车务段、百色车务段等单位创建铁路客运"刘三姐"服务文化品牌集群。在南宁东站设立"刘三姐·南宁东服务台"，柳州站设立"刘三姐·映梅服务台"，桂林北站设立"刘三姐·漓江情服务台"，梧州南站设立"刘三姐·鸳江彩虹服务台"。[①] 这是对刘三姐文化品牌的一种新利用。

由上所述可见，广西人对刘三姐文化品牌的创造性开发利用的热情还是很高的，而且成就不错。这样的利用在起到不断刷新人们的品牌印象，保持品牌新鲜度的同时，也很好地起到了扩大品牌的壮族形象建构功能的作用。

一个文化产品经过上述四步的打造之后，不仅可以造就一个知名的有持续影响力的文化品牌，而且还能让其带有比较强的壮族形象建构的功能。

第三节 地望品牌开发中壮族形象建构功能的打造

说到对品牌的开发利用，还有一类品牌也很受国人的重视，这就是地望品牌，由此还引发了不少争抢地望品牌的纠纷呢！所谓地望品牌，顾名思义，是指某地方凭借所拥有某些有名气的人、事、物而获得的名望。地望品牌的形成以众人口口相传的口碑为主（当代的则还包括由媒体引发的口碑），也有部分是由组织或机构赋予的。地望品牌之所以引起争夺，就是因为它具有招商引资、旅游开发等的价值。各地都想以地望品牌做地方的"亮点"和"名片"来做招商引资和旅游的"大文章"。广西当然也不例外。比如巴马县利用自己"长寿乡"和好山好水好空气的地方名望来开发养生康养经济，还带动了具备同样条件的邻居县东兰和大化也跟

---

① 参见朱柳笛《与列车踏歌同行 刘三姐品牌熠熠生辉》，（2015-12-28），http：//www.nntlj.com/staticpages/20151228/nt568086dc-2704334.shtml。

着做养生康养经济。兴安县则提出利用自己的灵渠等人文景观和猫儿山的自然风景这些地方名望来发展旅游经济。而宜州则算是名副其实的利用"名人故里"之地方名望来发展旅游经济的典范了。当然，想要开发利用就得先有地望品牌才行。有些地望品牌是历史形成的，如兴安以灵渠出名、桂林阳朔以山水美出名、宾阳以手工艺品出名、宁明以花山壁画出名等就属于这一类。有些则是依靠当代口碑形成的，如巴马以长寿乡出名、龙胜以龙脊梯田出名、靖西以绣球出名、容县以柚子出名、宜州以三姐故里出名、横县以茉莉花茶和鱼生出名、大新以跨国德天瀑布出名、天等以辣椒酱出名，苹果以铝矿和嘹歌出名等就属于这一类。而有些则是当代由政府相关机构评选出来的，如田东县的"西部特色产业（芒果）之乡"、马山县的"中国黑山羊之乡""中国民间文化艺术之乡""中国会鼓之乡""中国长寿之乡"、横县的"中国茉莉花之乡"、武鸣县的"中国壮乡""中国骆越文化之乡""中国龙母文化之乡"、宾阳县的"中国炮龙之乡"等等，这些都是在当代由政府机构评选赋予的。由于有这一政府评选和授予地望品牌的渠道，所以，既没有历史上遗留下的地望品牌，也没有当代口碑所造就的地望品牌的地方，也都想方设法创造条件，让自己在新时代能够通过评选获得地望品牌。拥有了地望品牌，各地都会想着开发利用，所以，笔者就想既然各地都有想开发利用地望品牌的愿望和冲动，何不趁势在这过程中通过一些手法顺带地让地望品牌也带上壮族形象建构的功能。那么，具体怎么做呢？这就是本节所要探讨的问题了。

在笔者看来，要想在对地望品牌的开发利用过程中同时兼顾实现壮族形象的建构功能，就需要做好以下工作。

一 要有凸显壮族文化的自觉意识

现在就整个广西来说，想利用和正在利用地望品牌来进行相关开发活动的地方政府的确不少，但遍观他们的开发规划，见到的都是发展经济的诉求，这本无可厚非，但细一想又觉得有点可惜，明明可以很轻松的就兼顾到壮族形象建构的效果却因为没有这方面的意识而减弱了或者干脆就没有了。

也正是基于这样的现实，笔者认为，要想在地望品牌的开发中实现经济效益和壮族形象建构效益的双赢，开发者在进行规划之初就应该有凸显壮族文化的强烈意识。从现实案例来看，体现这种自觉意识的主要有上林县的"壮族老家 养生上林"品牌的创建就很有代表性。他们在品牌创建规划的时候,就已经考虑到了要充分挖掘本县有名的壮族历史文化传统,比如本县具有可考究的有关壮族的传说——渡河公传说,有可考究的壮族先民最早活动的遗迹——石南海,有唐朝统治下桂西南地区的"壮都"——智城,有岭南地区目前可见最早的石刻——《六合坚固大宅颂碑》《智诚碑》,有清代壮族夯土建筑古村落——鼓鸣寨,并将它们分别规划到六条精品生态旅游线路中,进行包装、宣传和推介。

另一个典型案例,就是南宁市武鸣区的武鸣三月三歌圩暨骆越文化旅游节品牌的创建。他们在规划阶段就明确地将品牌的创建定位在对本区的"中国壮乡"地望品牌的多方挖掘和利用上,因此,开展了许多含壮族文化内容的活动,如每月定期地开办歌圩、每年都定期举办旅游节、开展各种具有壮族特色的游艺活动、上演具有浓郁壮族风味的文艺晚会、举办骆越祖母王祭祀仪式活动等,以便营造出浓郁的"壮乡"氛围。

类似这样的案例广西还有不少,也都是在开始的规划阶段就明确要凸显壮族文化,因而所打造出来的品牌也很自然地兼具壮族形象的建构功能。可见,要想在地望品牌的开发中同时收获壮族形象的建构效果,开发者在开发之先就必须先要有凸显壮族文化的自觉意识。

二 在地望品牌的开发中布局和彰显壮族文化

有了彰显壮族文化的自觉意识之后,创建者接下来要做的就是于开发中落实和体现这一意识。其行动步骤一般有三步:首先,得知道有哪些可用来布局的本地的壮族文化。为此,就先要做好挖掘和整理工作。其次,依据所拥有的壮族文化进行相应的规划布局和再加工,已有实物的做好保护和修缮的工作,没有实物的要进行补建,以便让这些壮族文化的呈现落到实处,并让它们与其他的景观形成一种相得益彰的和谐关系。再次,就是向游客开放参观了。这方面田阳县在地望品牌的开发中对布洛陀文化的布局和彰显,就比较有典型性。

田阳县敢壮山被诗人"发现"和学者论证为壮族人文始祖布洛陀的"古居"和壮族的发源地之后,经过媒体的宣传,迅速声名鹊起,成长为了田阳县的地望品牌。在有关学者的帮助策划下,田阳县政府和百色市政府迅速开展对这一地望品牌的开发活动。一是依据《布洛陀经诗》的内容、有关传说以及相关的遗址,对敢壮山的区域进行规划设计,恢复和建设相关的基础设施，如庙宇、祭台、神道、碑林、博物馆等，在县城还通过改建的方式建了一个布洛陀文化广场；二是依据敢壮山歌圩的传统筹划和举办了百色市布洛陀民俗文化旅游节，在节日里，开展各项民俗和经贸活动，举办布洛陀祭祀仪式和"布洛陀之夜"文艺晚会。这一系列开发和布局布洛陀文化活动所产生的效果，就是自2003年起布洛陀民俗文化旅游节成了田阳县每年清明节期间的一件文化盛事，一方面既传承了传统壮族文化，彰显了壮族形象，另一方面也对当地的经济发展产生了一定的拉动作用，实现了经济效益与壮族形象建构的双赢。这是对本身就含有壮族文化成分的地望品牌的开发活动的布局而言的，在这类地望品牌的开发中布局壮族文化事项相对来说还是比较容易做到的，毕竟将本地本就有的东西进行一番开发式的布局和重构相对来说也比较容易。

那么，那些不含壮族文化成分的地望品牌可不可以开发出壮族形象建构的功能来呢？这也是可以的，就看你怎么"开发利用"了。容县的一家食品公司就做得不错，看起来也花不了多少成本。

这家食品公司叫广西容县锦香食品公司，其生产的产品是沙田柚子皮（蜜饯），其产品的运营商是广西中柚食品集团有限公司。我们都知道容县的地望品牌是盛产优质的沙田柚。这样的地望品牌本是没有壮族文化成分的，加上容县也不是壮族聚居县，想联系上壮族都比较困难。但是这家公司和运营商合作，在产品的包装上做文章，结果让容县的地望品牌也带上了壮族的内涵，进而具有了壮族形象的建构功能。他们的做法是在包装盒上，打上"广西特产""广西果脯""中国沙田柚原产地——沙田柚子皮""壮乡风味"，这些文字的组合，就给容县的地望品牌赋予了壮族的内涵，让人看了包装也能联想到了壮族，进而会形成一个沙田柚原产地的壮族形象，或者盛产沙田柚特产的壮族形象。

此外，像阳朔的地望品牌，"桂林山水甲天下，阳朔山水甲桂林"，加上它也是一个以汉族为主的县份，看起来也是没有什么壮族内涵的，但是后来因为在阳朔办了个《印象·刘三姐》的实景演出，让人一提起阳朔就不再只是联想到"甲桂林的山水"了，还联想到了"印象·刘三姐"，而由刘三姐自然地就会联想到壮族，进而也就会在其地望品牌中感受到壮族形象的存在了。

由上述两个例子就可以看出，原本不含壮族成分的地望品牌通过巧妙地"嫁接"上壮族的内涵之后，也是可以获得壮族成分并具有壮族形象建构的功能的。

总之，要想在地望品牌的开发中同时收获壮族形象的建构效果，就要在开发利用地望品牌的过程中巧妙地布局或者重构壮族内涵。这样就可以让开发所创建出来的新品牌或者是原有的地望品牌具有壮族形象的建构功能了。

三　对地望品牌的开发成果要多进行宣传和推介

经过巧妙合理的布局或者重构之后，开发地望品牌的活动是可以产生经济效益和壮族形象建构效益的双重利好的。到了这一步，按理已经算是完成了开发任务了，但是从壮族形象建构的效益看，还不能停下，还需要做一项工作，这就是对地望品牌的开发成果要多进行宣传和推介。这样地望品牌开发所产生的壮族形象建构功能才能广为人们所知，开发所产生的壮族形象建构效果才算是实现了最大化。而宣传、推介的方法依据开发利用的方式，大概有以下几种：

首先，连续办节。这是针对通过办节来开发利用地望品牌的方式而用的广而告之的办法。年年在固定日期办节，就相当于每年都在做一次大广告，再加上为办节所做的各种宣传，相关的信息量还是蛮大的。这样无论是亲临现场参加节庆活动的人，还是不参加的，就都能够年复一年地感受到相关节庆活动的信息，以及其中的壮族形象的存在。由此亦可以看出，如果不连续办节，与此相关的壮族形象的建构信息，当然也就会减少，壮族形象建构的效果也就随之降低，因为仅靠记忆来体验其中的壮族形象，是维持不了多久的。

其次，多做广告。这主要针对以产品品牌创建的方式去开发利用地望品牌而用的广而告之的办法。上文我们提到的容县的"沙田柚子皮（蜜饯）"产品品牌，虽然含有壮族形象的建构功能，但是由于没有大力进行品牌宣传，产品的知名度比较低，所以，其品牌中所蕴涵的壮族形象建构功能也不能得到很好的释放。由此可见，无论是从对产品的销售考虑，还是从对壮族形象建构的效果考虑，多做广告，都是此类地望品牌开发活动所应该要做的。当然，其他开发利用地望品牌的方式，也是需要做广告的，只是没有产品品牌创建的开发利用方式更迫切罢了。

再次，设法提高经由开发利用地望品牌而打造出来的品牌的知名度。这是针对所有通过开发利用地望品牌而创建新牌子的开发利用活动而言的。就目前来看，这类开发利用方式还是占多数的，像上文提到的田阳县创建的布洛陀民俗文化旅游节品牌、宜州市创建的刘三姐文化品牌、宁明县创建的"骆越王节"品牌、武鸣创建的三月三歌圩暨骆越文化旅游节品牌、阳朔创建的"印象·刘三姐"品牌等就属于这一类。由于当地政府比较重视，通过年年办节以及相关的媒体宣传，使得它们都是具有一定知名度的品牌。而品牌知名度提高了，反过来又会促进相关的旅游经济和品牌的壮族形象建构效果。像阳朔的地望品牌与"嫁接"入的"印象·刘三姐"实景演出，就形成了这样相辅相成的相互促进的关系。比如有人本是为了看山水而来阳朔的，结果就顺便看了"印象·刘三姐"，但也有人是为了看"印象·刘三姐"而到阳朔的，因此也顺带地看了阳朔的山水。当然，也有人是奔着这两者而来到阳朔的。这就是新品牌有了知名度后所带来的互促的好处。所以，对开发利用地望品牌所打造出的新品牌，我们也应该努力做好宣传，以便提高其知名度。

总之，只要做好了上述三个方面的工作，那么，对地望品牌的开发利用，就可同时兼顾实现壮族形象的建构功能了，而且这种成效还具有可持续性。

第四节 利用品牌创建来建构壮族形象的共同规律

通过对上述三类品牌创建活动的壮族形象建构功能的打造的分析，我们可以看到，不同种类的品牌创建活动的壮族形象建构效果的造就与获得的方式、方法的确是不同的，但是只要细察还是可以发现其中的一些共通的规律的。了解这些共通规律，对于开展以品牌的创建来建构壮族形象的活动将大有裨益，所以，现将这些共通的规律概括如下。

一 品牌创建要有利用壮族文化的自觉意识

虽然上文我们所分析到的品牌创建活动的例子创建者大都没有自觉的壮族形象建构意识，但是他们所创建出来的品牌或者是所从事的品牌开发活动，却具有客观的壮族形象建构效果，这其中最关键的因素是他们在创建品牌的时候，一开始就具有利用壮族文化元素或者壮族元素的自觉意识。这一意识就像一条红线贯穿了从规划、创意设计、组织发动、具体施工和展示等的整个过程,使得整个品牌创建活动的过程,实际上就成了展示壮族文化或者壮族元素的过程。而这些被展示出来的壮族文化内容,自然也就成了构建或者折射壮族形象的材料。这就启示我们,要想利用品牌创建来达到建构壮族形象的目的,创建者首先得具有开发、利用壮族文化或者壮族元素的自觉意识。没有这样的意识贯穿,品牌创建活动会产生品牌,但很难产生有壮族形象建构功能的品牌。

二　品牌中壮族元素的展现需要巧妙的构想

有了利用壮族文化或者壮族元素的自觉意识之后,接下来还需要具备将这些壮族文化或者壮族元素巧妙地落实到品牌创建或者品牌开发的具体活动中去的能力。而这种能力则直观地体现在落实和运用的巧妙构想上。

如果能够在品牌的创建活动中将壮族元素展现得令人耳目一新、印象深刻、回味无穷,那么,品牌就不仅容易形成,而且还会具有较为强大的壮族形象建构功能。就像刘三姐故事,经由电影的"巧妙表现"之后很快为人所知,并因此而形成了具有鲜明的壮族形象建构功能的刘三姐文化品牌。而有的"巧妙表现"则体现在将本难以联系上壮族成分的品牌巧妙地"添加"和"嫁接"上壮族元素,并进而让人联想到壮族,从而建构出壮族形象来。可见,开发利用壮族元素要想有好的效果,品牌创建者的构想巧妙不巧妙就很重要了。

三　好的壮族形象建构效果需要倚靠高质量的品牌

名牌大家都爱,因为这代表着高质量。可见,品牌质量越高,就越能吸引消费者。而如果这一高质量的品牌恰好具有壮族形象建构功能的话,那么,可以想到其壮族形象建构功能就会获得较为充分的释放,因为使用者众多,知道的人众多,感受到壮族形象的人也就多了。反之,如果品牌质量不高,大家都不怎么用,品牌的名声也不大,即便品牌里蕴含有壮族形象,感受到的人也不多,壮族形象的建构效果自然就小了。

总体上看,质量高的品牌总是具有较好的消费黏性,能吸引到更多的消费者,因而品牌所具有的壮族形象建构功能得到发挥的可能性也就越大。当然,品牌产品的质量也不是一下子就能造就的,它需要一个过程,需要不断总结经验,不断提高。同时,达到一定的质量水准之后,也不能就此满足,止步不前,放松追求,因为人们的需求是变化的,社会也是在不断发展的。一种产品，昨天畅销，今天平销，明天可能就变为滞销，因此，品牌产品质量的打造也是一个永不停歇的过程，要根据时代的需要和社会发展所提供的条件、资源，不断地拓展其内容，开发、升级品牌。这样，品牌的质量才能维持，而其壮族形象的建构功能也才能跟着具有可持续性。所以，无论是利用哪一种类的品牌创建活动来建构壮族形象，都要讲究品牌的质量。

四 壮族形象建构效果的发挥需要品牌知名度的支持

当然，高质量，也只是拥有高知名度和众多消费者的必要条件，而不是充分条件。因此，要想让它们转变为充分条件，就必须多宣传以便设法提高品牌的知名度。如果说过去是好酒不怕巷子深的年代的话，现在则是好酒也要赚吆喝的时代了，因为同类的产品多了，竞争也很激烈，不吆喝恐怕就没人知道了。所以，无论是哪一类品牌，在创建完成之后，都得要重视提高品牌的知名度。如果品牌没有知名度，质量再高也难以广为人知，这不仅会影响销售，而且还会影响其壮族形象建构功能的发挥。

而为了提高品牌的知名度，就一定要重视对品牌的宣传、推介。在宣传和推介的时候，还要注意信息宣传和推介的有效性问题，因为现在是信息时代，也是自媒体的时代，信息的释放和相互影响比以往任何时代都要大得多。这既有好的一面，也有不好的一面。好的一面，是人们可以轻易地获知自己想要了解的信息；不好的一面，是信息多了，不仅会让人眼花缭乱，而且也使得信息之间发生相互遮蔽的情况增多了。所以，沈奇岚说在今天这个时代，哪怕今天被骂一下，第二天就没有人记得了，这个时代是一个像金鱼一样只有五秒钟记忆力的时代，想用一个作品去产生持久的影响力极其难，除非这个作品真的是能够迅速地对其他的东西发生效用。[①] 不仅作品是如此，品牌也是如此。在进行品牌宣传的时候，一定要认真对待品牌信息流的有效度，一方面既要多角度不断地投放品牌的信息，以便提高品牌的曝光率；另一个方面也要注意这些品牌信息的有效度，要能够让更多的人知道和记住品牌。这样，凝聚在品牌中的壮族形象建构信息，才能在更广的范围里释放，进而才能形成高质量的壮族形象建

---

① 参见沈河《在这个时代，为什么现代主义没有办法重来？》，（2017-09-02），http://cul.qq.com/a/20170902/034218.htm?qqcom_pgv_from=aio。

构效果。所以，在利用品牌创建活动来建构壮族形象的时候，一定还要注意提高品牌的知名度。

　　总之，利用品牌创建活动来建构壮族形象是存在着一些共通的规律的，只要遵循这些规律，我们就可以在各种品牌创建个性的基础上创建出同时兼具壮族形象建构功能的有一定知名度的品牌来。

第十章

全球视野的壮族形象建构

如果说品牌是当今国内生活中的一个热词的话，那么，全球化，则是当今全世界的一个潮流了。关于全球化，人们所下的定义虽然很多，但核心都是指全球联系的不断增强，以及全球意识的崛起，同时也指国与国之间在政治、经济贸易上互相依存。在这样一个互相依存日益凸显、相互往来日益增多的世界潮流之下，必然会有外国人以全球视野来看待壮族和建构壮族形象的事情发生，反过来，也必然会有壮族人以全球视野面向外国人推介和建构壮族形象的事情发生。这是全球化背景下必然会出现的一个互动现象。基于此，本章将聚焦于这一互动现象，探讨外国人如何以全球视野建构壮族形象？国内人又如何以全球视野面向外国推介和建构壮族形象以及在推介和建构时可能会面临哪些国际挑战与风险？

第一节　外国人以全球视野"他塑"的壮族形象

所谓外国人以全球视野"他塑"壮族形象，就是指外国人站在他者的角度以全球意识和国际比较的眼光来书写和建构壮族形象，表达他们对壮族的总体看法与评价。此节探讨外国人如何以全球视野建构壮族形象，是指以他们所留下的与壮族相关的作品去分析他们是怎样建构壮族形象的。这方面，恰好有两位美国学者的壮族研究作品，可供给我们进行相关的研究。他们分别是杰弗里·巴娄和凯瑟琳·考普，从他们的壮族研究专著中，我们可以一窥外国人是如何以全球视野建构壮族形象的。

外国人由于是站在中国的外部看壮族，因此，拥有一种我们中国人无法依靠自身开辟出的外部观察视角，而且在看壮族的时候会受到世界上其他地方的政治、社会、文化生活经验的影响，因而一般来说，全球视野的特征还是比较明显的。美国的这两位学者，因来自最具全球意识的世界第一强国，因而在壮族研究中展现的全球视野也是非常的显著。由于拥有遍布全球的国家利益，同时也为了很好地保护这些利益，美国政府以各种基金会的形式鼓励自己国家的学者们去研究世界上的所有民族与国家。所以，即便是人数比较少、也不太知名的民族，也会有美国学者的相关研究成果问世。这种研究的无死角状况，真的很令人惊叹，同时也从另一个侧面显示了美国的强大。杰弗里·巴娄和凯瑟琳·考普研究壮族，也得到了美国的各种基金会的资助。杰弗里·巴娄两次获得了富布莱特（Fulbright）基金会资助，而凯瑟琳·考普则获得了世界政治研究学院、弗吉尼亚云南民族访问学者大学、富门大学提供的资金资助。他们在研究壮族的时候常常会不由自主地联系到世界上其他地方相类似的事件，并进行相关的比较叙事。因此，从他们的著作中，我们是可以一窥外国人以全球视野建构壮族形象的一些规律和特点的。

杰弗里·巴娄的壮族研究书稿，英文名为：*The Zhuang*：*A Longitudinal Study of Their History and Their Culture*，中文译名为《壮族：他们的历史文化与民族性》（译者金丽）。由于当时没有出版社愿意出版，书稿是2001年以电子版的形式最先发表于美国太平洋大学亚洲研究网站上。凯瑟琳·考普的壮族研究著作，英文名为：*Creating the Zhuang*：*Ethnic Politics in China*，2000年出版于美国，中文译名为《创造壮族——中国的民族政治》（内部资料电子版，译者依春明）。下面笔者就拟以他们各自的作品为依据分析他们各自的壮族形象建构的特点并由此推论出外国人以全球视野建构壮族形象的一些共性的规律。

一 巴娄和考普所建构出来的壮族形象

巴娄和考普所建构的壮族形象，自然体现在他们各自研究壮族的书籍里。他们在书中所阐述的对壮族的看法，就是他们眼中的壮族形象的具体体现，分述如下。

1. 巴娄所建构出来的壮族形象

以形象学的角度看，巴娄在壮族研究中所建构出来的壮族形象大致有以下几种：

（1）壮族是一个以军事为业的民族

在巴娄看来，军事曾经在壮族的生活中占据着很重要的地位，这在花山壁画中就已经看出端倪,而后在反抗秦军南征、宋朝的侬智高起义、明朝的土司兵征战中,都有显著的表现。

(2) 壮族是一个以歌传递文化的民族

巴娄认为,壮族山歌发达,在某种程度上说,壮族文化乃是以歌的方式一代又一代地流传下来的。壮族的对歌习俗,是我们了解壮族性别制度、壮族身份及壮族文化在汉族压力下持有惊人生存力的关键。

(3) 壮族是一个性别制度比较平等民主的民族

巴娄认为,这是最能体现壮族社会特点,并将其与汉族文化分别开来的重要因素。壮族文化一直受其性别制度的支撑,在这种性别制度中,女性的作用非常突出,男女比较平等,其男女地位更像较民主的游牧社会如蒙古族,而不像诸如日本那样的封建社会。

(4) 壮族是一个在与汉族的相互作用中产生、形成的民族

巴娄认为,在某种程度上,如果没有汉族,壮族也不会存在,比如,如果没有汉族统治的促进作用,包括壮族先民的"百越"至今也许还只是一些杂处松散的族群,是汉族促使壮族走上了一条新的历史发展之路,同时也是汉族决定了壮族要朝着少数民族的方向发展。

(5) 壮族是一个在民族性上经历过汉化的"策略性选择"的民族

巴娄认为,历史上壮族的"向汉"和"转汉"现象原因复杂,但不管是出于何种原因,本质上都是壮人为了生存而作的策略性选择。因此,对于这种汉化现象,巴娄认为,必须进行审慎的看待,切不可认为是彻底的汉化了,其实际是,在很多情况下都是化而不合的,一旦条件适合壮族又都复现了。

2. 考普所建构出来的壮族形象

考普由于研究壮族的视角和指导思想不同于巴娄,所以,其对壮族的认知有不同于巴娄之处,从形象学的角度看,她由此所建构出来的壮族形象也与巴娄迥然有别,概括起来主要有以下两种:

首先,壮族是一个共产党政府人为地创造出来的民族

这是考普壮族研究所论述的核心看法,她的这本书就是围绕着这个主题来进行论述的。在她看来,"在共产党之前,没有一个制度承认壮族是一个民族。事实上,甚至中国共产党自己在最初几年中实施少数民族政策时也没有提及壮族",而"在 20 世纪 50 年代早期,广西的大多数壮族否认其壮族身份,而称自己为汉族。在壮族之间没有团结,没有一种统一的

民族意识"①。这具体表现在以下几个方面：

（1）壮族不同的群体自称时有不同的名字。不同地区的壮族，自称语至少有20种，广西的壮族自称语至少有五六个，有"布壮"或"壮人""布瑞""布瑞衣""布衣""布土""布农""布傣"，而云南则有农、沙、土三个支系自称语；

（2）一些被统一称为壮族的支系不愿认同为壮族。比如，云南有三个壮族支系：农、土、沙，他们就各有自己的语言、服饰，他们很少称自己为壮族，而是自称各自原来的支系名，尽管政府40年来一直努力融合他们为统一的大壮族，但是仍有不少人坚持其支系名称及身份而不愿意被归入到壮族这个更大的分类中；

（3）壮族没有统一的宗教。许多村子有相同的多动物崇拜，但没有一个共同的"神"，也没有主教团把不同村子连接起来，不同的村子崇拜的对象有所不同，有的村子崇拜榕树，有些村子崇拜附近的山或者是河流，崇拜蚂蜴并过蚂蜴节的，也只在广西西部的几个县，这种宗教状况，更进一步阻碍他们成为单一的民族；

（4）而多山的地形、不统一的语言、羁縻制和土司制的传统管理方式、恶劣的交通，又都很明显地限制了大壮族民族意识的形成和发展，同时也限制了大量壮族群体统一为单一的民族，更阻碍他们融入统一的中华民族之中。

基于以上的理由，考普认为，壮族在共产党的新中国成立之前还是一个彼此相互分割、封闭独立的族群，但共产党政府成立之后，为了便于实施自己的少数民族政策，以及便于将壮族融入统一的中华民族中，就对壮族族群进行了动员、融合，并最终将分散的壮族族群统一为了壮族。而这一过程，可大致分为："发现壮族""定义壮族""提高壮族觉悟"三个阶段，所以，她认为，壮族纯粹是共产党政府的创造。

其次，壮族不会成为一个反对政府和闹独立的民族

考普给出的理由大致有以下几个方面：

（1）是因为壮族内部的不和制约了他们在政治上提出要求的能力和乐意作为一个单一的力量而进行合作的诚意；

---

① ［美］凯瑟琳·考普：《创造壮族——中国的民族政治》，侬春明译，内部资料电子版，2000年，第7页。

(2) 是因为壮、汉之间财富的不均不断增加。这一方面使得壮族提出不满，另一方面同时也减弱了壮族领导把壮族动员起来作为一个政治群体的政治和经济能力，因为财力不足；

(3) 是因为国家严格限制壮族动员的类型及内容。这使得壮族不仅不能为自己提供相互的利益，而且还会因此而缺乏"共同体的利益"和形成"拥护共同体利益的经验"；

(4) 是相对于其他民族来说，壮族有自己相应的弱点，比如同汉族相比，壮族的经济、教育仍然落后，他们更有可能从完全的统一中受益，而不是分裂，所以，壮族在党的少数民族政策指导下会组织起来，但不会反对党；

(5) 中国的少数民族地区是作为国家统一下的自治区进入的，没有退出的权利，中国不会像苏联那样解体，因为中国与苏联的国家和民族关系的历史遗产，明显不一样。

由上所述，我们可以看到，考普所建构出来的壮族形象没有一个与巴娄的存在着相同点，两者之间的相异性特征非常明显。这说明他们各自所体验到的壮族形象迥然不同，各具特点。

二 巴娄和考普建构壮族形象的依据

为何巴娄和考普的壮族形象建构有如此的不同？下面笔者就拟以比较的视角来作一对比分析。

首先，他们俩关注壮族的视点不一样。巴娄关注的是壮族的历史，而考普关注的是新中国下壮族的民族政治。关注点不同，他们所建构出来的壮族形象自然就有所不同，但考普关注视点中的历史感的缺失，则为其壮族形象建构的不足埋下了隐患。

其次，他们所据以认识壮族的指导思想不一样。巴娄依据的是法国年鉴学派第二代代表人物费尔南·布罗代尔的三种历史时段（长时段、中时段、短时段）的理论和方法，其中的长时段的理论和方法是巴娄主要采用的。这一长时段的理论方法，不仅扩大了历史研究的对象，将地理、生态、经济、社会、政治、文化、科技都包括在了历史研究的范围之内，而且也从地域上扩大了历史学的视野，将其从一国之范围，投向了整个地中海和全世界。受此方法的影响，巴娄在研究壮族的时候，一方面既从纵向的角度把壮族放到了一个"长时段"的历史长河中去进行考察，另一方面又能在纵向的角度中嵌入横向的视角，将壮族的地理、经济、社会、文化、政治、军事、族谱、宗族、庙宇、神祠、歌圩、民歌、文人等方面的内容纳入特定的历史时段里进行考察。巴娄认为，布罗代尔的这一理论方法，属于现代主义的方法，它总是坚信有一个真实的历史存在。因此，当他以此理念来看壮族的时候，非常重视"历史记忆"在壮族形成中的作用，坚信壮族不仅是一个客观存在的世世代代延续下来的民族，而且还有着自己独特的文化和历史，学者们通过研究历史资料就可以看到壮族的存在。

而考普用以认识壮族的理论、方法，则大多属于西方后现代的民族理论。它们分别是以克利福德·吉尔兹为代表的原始论，以波尔·布拉斯为代表的媒介论，以本尼迪克特·安德森和卡尔·都茨为代表的结构论，以大卫·拉丁为代表的支配论。考普认为只有承认这四种理论的基本点并且将它们全都用上，才能完全理解共产党政府动员壮族的发展及其局限性。

而这四种后现代民族理论，实际上又各有其主张。在考谱看来，以克利福德·吉尔兹为代表的原始论，主张民族是由原始的情感不断突出发展而来的，民族的形成具有明显的生物遗传性特征。而以波尔·布拉斯为代表的媒介论，则对原始论的原始感情说提出质疑，认为尽管原始感情是有影响力的，但它是易变的、不定的，并且易于控制，因此，民族群体的界线是一个可变的范畴，政府的政策和民族群体中的积极分子都可以影响群体并使之由分散的状态团结成为具有自我意识的民族。以本尼迪克特·安德森和卡尔·都茨为代表的结构论，则很少关注于经济因素而更多地关注文化的变化如何使得民族主义得以形成和发展，并提出政治想象的结果是民族意识的显现。以大卫·拉丁为代表的支配论，认为民族的形成是原始的本体与政治统治战略相互作用的结果，国家在此过程中承担着重要的角色。

考普认为，中国共产党动员壮族成为一个民族的过程就分别体现了这四种理论所提到的决定要素，"中国是大卫·拉丁的支配理论的榜样国家，由中央政府对自己的人民进行客观的民族分类。中国是由政府创造不同的民族，民族由国家管理，个体是其中的一部分。壮族就是在由政府组织的少数民族识别活动中产生的。为了教育壮族，党进行了联合的、长时间的宣传运动，以便提高壮族的民族自我意识。当然，政府是不可能毫无根据地建立一个民族群体的，国家利用壮族存在的'原始'感情去说服壮族：他们需要共产党统治下的'自治政府'。政府政策极大地影响了壮族民族意识的形成，鼓励了壮族优秀人物动员起来，采取行动去团结民族并向政府要大量的特权，去实现其'媒介'的目标"[①]。所以，考普认为只有将这四种理论都同时运用才能将壮族的形成解释清楚。

由上所述可以看到，巴娄和考普两个人用以阐释和研究壮族的理论是不一样的，由此所形成的壮族形象不一样也就是很自然的了。

三 巴娄和考普所建构的壮族形象的属性

巴娄和考普所建构的壮族形象迥然不同，虽然并没有什么可奇怪的，但是这种不同各具什么样的属性却是我们需要进一步了解的。这一问题可以从多个角度，作如下分析：

首先，从认识论的角度看，巴娄对壮族的看法显然与我们壮史研究中的看法比较接近，而考普的则与我们的看法有较大的不同，尤其是她的壮族创造论，完全颠覆了我们的认知，在我们的意识和认知中，壮族是一个自然形成和存在的民族，共产党政府的民族识别，只不过是对这一存在状态的认同和确认罢了。因此，从认识论的角度看，巴娄所建构的壮族形象与我们的认识具有同质同构的属性，而考普所建构的壮族形象则完全不同于我们的认识，呈现出异质异构的属性。

其次，从情感的角度看，巴娄的壮族形象让我们觉得比较亲近和真诚，而考普的壮族形象则让我们觉得有点不合情理，也不亲和。

巴娄来到中国在广西师范大学进行合作交流，他不仅全身心投入到自己的工作中，而且也融入中国的社会，与桂林的一些高校老师结成比较好的朋友关系，拜访南宁的壮学研究者，到广西的区图书馆、博物馆和一些高校图书馆查找资料，还到一些壮族的村寨参观。这种主动融入的态度，使得他对中国比较友好，对学者们的壮学研究成果也比较乐于接受，并愿意站在壮族的立场来进行壮族的研究、阐释和书写，因而他的整个壮族书写让中国人读了觉得有一种亲近感、熟悉感。

而考普来中国纯粹是为了学术研究，而不是像巴娄那样是要进行较长时间的教学交流与合作，因此，她与中国人的交往基本上也只是停留在学

[①] ［美］凯瑟琳·考普：《创造壮族——中国的民族政治》，侬春明译，内部资料电子版，2000年，第20—21页。

术的层面,而尚未进入到友情的层面,因此,在研究壮族和书写壮族的时候她还是以我为主,主要从自己的认识和感受出发去认识壮族,而非从中国和壮族的认知出发。但是她的认识和感受,也不是她自己的,而是美国学界对壮族的主流认识,这一认识带有较为明显的意识形态偏见,比如美国学者乔治·莫斯里在20世纪70年代就已经提出,中国共产党创造广西壮族自治区是出于"国内政治原因",并认为壮族已经被汉化了,根本就不是一个真正的少数民族。① 戴安娜·莱瑞也认为,壮族的民族性与其历史、文化及土著居民没有多少相关,而主要与中国的民族政策有关。② 由此可见,这些西方的历史学者的壮族认识,带有明显的冷战色彩,对社会主义国家总是带着一种怀疑的、有色的眼光去看。而受他们的影响,考普的壮族认知自然也有这样的立场倾向。也正因为如此,巴娄才说:"考普的著作让冷战的论调死灰复燃。"③ 也正是这种冷战色彩,使得考普所建构出来的壮族形象在中国人看来总有点"刺头"感和疏离感。

再次,从与历史真相的关系角度看,巴娄的壮族形象建构具有鲜明的历史依据,比较切近历史的真相,而考普的壮族形象建构则因观念的影响而选择性地忽视了某些历史因素,导致所建构的壮族形象与历史真相有所偏离。

巴娄和考普虽然都用源自西方的理论来研究和阐释壮族,但是在西方理论与壮族实际的结合上两者的处理却很不相同。巴娄以布罗代尔的历史理论方法为指导将壮族历史放到一个"长时段"的视域里进行考察,因而能够将壮族历史较为系统、立体地呈现出来。而考普用以研究和阐释壮族的四个有关民族形成的理论中也有与历史密切相关的,如"原始论",但是考普在将这四个理论与壮族的实际结合的时候,却未能正确看待"原始论"所揭示的历史因素在壮族形成中的作用,却只将之看作是中国共产党政府为创造壮族而故意找的一个借口。这就颠倒了因与果、目的与手段的本来关系,本来是因为历史上先有一个壮族存在在先(因为壮族的族称在宋代就出现了),而后才有中国共产党政府将之识别为一个民族的行动在后的,结果考普却倒过来看,认为是先有中国共产党政府创造壮

---

① 参见[美]杰弗里·巴娄《壮族:他们的历史文化与民族性》中的"附录"(从冷战到后现代主义:西方学者的壮族研究)部分,金丽等译,广西人民出版社2011年版,第247页。
② 同上书,第249页。
③ 同上。

族的政治意图在先，而后为了实现这个意图中国共产党政府才去找历史这个因素来作为借口和手段以证明自己确立壮族为一个民族的意图的正确性。

考普之所以仅仅将历史因素当作是壮族形成的手段看而不是当作本源性因素看，是因为在她（还有西方的一些学者）看来，在中国共产党政府识别、确定壮族为一个民族之前，历史上不曾存在着这样一个民族。考普不知道，所谓的民族概念是近代才从西方引进的概念，那么，在此之前中国只有族群的概念如"某某人"，从这个角度看，中国历史上的确没有"壮族"这个名称，但实际上中国传统所具有的"某某人"的概念就起到了"民族"概念的作用，"某某人"就具有区隔族群边界的作用，而且中国共产党政府在识别民族成分的时候基本上是尊重和参照了历史上自然形成的这种族群称呼。考普在将西方理论与壮族实际相结合的时候，没有注意到这点特殊之处，反而是大大地突出了媒介论、结构论和支配论所强调的因素在壮族形成中的作用。这就偏离了中国政府识别民族的主要原则，同时也就偏离了壮族识别的实际了，因而她所得的"创造壮族"的结论，也就是错误的了。考普的这一忽视历史因素的倾向，大概是西方人的一个思维惯性或者通病吧，就像英国伦敦政治经济学院客座研究员马丁·雅克所说的那样："西方人的思维可能和中国人思维不大一样，中国人有很强的历史感，经常从历史角度看问题，欧洲还重视一点历史，美国人对历史真的不重视。"[①] 由此可见，考普的错误还是一种美国文化传统的反映呢。

从上述三个角度分析，我们可以看到，同是美国人，同样用西方的理论来研究和阐释壮族的巴娄和考普，各自所建构出来的壮族形象的属性差别还是很大的。如果以我们的壮族认知来做参照的话，那么，巴娄的壮族形象相对于我们则具有同质同构的属性，而考普的则具有异质异构的属性。而造成这种差别的原因在于作为外来的他者，能不能融入壮族的立场来认识壮族和理解壮族。能融入的话，外来的理论才能发挥出建设性和创造性的阐释作用，否则，就会"扭曲"壮族、"走形"壮族。

四 外国他者以全球视野"他塑"壮族形象的共性特点

从上述对巴娄和考普的壮族形象建构的分析中，我们可以看到，他们

---

① ［英］马丁·雅克：《2030年：中美如何相互适应》，《文汇报》2013年3月26日第12版。

看到的壮族形象虽然不一样，但却体现了外国人作为他者从外部观察壮族的一些共性特点，概括起来主要有如下两点：

首先，外国人在建构跨国、跨文化的壮族形象时，总是异质性的建构多于同质性的建构。

虽然作为个体来看，巴娄和考普的壮族形象建构，一属同质性的，一属异质性的，表面看难以据此推出外国人建构壮族形象的什么共性特征来，但是只要你将他们的壮族研究著作所建构的壮族形象，放置于美国或者西方的英语世界来考察，你就可以看出他们各自所代表的共性特征来了。

巴娄的壮族研究及其书稿的完成，都比考普的要早，但是他写出来之后却没有一家出版社愿意出版。有的是出于经济的原因，有的则是认为他的书是用过时的"原生论"来研究壮族，已经没有学术市场了。无奈之下，他只好利用自己在美国太平洋大学负责网络远程教育的机会在2001年将自己的书稿以电子版的形式发表在太平洋大学的亚洲研究网站上。[①]相比之下，异质性建构者考普的著作出版非常顺利，而且还先于巴娄，于2000年在美国出版。其中的原因无非就是考普的异质性壮族形象，更容易获得美国学术界和出版界的认可，而巴娄的则不能。这说明了在美国或者英语世界，倾向于像考普那样异质性地认识壮族和建构壮族形象的人，要多于像巴娄那样同质性地认识和建构壮族形象的人。为什么会出现这样的状况呢？这跟人们的认识习惯有很大的关系。

通常情况下，人们都习惯于从自己所拥有的文化价值观、人生经验、已习得的知识来判断和认识自己所观察到的对象。巴娄、考普也不例外，他们作为西方人自然要先从美国、西方世界习得的价值观、经验和知识来认识壮族和建构壮族形象。这个时候往往会产生两个结果，一个就是像巴娄那样本有的文化观念在很大的程度上服从于壮族的历史、现实以及认知，另一个是像考普那样以本有的文化观念改写和重构壮族，让壮族的历史与现实服从于本有的文化观念。但能像巴娄那样让本有的文化观念服从于壮族的历史、现实以及认知的是需要比较多的条件的。像巴娄的转变，就是建立在这样的条件的基础上的：他在广西呆了12年，从1979年到

---

① 参见［美］杰弗里·巴娄《壮族：他们的历史文化与民族性》，金丽等译，广西人民出版社2011年版，第5页。

1991年；与广西的一些学者有较深的交往，能听到更深层的信息，如覃树冠老师的那句促使其产生研究壮族兴趣的话"我爷爷告诉我，永远不要忘记自己是一个壮人"；能阅读到更多的有关壮族的书籍。这些条件，相信对于大多数外国人来说，都是难以达成的，因而能像巴娄那样建构出与我们同质同构的壮族形象的外国人就绝对是少数人；相反，能像考普那样去建构壮族形象的外国人绝对是多数，因为那几乎不需要什么条件就可以做到，所以，我们有理由相信，像考普那样建构出与我们异质异构的壮族形象的外国人绝对是多数人。而这实际上也是外国他者跨文化地去认识异国、异族的时候，所普遍具有的规律。这可以从西方人对中国的认知中得到进一步的佐证。

曾驻法国20年的《文汇报》记者郑若麟先生就曾说过，西方媒体报道中国有三个特点：第一，以负面为主，西方媒体对中国的总体看法负面；第二，西方媒体对中国的认识有一个过程。我20世纪90年代去法国，那时基本忽略中国，报道非常之少，90年代初的频率是一个礼拜一篇至两篇，今天，铺天盖地，每天都有非常之多；第三，西方媒体报道的中国，总体上是一个不完整的、带有很多片面和缺陷的中国。① 为什么是负面的、不完整的中国形象多呢？就是因为西方媒体都习惯于以西方的优越感和文化观念来认识中国，进而"扭曲"中国的结果。而媒体所建构出来的这种"扭曲"的中国形象又会影响许多西方人，并成为他们眼中的中国形象。结果一些西方人或者长期在西方生活的其他国家的移民，到了中国以后经常被所看到的中国景象惊呆了，一位出生于印度但成长和生活工作在英国的印度博士就是其中的一个。在来中国之前，他脑里的中国印象都是西方媒体里的那些负面的中国形象，因此，在他的想象里，中国和印度的发展水平应该是差不多的，中国仅是一个发展中国家而已，中国的列车和地铁比印度要先进，但会是同样的混乱，可到中国游历了两周之后，他发现自己错得太厉害了，他想象的中国与实际的中国，差得实在太多了。一是他大大地低估了中国经济增长的影响，他发现，在现代、宽敞，并配有空调的高铁、地铁以及上海的磁悬浮列车上，都有移动4G互联网，而且出租车也很容易就能找到，

---

① 参见《在西方媒体眼中，中国究竟是什么样子？》，(2017-07-07)，http://world.huanqiu.com/article/2017-07/10947429.html。

又便宜，便利店无处不在，服务人员很客气，又有礼貌，商店里明码标价，没有必要讨价还价，在中国的旅游，没有遇到让他恼火的卖家，或是令他生气的陌生人；二是他低估了中国的环境质量，他觉得中国的环境在一天天变好，印度的城市依旧破烂不堪，在他所游历过的三大城市，上海、广州和北京，比他访问过的任何一个世界级的城市都要好，印度充满了破烂不堪的基础设施和管理不善的机构，在中国生活同生活在英国没什么两样，如果要说有区别的话，那就是中国的基础设施要比英国好得多；三是低估了中国城市的生活质量，他觉得中国城市的生活质量令人惊讶，这里可以提供全球最为舒适，且很现代化的生活，将中国称之为"发展中国家"让他很困惑。这位博士先生最后称：在中国的两个星期的经历，让他感觉自己正在一个发达的国家旅行。而这次旅行，也让他彻底明白了，西方媒体是如何扭曲中国的，又是如何去贬低中国的，从而给人们灌输怎样的不堪的思想。① 而能像这位博士那样最终改变自己对中国看法的西方人，其实也是不多的，毕竟能够抵抗大环境的人还是比较少的，即便来中国后改变了看法，也许回去不久就又被环境改了回来。还有，也不是所有西方人来中国后都能像那位印度博士那样改变本有的中国印象，同时也不排除，某些西方人来中国后因为某些方面不合其预期而对中国产生新偏见。所以，总体上看，外国人以他者的身份来建构跨文化的异国、异族形象时，异质性的建构总是多于同质性的建构。对于壮族形象的建构当然也不例外。

其次，外国人能否由异质性的建构者转化为同质性的建构者，主要取决于外国建构者对壮族的理解和认同的程度。

虽然总体上看外国人以他者的身份来建构跨文化的壮族形象时，异质性的建构总是多于同质性的建构，但是有没有可能让那些本已是异质性的建构者转变为同质性的建构者呢？这就需要进一步探讨了。那么，外国人实现由异质性建构转变为同质性建构需要什么样的条件呢？这既需要外部的客观条件，也需要建构者的内部主观因素，两者相互配合、相互作用才可能实现。

首先，从外部的客观条件看，就是需要外国建构者能够利用全球化的

---

① 参见《印度博士在中国呆两周后世界观被粉碎，天啊！中国比英国还要先进！》，(2017-11-13)，https://www.sohu.com/a/204039278_99937407。

便利条件来到广西对壮族进行深入的调研和了解。像上文提到的巴娄和印度博士的转变，其实都是分别得益于他们亲身对壮族和对中国的观察和体验。没有这样的客观条件的刺激，是很难让他们实现转化的。当然，也不是说有了这个客观条件就一定能够实现转化，像考普曾经三次来广西和云南进行田野调查，时间分别是 1995 年 1 月和 7 月、1998 年夏、1999 年春，对壮族不可谓不了解，但最终还是建构出一个异质性的壮族形象来了。这说明了，外部的客观条件还只是一个必要的条件而不是充分的条件，光有外部条件还是不够的。

其次，是从主观方面看，需要外国建构者能够在主观意愿上多理解和认同壮族。考普之所以在亲身调研和观察了壮族之后还是建构出了异质性的壮族形象是因为她不愿意改变自己大脑中固已有的西方学界的壮族认知和西方的冷战思维，还是认定壮族就是共产党政府创造的，并且还以一种冷战的对立立场来理解和阐释共产党政府所进行的民族识别工作和所实施的民族政策。而巴娄则恰恰相反，他愿意改变原有的西方关于壮族的认知，接受壮族和中国学者关于壮族的看法，在思想和情感上更接近壮族，因而也就建构出了同质性的壮族形象来了，较好地实现了全球性视野与壮族实际的统一。考普和巴娄这一反一正的事例，充分说明了外国建构者主观上能不能做到跨文化地认同壮族和理解壮族，是外国建构者能不能最终实现由异质性的建构者转变为同质性的建构者的关键原因。这一点也可以从一些美国人对中国人形象的建构中得到佐证。

有些美国人比较乐意于与中国人打交道，也比较了解中国人，对中国人的一些特点可以说是了如指掌，在他们的眼里，中国人是这样的形象：中国人讲情义，中国人喜欢开餐馆，中国人讲关系不相信法律，中国人勤劳，很知道节约钱，身上经常带现金，中国人喜欢谈论买房，更喜欢买豪宅，中国人还喜欢买豪车和奢侈品，中国人喜欢挑选数字，中国人喜欢大声说话，中国人喜欢喝热水和热牛奶，中国人好"面子"等。这些中国人形象，因为切合中国人的实际而显然是属于同质性的，而另外一些美国人，你也不知道他是有意的还是无意的，反正表现出的是对中国人的不了解，而且也不屑于去了解，但却又喜欢信口开河地评说中国人，在他们的眼里，中国人的形象竟然是这样的：中国男人都很喜欢抽鸦片、留辫子，中国男人喜欢娶几房姨太太，中国男人喜欢女人缠小脚，中国人不喜欢女孩而残杀女婴等。① 这与当今中国人的形象差得太远了，因而明显是属于异质性的建构，你想让这些美国人改变为同质性的建构者，恐怕是比较难的，因为他们心里实际上根本就看不起中国人，而且还对中国充满着歧视和偏见。类似还有所谓的对中国持敌视态度的美国鹰派人物，你想让他们改变心中的敌对性的中国形象恐怕也是很难的，因为他们心中根本就不认同中国是可以合作的朋友，而是敌手。可见，外国建构者对壮族的主观态度，尤其是认同、理解的态度，才是决定他们能否从异质性的建构者转变为同质性的建构者的关键。

那么，在这个过程中我们能不能对他们的主观态度施加影响呢？应该说，还是有这种可能性的，那就是多互动、多交流、多商榷、多谈判，多请他们亲自来看看了解，并做好相关的解释、说明的工作，以便尽量消除由文化差异、认识局限带来的形象偏差，以帮助他们形成更符合实际的壮族形象，提高他们"他塑"壮族形象的质量。而现今的全球化互动大潮，也为我们做好这方面的工作提供了有利的条件。

第二节　国内人以全球视野来推介"自塑"的壮族形象

相对于外国人的全球视野的"他塑"壮族形象，那么，国内人以全球视野面向外国人推介和建构壮族形象，就可以称为国内人以全球视野"自塑"壮族形象了。为什么国内人不都是壮族人而他们在做这一工作时为何都叫"自塑"壮族形象？这是因为国内人在做这一工作的时候，不管是不是壮族人其实都是站在壮族的立场上来做的，当然同时也都以全球视野在做。而所谓以全球视野"自塑"壮族形象，就是在"自塑"壮族形象和推介壮族形象的时候，脑子里要有全球背景和国际比较的眼光，要有一套立足全球的知识体系和一种以全球为立足点看问题的角度，同时也包括利用全球的资源。在这里，由于篇幅关系，笔者将主要探讨国内人如何以全球视野向外国人进行宣传和推介壮族形象。

---

① 参见《被"扭曲"的华人印象》，（2015-01-17），http：//share.iclient.ifeng.com/news/shareNews？aid=94850795。

第十章　全球视野的壮族形象建构　　221

　　以全球视野面向外国人宣传和推介壮族形象，是一件复杂的工作，要做好也并不是那么容易的。它需要国内人遵守国际规则，对标国际先进水平，遵从外国的法律法规，尊重外国人的文化习俗、接受喜好、接受方式，还要受外国的媒介环境的制约，要理解他们的制度性认同逻辑，做好规则适应和规范接轨等等。比如，英国导演柯文思就说中国人不太擅于讲中国故事，"很多中国片子都存在着某种程度的说教意味。这种东西，很难打动人心。因此，当西方人看到中国的政治宣传片，会关灯，转身离开。因为说教式宣传，决不是讲故事的正确方式"，正确的方式应该是要多讲人物故事，通过动人心弦的人物故事，来引起世界受众的情感共鸣，少讲技术发展成就。[①] 新加坡国立大学研究员郑永年也说中国人讲不好中国故事，是因为讲述的方式方法不对，"方式方法不好的话，效果不仅不好，反而会走向反面。在一些问题上，中国不走出去还好，人家还同情你，但一走出去，像在国内那样讲一番话，人家反而不理解，甚至恨你"[②]。这说明以全球视野面向外国人宣传和推介壮族形象，与立足于国内的宣传、推介是完全不同的。下面笔者拟结合改革开放 40 年来的相关实践经验，探讨国内人如何以全球视野将"自塑"出来的壮族形象面向外国人进行宣传和推介？总体来看，相关的路径和方法大致有如下几个方面。

一　以展览会、推介会的形式向海外世界推介壮族形象

　　从近年来的相关实践看，国内各级政府和机构对国外推介自己形象的时候最常用的方式有举办展览会、推介会的方式。

　　举办展览会的方式，像上海市 2016 年 6 月 16 日在比利时布鲁塞尔举办的名为"感知中国文化·体验魅力上海"的上海城市形象推广活动日就很有代表性。在活动日上，展出了两部分的内容：一是以展现中国古代贤哲思想为主题的"诸子百家国风画展"，二是由上海摄影师拍摄的"魅力上海摄影展"。[③] 这两部分的展览内容分别有助于让比利时观众建构中

[①] 北京周报公众号：《奥斯卡导演：中国人为啥没讲好中国故事？》，（2019-07-18），http://mp.weixin.qq.com/s/OM6IJ9D7MbSU-KiA。

[②] 《郑永年：中国人怎么就讲不好"中国故事"？》，（2018-06-10），http://www.sohu.com/a/234998409_818485。

[③] 参见《"魅力上海"城市形象推广活动在比利时举行》，（2016-06-16），http://www.shzgh.org/shxwb/gzdt/u1ai10449.html。

国形象和上海形象。壮族形象的国外宣传和推介也可以学习这一方法，将展览的内容换成与壮族有关的就可以了。

举办推介会的方式像 2016 年 5 月 27 日广西区党委和区政府联合外交部在外交部蓝厅举行主题为"开放的中国：广西与世界同行"的推介会就很典型。在推介会上区政府主席陈武利用多媒体视频介绍了六张富有特色的广西"名片"，分别是"美丽广西""开放广西""活力广西""创业广西""养生广西""和谐广西"①，收到了较好的推介广西形象的宣传效果。如果推介内容换成壮族的，就可以变成推介壮族形象的推介会了。

既然展览会、推介会具有对外展示、宣传、推介的功能，因此，我们完全可以借用这些方式来面向外国宣传和推介壮族形象。

二 利用国际性的经贸平台来推介壮族形象

此外，国际性经贸平台也是我们面向外国人推介壮族形象的一个非常好的平台，而且眼下我们广西恰好就有这样一个平台，那就是永久落户南宁的中国—东盟博览会。博览会每年举办一次，它与中国—东盟商务与投资峰会以及南宁国际民歌节，形成了"两会一节"的三个平台。这三个平台虽然各有其功能，但都是可以用来展示和推介壮族形象的。博览会作为主平台，通常是国内各商家与东盟国家通过展销产品来树立和建构国家形象、企业形象的最佳途径。因此，只要集中地在博览会上展销壮族的产品就可以达到向外树立和推介壮族形象的目的，像由巴马的火麻饼和火麻粥、罗城的唐氏蜂蜜、蒙山的椒盐木瓜、东兴的红姑娘红薯、永福的香盈八方腊味和林中仙罗汉果、凤山的凤优核桃果、阳朔的金橘、扶绥的天大沙糕、上林的渡河公香囊、天等的兆强指天椒酱、田东芒果等产品组团，打着"壮乡产品展销"的旗号进行展销，或者在产品包装上加上一些壮族元素，写上"壮族"字眼，就都能起到宣传和推介壮族形象的作用。

而南宁国际民歌艺术节这个平台经过十多年的举办，早已打出了自己的名声，展示壮族的民歌文化也是该平台的一贯做法。因此，在经贸会的背景下，通过与壮族相关的节目来面向外国嘉宾展演，是可以很轻易地实现面向外国人展现和推介壮族形象的目的的。而中国—东盟商务与投资峰

---

① 参见魏恒、姜木兰《外交部向全球推介广西》，(2016 - 05 - 28)，http://www.gxzf.gov.cn/sytpxw/201605/t20160528_ 487413.htm。

会则是各国交流投资信息的场所，我们可以利用这个平台来介绍与壮族相关的投资信息，并借此达到面向外国人推介和建构壮族形象的目的。

就目前来看，中国—东盟合作平台还有很多合作潜力可挖，近年来广西区政府也很重视对这种潜力的挖掘，依靠这一平台所形成的合作机制，加快建设中国—东盟产业合作示范区和中国—东盟信息港，同时积极构建泛北部湾经济合作区，将环北部湾经济合作延伸到隔海相邻的马来西亚、新加坡、印尼、菲律宾和文莱等东盟中临近北部湾的国家，并以这种方式主动参与到国家的"一带一路"战略中，融入到全球产业链、价值链、供应链中。如果这样的对外融入的前景能够得到实现，那么也就意味着我们面向外国人宣传、推介壮族形象的途径会大大地增加。

三　用多种外国语向海外出版有关壮族的书籍

用多种外国语向海外出版有关壮族的书籍，也是我们向海外推介壮族形象的一种方式。外国人了解壮族的不多，这就跟我们没有很好地向海外出版有关书籍也有很大的关系。比如，巴娄和考普在研究壮族时都深感国外有关壮族的英文资料太少了。这就启示我们，一定要重视以多种外国语向海外出版我们自己编写的有关壮族的书籍，并借助这一途径，让壮族文化及其所构建的壮族形象更好走出去。可喜的是，这一工作，已经有人开始有意识地去做了，如广西民族大学的金丽教授就用英语撰写了《壮族历史文化导论》一书，这也是中国学者第一次用英语向海外世界介绍壮族。巴娄称赞说，这项工作"大大地增进了国际学者和普通读者对壮族及其研究的认知度"[①]。但从目前来看，从事这一工作的人还是太少，要尽快地建立起相关的促进出版机制和组建相应的翻译队伍，有组织、有目的地分批推出有关壮族内容的外文版著作，以便让中国人（含壮族人）讲述的"壮族故事"及壮族形象以外文的形式更快地走出国门，走向世界。

四　利用国外的各种传播渠道来推介壮族形象

利用国外有影响的媒介来宣传壮族，也是向国外宣传、推介壮族形象

---

① [美]杰弗里·巴娄：《壮族：他们的历史文化与民族性·作者为中译本作序》，金丽等译，广西人民出版社2011年版，第14页。

的一个比较有效的途径和方法。在这方面，国内已有相关的经验可供借鉴，比如河南省就曾到美国纽约时代广场的纳斯达克广告屏上投放过河南旅游形象宣传片，取得了旅游宣传和河南形象宣传的良好效果。宣传片的内容有少林拳、太极拳、龙门石窟、殷墟遗址、太行山、伏牛山、烩面、小笼包子等，很好地将河南的美好形象展现在世人面前。除了在纽约时代广场投放之外，河南省旅游局还在纽约的地铁、CNN、洛杉矶时报、Tripadvisor、孤独星球等大媒体、大平台上宣传河南旅游形象。多传播渠道的投放和推介，大大地提升了北美游客对河南的认知，使作为"中国历史开始的地方"的河南形象在北美得到了快速的树立和热捧，一年来，到河南旅游的美国游客同比增长了 9.05%。[①] 在壮族形象的输出和推介上，我们也完全可以借鉴河南的这一做法，在国外的各主流媒体和媒介平台上多渠道地宣传壮族内容，这样就可以让壮族形象更快地走进外国人的视野，进而更多地了解和认识壮族。

五 充分利用国际教育合作平台来推介壮族形象

随着全球化和中国改革开放的进一步扩大，教育国际化也渐成为我国高等教育的一种潮流。它的本质是以教育、学术为纽带，沟通起中国与外国之间在经济、文化等方面的交流、合作，以便实现双方共赢的目的。在这一背景下，广西高等教育的国际化也有了长足的发展，与外国高校开展的教育合作也越来越多，水平、档次也在提高。因此，我们可以利用这些国际教育合作的平台来达成我们向外推介壮族形象的目的，像美国学者巴娄就是借助这种平台，才得以深入了解壮族，并产生研究壮族的兴趣的。巴娄的例子，充分说明了国际教育合作平台是我们能加以利用的面向外国人宣传和推介壮族形象的一个很好的平台。通过这个平台，我们可以引导更多的外国留学生和教师了解壮族，并吸引他们投身到壮族的研究和介绍中去，让他们真正成为壮族形象在海外传播的媒介。这样做还能省去了我们翻译的麻烦，收获事半功倍的效果。这样的做法已经有人在做了。

比如壮族 2017 年"中国旅游日"南宁主会场暨上林生态旅游养生节开幕式，就邀请了部分广西高校的留学生来参加。开幕式上展演的民族体

---

① 参见米方杰《河南旅游形象片再次"惊艳"纽约时代广场 连续播放 27 天》，（2015-9-28），http://news.hnr.cn/snxw/201509/t20150928_2116111.html。

操、九龙祭母、瑶山鼓、"踩花灯"、彩架八音、"情满歌圩"、猴鼓舞等特色民俗,就引起了留学生们的强烈兴趣。就读于广西民族大学的越南留学生丁氏妥就说:"第一次体验壮族的特色民俗活动,感觉很震撼。这让我对广西壮族文化有了更深刻认识,更加希望能多了解中国的民族文化"。来自非洲贝宁共和国的留学生天赐饶有兴致地体验跳竹竿舞、唱山歌等传统壮族民俗活动,亲身体验当了一回"壮乡人",他说:"我在广西大学已经学了7个月的中文,感觉壮族民俗活动很有趣,很好玩,我家乡人和壮族民众一样喜欢一起唱歌跳舞,每到节庆时候都载歌载舞,很是热闹。"来自老挝的留学生张小康则说,特色民俗文化展演活动很有意思,这对他在广西学习和了解广西民族文化带来了很大的帮助。[①] 而引导外国留学生了解、体验壮族文化的途径是多样的,像课堂讲授、参观考察、调研、写论文等,都是常规的方式。这些学生学成回国后一旦向所在国的人介绍起壮族,那就是在代我们向外国人宣传和推介壮族形象。

教育交流除了外国学生进到广西来之外,我们的学生、学者出国留学也在不断地增多。留学人员也可以利用这个机会充当起"讲解员",向外国人"讲壮族故事",进而达到推介壮族形象的目的。全球化时代,教育的国际交流与合作会越来越多,国际教育合作平台的壮族形象推介功能会越发的强大,而我们可以利用的机会也越来越多,因此,我们要懂得充分利用这些机会以高效地达成我们向国外推介壮族形象的目的。

六 利用对外文化交流来推介壮族形象

对外文化交流,是我国的对外交流的一个重要的组成部分,我们可以利用这一渠道来宣传和推介壮族形象。2011年以来广西的一些文艺机构和文艺团体就充分利用这一渠道到国外去进行巡演和驻场商演,取得了不错的宣传和推介壮族形象的效果。

比如,广西杂技团自2011年后,就先后去了土耳其、新加坡、澳大利亚、韩国等近10个国家进行驻场商演。在演出的过程中,该团针对这些国家的观众对广西的地域文化比较好奇,喜欢看一些带有民族特色的节目的欣赏心理,特地设计了一些富于壮族特色的节目,如杂技女子造型

[①] 参见林洁琪《2017"中国旅游日"壮乡广西特色民俗"震撼"留学生》,(2017-05-19),http://www.chinanews.com/cul/2017/05-19/8229。

《心中壮锦》等，就产生了很好的向外宣传和推介壮族形象的效果。广西彩调剧团也在 2011 年以后，陆续带着新版彩调剧《刘三姐》去了马来西亚、文莱、泰国、加拿大、美国等巡演，借着壮族歌仙"刘三姐"的形象，这些演出也较好的发挥出了面向外国人宣传和推介壮族形象的功效。南宁市艺术剧院也在 2011 年后，陆续地带着由壮族民间传说改编的歌舞剧《妈勒访天边》［又名 Legend of the sun（逐梦天涯）］去美国的芝加哥、丹佛、洛杉矶，英国的伦敦，法国的巴黎，德国的法兰克福，瑞士的日内瓦，比利时的布鲁塞尔进行过商业巡演，演出通过利用现代的编舞、舞美、灯光、服装等艺术表现手段，充分地展示了多姿多彩的壮族风情，展现了壮族人民勇敢坚定、不断进取的民族性格，也很好地发挥了面向外国人建构和推介壮族形象的作用。

这些演出成功的实例表明，艺术作为一种人类的"通用语言"，可以有效地跨越表演者与外国观众之间在语言、文化上的鸿沟，在宣传和推介壮族形象上有着独特的优势，而且由于巡演和驻场商演的时间比较长，其所产生的壮族形象建构效果的延留性也相当的不错。可见，发挥对外文化交流合作的渠道，在"文化走出去"的过程中，通过展演一些具有壮族文化特色的节目，是可以收到比较好的向外宣传和推介壮族形象的效果的，我们今后要继续发挥和利用好这一渠道的壮族形象的建构功能。

七 利用广西文化机构的国际交流活动来推介壮族形象

广西一些文化机构，如博物馆、图书馆、研究机构、大学、艺术团体等，往往是收集、展示和研究壮族文化的地方，因此也是具有较强的壮族形象建构的潜在功能的。如果这些机构在面向外国人的国际交流活动的服务上做得好，那么，也是可以发挥出其面向外国人的建构和推介壮族形象的功能的。而事实上，一些研究壮族的外国人也往往会走访这些机构，利用这些机构中的壮族资源来满足自己的研究需求，比如通过走访大学，他们可以与大学里研究壮族的专家进行交流，并查阅和收集有关壮族的文献资料；而通过参观博物馆，他们可以在短时间内通过图片或者相关的实物，快速而感性地了解壮族的历史与文化；通过访问图书馆，他们可以查阅和收集有关壮族的文献资料；通过逛书店，他们可以购买相关的壮族的书籍。像美国的巴娄在研究壮族的时候，就充分地利用了这些机构。其他的一些外国学者来广西考察和研究壮族，也往往是先奔这些机构，了解了一些基本情况之后,再下乡考察和调研的。这时,这些文化机构事实上也就成了外国人了解壮族的"前哨阵地",如果在服务这些外国人的过程中,帮助他们实现了了解壮族的愿望,那么,这些机构所潜藏的壮族形象建构功能就能得到顺利的释放,进而较好地起到了面向外国人宣传和推介壮族形象的目的。

八 利用旅游的国际化特征来宣传和推介壮族形象

广西不仅拥有像桂林山水那样的优美自然景观,而且也拥有丰富多彩的少数民族文化,旅游资源非常的丰富,具有开展旅游的先天优势。旅游,是许多外国人前来广西的一个重要原因。这也就使得旅游具备了国际化的色彩,同时也让旅游具备了向外宣传和推介壮族形象的功能。因此,我们要充分利用旅游业的这一特征来宣传和推介壮族形象,而且可利用的办法还是比较多的。

比如可以将丰富的壮族文化与风情资源,恰当地融入相关的自然景区中发展文旅产业,让外国游客在欣赏自然风景的同时,也能领略壮族文化的风味,进而很好地起到面向外国人宣传和推介壮族形象的目的。这方面的工作有些地方已经在做,像宜州市以开发刘三姐文化为核心发展的旅游经济,桂林阳朔举办的大型山水实景演出"印象·刘三姐",宁明县以开发花山文化为核心发展的旅游经济等,都是这方面的代表。当外国游客在参观和欣赏这些文旅景观的时候,都会从中感受到其中所蕴涵的壮族形象,从而发挥出面向外国人宣传和推介壮族形象的作用。随着广西融入国家"一带一路"建设和粤港澳大湾区的进程的加快,前来旅游的外国人也将增多,因此,我们应该因势利导,发展好旅游这一渠道对外的壮族形象建构的功能。

九 以互联互通的繁荣局面来建构与推介壮族形象

广西具有沿海沿边沿江的区位优势,但是改革开放40年来这一区位优势一直没有转化为发展优势,因而不仅大大地影响了作为壮乡的广西形象,同时也累及了壮族形象的推介。造成这一状况的根本原因是广西没有设计好与这一区位优势相适应的建立在互联互通基础上的发展战略和发展规划。

在习近平总书记给广西发展的"三大定位"思想(即构建面向东盟

的国际大通道、打造西南中南地区开放发展新的战略支点、形成21世纪海上丝绸之路和丝绸之路经济带有机衔接的重要门户）的推动下，认识到了不足之后的广西区党委和区政府，重构了新的广西发展战略与规划，提出了深度融入"一带一路"建设、推进西部陆海新通道建设，全面对接粤港澳大湾区建设、全力构建"南向、北联、东融、西合"开放发展新格局的广西发展新战略，发布了《广西综合交通运输发展"十三五"规划》（2017年2月），提出着力建设"一中心一枢纽五通道五网络"。一中心即北部湾区域性国际航运中心，一枢纽即南宁国际区域性综合交通枢纽，五通道包括海上东盟通道、陆上东盟通道、南北陆路国际新通道、西南中南方向通道、粤港澳方向通道，五网络为铁路、公路、水运、航空、交通信息网。目的就是打通交通梗阻，全面加速构建海陆空立体交通网，推进西部陆海新通道建设，以互联互通的便利化，打造与"一带一路"有机衔接的新的合作平台，融入全球产业链，全面对接粤港澳大湾区建设，实施全产业链承接产业转移，加大平台引领对接，最终实现习近平总书记对广西提出的建设要求，就是广西要"立足独特区位，释放'海'的潜力，激发'江'的活力，做足'边'的文章，全力实施开放带动战略"，"把北部湾港口建设好、管理好、运营好"，"写好海上丝绸之路新篇章"，为广西发展、为"一带一路"建设、为扩大开放合作多做贡献。从这些新的广西发展战略与规划中，我们可以确信的是，实施蓝图的过程也必将是一个以全球视野发展和繁荣壮族、重构壮族形象的过程，而互联互通的大格局也必将有利于我们将这一在全球视野下建构出来的新壮族形象，向全世界进行宣传和推介。可见，眼下广西正在全力实施的"南向、北联、东融、西合"的开放带动战略和正在构建的互联互通的发展格局，既具有以全球视野建构壮族形象的功能与特征，同时又兼具向国外宣传和推介壮族形象的优势。这对提高壮族在全国和全世界的存在感都将起到积极的推动作用。

  由上所述可见，国内人以全球视野面向外国人开展壮族形象的宣传和推介的路径和方法还是比较多样的，而这种多样性不仅印证了当今时代的全球化在互动方面的全面性，而且也预示着我们做这一工作时可施展的空间还是很大的。但不管是选择哪一个途径和方法去做这件事，有一点却是相同的，也是应该加以强调的，那就是我们要向外国人宣传和推介的体现壮族形象的东西都应该是有价值的精品，否则，外在的推介形式做得再好也难以达成壮族形象建构的真正目的。而这样一个要求是比较高的，这就要求每一个相关的主体在做这个工作的时候都要抱着精益求精的精神去做，做出好景致、好服务、好产业、好生态、好交通、好文化，写出好作品等等。这样才能保证有品质好的壮族形象向外宣传和推介，进而影响到外国人建构壮族形象的品质，在壮族形象的建构上形成正向的互动。

第三节　壮族形象海外推介所面临的国际风险与挑战

上文我们谈到了国内人将以全球视野"自塑"出来的壮族形象向海外世界进行推介的途径、方法是比较多的，但是这些推介能不能取得成功，还不能完全取决于我们自己，毕竟推介活动还需要有一个接受的活动来与之呼应、互动才能得以完成。但这个接受活动则是完全掌握在外国人手上的，他们愿不愿意接受，是我们的推介能否得以完成和实现的关键。而决定他们愿不愿意接受的则是围绕着他们的各种社会因素，也称国际环境。如果国际环境友好、和谐，那么，我们的海外推介活动就比较顺利，反之，则会比较艰难，甚至会无功而返。国人在与外国进行交流合作的过程中所遇到的辛辛苦苦煮熟的鸭子却莫名地飞了的糟心事，其实并不鲜见。这实际上表明全球化相互往来的客观需求，在一定的国际环境下并不一定都能顺顺利利地获得满足和实现。那么，在我们开展壮族形象的海外全球化建构与推介合作活动时最有可能会碰上哪些国际风险与挑战呢？这就是本节要进一步探讨的问题，概括起来这些风险与挑战主要有以下几个方面。

一　某些主体漠视规则和责任所引发的风险与挑战

全球化带来的国际合作的机遇与利好，并不是均衡分布，同等给予的，在这过程中，自认为付出多而获利少的一方就有可能会中途退出合作圈，或者提出重新商定合作规则。这种背信弃义的行为，会使得你先前为合作所付出的努力统统化为泡影。美国总统特朗普就是这方面的典型代表。他当上美国总统之后奉行"美国优先"的原则，2017年3月宣布退出之前奥巴马政府所倡议的环太平洋贸易协定和所签订的《巴黎协定》。在对待世贸组织的规则上，特朗普领导下的美国也不太愿意遵守。在

2016年竞选期间,特朗普也曾不止一次地威胁要退出WTO。在2017年6月的国会听证中,美国贸易代表莱特希泽声称,美国已"不公正地"成了WTO现行体制的首要受害者,美国急切地想要看到WTO争端仲裁机制的根本性改革,而且还向WTO提交了40页的文件,拒不承认中国的"市场经济地位"。而更让其盟友感到愤怒的是,在2017年5月25日举行的七国集团峰会上,特朗普当着欧洲领导人的面,指责德国人"很坏很坏",猛烈抨击德国的贸易顺差及汽车出口。在随后的北约会议上,特朗普又批评许多北约成员国积欠巨款,更在气候变化、难民问题和全球贸易三大问题上,继续保持着与其他六国领导人巨大的分歧。深感受辱了的德国总理默克尔在会后公开表示欧洲不能再信赖脱欧的英国与特朗普主政的美国,她说:"从某种程度来讲,我们(欧美)互相完全依赖对方的时代已经结束……我只能说:我们欧洲人真的要把命运掌握在自己手中。"①俄罗斯总统普京也深刻体验到美国的不可靠,他公开说:"我们对西方最主要的错误是,我们太相信美国,而美国的错误是把这视为弱点并滥用信任",普京还指出,"当对通用行为准则的遵守遭到质疑时,当自身利益遭到不惜一切代价的打压时,矛盾变得无法预测且危险,将导致激烈的冲突","在现代世界,战略优势不可能依靠其他手段获得。基于盲目自信、利己主义和追求特权的政治不会带来尊重和伟大,并且必将引发正常的排斥和对抗"②。针对美国的这种失信行为,无论是默克尔,还是普京都强调,面对充满不确定性的全球化时代,中德、中俄有责任加强相互合作,共同维护基于规则的国际秩序。

而国际合作中这种漠视规则和义务的失信现象,其实不仅仅体现在国与国之间,也体现在企业与企业之间以及个人与个人之间。一旦不幸遇上,无论是谁,收益、计划、目标,统统都会泡汤。所以,在以全球视野与外国开展壮族形象的全球化建构与推介合作时,一定要对对方的合同履行风险进行充分的评估,并做好相关的防范预案,以免被搞得措手不及。

---

① 参见《特朗普彪了,默克尔怒了》,(2017-6-1),http://www.sohu.com/a/145198221_653271。

② 参见《普京强烈抨击美国"叛变":俄最大的错误是太相信美国》,(2017-10-21),http://www.cankaoxiaoxi.com/world/20171021/2239861.shtml。

二 当代发达资本主义的危机所引发的风险与挑战

无可讳言,我们国家的对外开放主要还是面对当代发达的资本主义国家,因为它们具有我们所需要的资金和技术,而且事实上我们也的确从对发达资本主义国家的开放、合作中获得了很大的好处。我们经济总量能跃居世界第二位,其中就有很大的部分是来自于与发达资本主义国家的合作。但在看到这种利好的同时,我们也应该看到,发达资本主义国家的深层矛盾所引发的经济危机也会通过国际化的合作机制传导到我们国家,从而给我们国家经济的健康平稳发展带来负面的影响。

像2008年源于美国的金融危机就使得以外向型为主的中国沿海经济一度陷入困境,广东东莞的外向型工厂大量停工,农民工大量返乡。中国政府为此被迫启动大规模的经济刺激计划,通过开启内需来抵消发达资本主义国家经济"大萧条"所造成的中国外贸出口的急剧下降。在这样的环境下,开展壮族形象的全球化建构与推介合作,是非常困难的,因为危机已经使他们自身都无暇自顾了,又遑论与他人合作。

此外,像发达资本主义国家中的不良思潮,如政治极化现象加剧、民粹主义高涨、贸易保护主义抬头、右翼极端主义思潮沉渣泛起等,也会严重地干扰和妨碍我们开展有关壮族形象的全球化建构与推介的合作,因为在此背景下开展有关活动,可能遭到的干扰会比寻常的要多得多。

虽然上面提到的一些具体的危机现象不是常态的,但是只要资本主义的深层危机根源没有消除,就总会有可能在某个时刻突然爆发出一些令人意想不到的危机来,进而可能会给本来正在正常开展的壮族形象的全球化建构与推介的合作活动以毁灭性的打击。所以,在与发达资本主义国家开展全球视野的壮族形象的全球化建构与推介的合作时,一定要留心其社会危机所可能引发的各种风险与挑战。

三 冷战思维搅动的地缘政治纷争所带来的风险与挑战

人们通常都将苏联解体看成是冷战结束的标志,但实际上美国仍然习惯于以冷战思维,以及零和博弈的思维,来看待和处理与他国的关系,所以,搅得世界其实并不太平。比如,现今的中东大乱局,就是美国搅动的结果。美国为了维护自己在中东的利益,先是发动海湾战争将伊拉克整垮,而后是利比亚,之后插手叙利亚,导致叙利亚内乱和IS坐大,还由此引发了大规模的难民潮。

而对于中国，美国也从未放弃过遏制的念头，不仅提出了"亚太再平衡"战略，搞南海"自由巡航"，在韩国部署萨德系统，而且还直接挑动周边国家与中国的关系以便让他们充当美国遏制和包围中国的工具，造成像日本、韩国、印度、菲律宾、越南等国家，与中国的政治、经贸关系都出现了一定的波动，像韩国部署萨德系统，就导致了中韩的经贸和人文交流大幅度下降，中国游客锐减六成以上，不少日本游客也因朝鲜半岛动荡局势而放弃韩国行，对韩国旅游市场造成重大打击，而中国游客的减少，还令韩国的乐天免税店的销售额同比下降了 25%，导致组长级干部人员及全体高管自发减薪 10%，这是乐天免税店成立以来的首次。①

更有，美国还以竞争或安全为由中止中企的收购活动，让中国人费心费力煮熟的鸭子最后都飞了。比如美国的监管机构就搁置了中国安邦保险收购纽约著名的华尔道夫-阿斯多里亚（Waldorf Astoria hotel）酒店的计划，因为美国总统和其他达官显贵经常在该饭店下榻。还有，找各种理由打压中兴和华为。此外，美国立法机构还要求对中国人收购芝加哥证券交易所一事进行审查。不仅如此，美国还去管控别的国家与中资的收购合作。据英国《金融时报》报道，自 2015 年年中以来，总计近 400 亿美元的中资收购计划绝大部分遭到否决，相当于过去 16 个月期间宣布的全部交易的 14%。而 2016 年德国政府撤回对中资收购 Aixtron 的批准，也是源于美方的建议，美国表达了对中国可能利用 Aixtron 设备为核计划制造芯片的担忧。② 同样案例还有，中资收购荷兰皇家飞利浦公司旗下的 Lumileds，也因美国的阻挠而胎死腹中。2019 年，美国还单方面对中国的一些产品加征 25% 的关税，对中国挑起贸易战。

总之，美国以冷战思维和美国优先原则来处理国际关系，会给我们以全球视野开展壮族形象的全球化建构与推介的合作活动增添许多不可预料的变故和风险，因此，在开展相关的合作时，我们一定要把这些风险和挑战考虑在计划之中。

---

① 参见《媒体：韩国终于发现了中日友好靠的是谁》，（2017-06-28），http://news.toutiaonews.com/mil/junqing/2017/0628/61920.html。

② 参见《德国反悔批准中资并购德企的原因：美国插手》，（2016-10-26），https://wallstreetcn.com/articles/269868。

四 发展中国家的不稳定性所引发的风险与挑战

中国的对外开放与合作也有相当大的一部分是面对发展中国家的，比如对非洲的投资合作力度就比较大。英国的《金融时报》就报道说，从2000年到2015年，中国进出口银行向非洲发放贷款630亿美元，几乎为非洲54个国家都提供了融资。相比之下，美国进出口银行向非洲发放的贷款为17亿美元，而且只向五个国家发放了贷款。中国在非洲的投资领域也呈现出多样化的特征，约翰·霍普金斯大学的"中非研究倡议"在2017年的政策简报中就说到，中国在能源和矿产投资占比为29%，供水和卫生设施投资占5%，通信投资占比5%，交通投资占比44%。中国在非洲各地修建了公路、铁路、体育场馆和机场。中国的投资和建设成效获得了非洲国家的赞许。利比里亚报纸《辣椒》(Hot Pepper) 的总编辑菲利伯特·布朗 (Philibert Browne) 就说，中国正在赢得敬佩，"你能看到他们把钱花在哪里，但你看不到美国人把钱花在哪里"，"你（美国）不把能力用在解决吃饭问题上。虽然进展缓慢，但中国人正稳扎稳打地在非洲取得节节胜利"。这些胜利，引得一些西方人士很不高兴，到处散布谣言，说中国在非洲的建造都是质量低劣，并且大多雇佣中国人，中国加强在非洲的存在只是为了掠夺资源和获取影响力，甚至连中企购买非洲的驴子都有人看不下去，但在事实面前，英国《金融时报》还是比较客观地承认："无须亲身体验你也可以看出，中国在非洲的形象比许多西方人愿意相信的要好。"①但是在看到这些投资成就的同时，我们也应该看到在非洲投资的风险也很大。非洲国家政局动荡，社会治安比较差，时常有中国商人的店铺被抢劫和商人被杀害的案件发生。当然，也有一些风险，是我们自己不够检点而引发的，比如一些人在加纳涉嫌滥采黄金，在赞比亚涉嫌非法购买铜矿原料，在刚果（金）涉嫌砍伐及走私非洲红木，都引发了不小的麻烦。

在亚洲风险也不小。比如在巴基斯坦、阿富汗就有中国人被绑架的案件发生过。在缅甸，则有水电项目工程被中途停止的情况发生，如中国在缅甸投资的密松水电站和莱比塘的铜矿。这两个项目都是在缅甸军政府当

---

① 参见《英媒称中国在非洲赢得敬佩：西方自欺欺人低估中国软实力》, (2017-05-05), http://news.163.com/17/0505/11/CJLU3VFK00018AOQ_all.html。

政期间签订的合同，但两年后，缅甸军政府开始慢慢地走向军人转业成文官的政治改革，并且有分寸地放松了对反对党和民间势力的控制，所以，项目开工之后，麻烦就不断，两个项目都出现了被迫暂停的情况。而暂停的原因也复杂多样。有环境和生态保护的原因，有长期积累下来的民族纠纷乃至武装冲突的原因，也有原住民的拆迁和搬迁的问题，有宗教文化传统的问题，有投资方赔偿不能到位、不够量的问题，有双向贪污腐败的问题。当然，缅甸的政治生态演变、政局的突然异动则是最重要的原因。可以想见，如果在有这些现象的国家开展壮族形象的全球化建构与推介的合作活动，稳定性就会比较差，成功的可能性自然也是比较小的。

此外，发展中国家的"中等收入陷阱"也会引发中国与之开展国际化合作的风险。所谓"中等收入陷阱"是指有些中等收入国家经济长期停留在中等收入阶段，原有的发展方式中久积的矛盾爆发，原有的发展优势渐渐消失，迟迟不能越过人均 GDP12000 美元这道门槛，不能进入高收入国家的行列。例如，东南亚的菲律宾、马来西亚，以及拉丁美洲的墨西哥、阿根廷、智利，都长期落入"中等收入陷阱"之中。这一陷阱可以细分为"发展制度陷阱""社会危机陷阱"和"技术陷阱"①。其中前面的两个陷阱，对我们开展壮族形象的全球化建构与推介的合作活动影响最大。"发展制度陷阱"主要指这些国家中还保留着的较为明显的传统社会特征、传统势力和传统的社会组织形式。这些制度形式不仅阻碍着它们的工业化水平的进一步提高，而且也使得贫富差距、城乡差距继续扩大、农村消费能力低、社会失业率高、通货膨胀频发、社会经济出现滞涨、中产阶级状况恶化、失业者和低收入家庭愤怒绝望、街头政治活跃。当然，在这些状况下开展壮族形象的全球化建构与推介合作活动会是比较困难的。

综上所述，发展中国家中普遍存在的政治、投资、安全方面的风险还是不小的，因此，在与它们开展合作时，一定要对其中的风险加以关注和防范。同时，我们自己也不能过于自傲、任性，要注意洁身自好，遵守他国的法律和风俗，否则，很可能会做出损害国家形象和壮族形象的事情来。

---

① 厉以宁：《很多国家因为这三个坑衰败 中国能否跳过?》，(2017-7-05)，http://finance.qq.com/a/20170705/033983.htm。

五　国际合作中跨文化冲突所引发的风险与挑战

国际合作中还常面临着因文化观念的差异而引发的文化冲突。这些冲突，也会给我们以全球视野开展壮族形象的全球化建构与推介合作造出一些出乎意料的麻烦。

关于文化冲突，美国学者塞缪尔·亨廷顿所作的分析和判断影响最大。他在《文明的冲突与世界秩序的重建》一书中认为，在苏联解体的后冷战世界中，人们之间最重要的区别不再是意识形态的、政治的或经济的，而是文化的区别。人们用祖先、宗教、语言、历史、价值、习俗和体制来界定自己，来回答"我们是谁"的问题，他们认同于部落、种族集团、宗教社团、民族，以及在最广泛的层面上认同文明。人们不仅使用政治来促进他们的利益，而且还用它来界定自己的认同。民族国家的行为像过去一样受对权力和财富的追求的影响，但也受文化偏好、文化共性和文化差异的影响。对国家最重要的分类不再是冷战中的三个集团，而是世界上七八个主要文明。随着权力和自信心的增长，非西方社会越来越伸张自己的文化价值，并拒绝那些由西方"强加"给它们的文化价值。在这个新的世界中，区域政治是种族的政治，全球政治是文明的政治。文明的冲突取代了超级大国的竞争。在这个新的世界里，最普遍的、重要的和危险的冲突不是社会阶级之间、富人和穷人之间，或其他以经济来划分的集团之间的冲突，而是属于不同文化实体的人民之间的冲突[①]。塞缪尔的这一关于文明（文化）冲突的预测，虽然被批评片面，但是也正在被今天的许多事例所证实。就中国的国际化合作案例而言，最典型的莫过于被称为"中国玻璃大王"的曹德旺了。

他不仅在美国投资10亿美元，而且还一个劲地夸赞在美国投资是如何如何的好，比如他说："在美国做工厂利润要比中国高，美国的综合税务比中国要低35%。土地基本不要钱，能源方面也比中国便宜不少，电价是中国一半，而天然气只有中国的1/5。总的来说，在美国会多赚百分之十几"，"中国实体经济的成本，除了人便宜，什么都比美国贵"[②]。但

[①] 塞缪尔·亨廷顿：《文明的冲突与世界秩序的重建》，新华出版社2002年版，第6—7页。

[②] 参见《曹德旺又讲大实话：中国除了人便宜，啥都比美国贵》，（2016-12-19），http://www.sohu.com/a/121946260_524555。

是半年刚过，他在美国遭遇麻烦的坏消息就传来了。美国《纽约时报》以《中资工厂在俄亥俄州遭遇文化冲突》（Culture Clash at a Chinese-Owned Plant in Ohio）为题，报道了曹德旺的福耀玻璃在美国遭遇文化水土不服的问题。问题主要有：（1）工厂前副总经理戴维·伯罗斯发起诉讼，说自己因为不是中国人而被"炒鱿鱼"，但却回避了自己的绩效表现；（2）员工丽莎-康诺利抱怨说，如果没有足够早地提前申请带薪假，福耀就会以旷工为由对工人进行纪律处分；（3）名叫詹姆斯-马丁的前雇员表示，公司让他暴露在刺鼻的化学物质中，令他的双臂起疱，肺活量变小；（4）2016年11月，美国联邦职业安全与卫生署（OSHA）对福耀的一些违规行为处以逾22.5万美元的罚款，比如缺乏完善的锁定防护机制，以确保工人修理或保养设备时机器电源是关闭的；（5）全美汽车工人联合会（United Automobile Workers）正对福耀发起激烈工会运动，2017年4月，他们举办了一个群情激昂的会议，强调福耀在规则的执行上相当随意，直言不讳者遭到报复。对于这些"控诉"，曹德旺在接受《纽约时报》采访时做了相关的回应，他说解雇副总经理是因为"他们不尽职，浪费我的钱"，而且还叹息说该工厂的生产力"没有我们在中国的工厂高，有些工人是在消磨时间"。而对于这些所谓的麻烦，其实不只是美国报纸认为是文化冲突的表现，就是美国工人也认为是文化冲突。工人辛西娅就说，工厂对中美员工没有一视同仁，部分管理规定不符合当地习惯，也有语言沟通的障碍，她希望能够在工厂成立工会以争取更大的权利。有的员工则表示："你问我是不是这里有文化冲突？是的，这里的确是有。我觉得这完全可以理解，因为我们来自于两个不同的世界，中国和美国之间走到一起，希望共同能做好一件事。"① 而实际上，福耀不是唯一的一家在美国遭受文化冲突困扰的企业。2014年，金龙精密铜管集团在阿拉巴马州开设工厂，在当地受到热烈欢迎，因为公司投资了1亿多美元，有望创造300个工作机会。但到了年底，工人们抱怨安全措施松懈，工资低，以微弱多数同意组织工会。

在美国之外的国家，中国企业也同样遭遇文化冲突。例如，首钢秘鲁公司的劳资纠纷就曾让首钢痛苦不堪。由于缺乏对秘鲁工会状况的了解，

---

① 参见《揭秘赴美投资罚金背后"玻璃大王"曹德旺斗志满满》，（2017-6-25），http：//news.cctv.com/2017/06/25/ARTI2He7vXaJSGLYHRZozzSL170625.shtml？_da0.8811422842554748。

中方沿用了国内工会思维对待秘鲁工人。在面对工人罢工时，中方管理层开除了工会主席，与工会水火不容。结果不但激化了矛盾，而且还造成了500万美元的经济损失①。

面对国际合作所遇到的文化冲突，由于我们海外投资的历史还不长，所以，很多企业在应对上往往还很缺乏经验，由此而造成的损失和出现盲目投资的事例还真不少，在这方面，即便是财大气粗的央企也无法幸免。国家审计署的报告显示，2012年中石化曾出资92.89亿元收购境外项目股权，由于对风险估计不足累计亏损12.95亿元（截至2014年年底）；中国中化在2007—2011年投资的4个境外项目中对形势判断失误，累计损失和亏损36.21亿元；亏损最多的华能集团，竟出现了超过100亿元的经营亏损。审计署的报告还显示，仅在20家央企的155项境外业务中，近四成出现投资决策失误等问题，形成风险近385亿元。而根据商务部2015年的数据，我国"走出去"的企业仅有13%的企业盈利可观。许多企业投资海外的钱"打了水漂"，甚至"为他国作了嫁衣!"② 可见，文化冲突看起来没有硝烟，但是稍不注意所造成的损失却是实实在在的，因此，在以全球视野开展壮族形象的国际化建构与推介合作时也要注意防范这一由文化冲突所引发的各种风险。

综上所述，我们可以看到，以全球视野开展壮族形象的全球化建构与推介合作活动，所面临的国际风险和挑战还是不少的，一些中国企业在融入全球化大潮中所遭遇的"交学费"事件，都将成为我们预防和应对这些风险和挑战的重要经验。当前世界并不太平，单边主义盛行，强权政治抬头，保护主义负面影响加大，不稳定不确定因素明显增多，而随着中国坚定不移地推动全方位对外开放、致力于发展更高水平的开放型经济的进程的加快，我们碰上这些风险和挑战的机会将只会增多而不是减少，所以，在开展这一类国际化的壮族形象的建构与推介的合作活动时一刻也不能忽视它们。

---

① 参见《曹德旺10亿美元投资海外换来了游行、罚款……》，(2017-6-16)，http://news.ifeng.com/a/20170616/51266246_0.shtml.

② 参见《人民日报怒批：中国企业别盲目给美国"送钱"日本就是例子》，(2017-12-05)，http://dy.163.com/v2/article/detail/D4SV19MF05198J03.html.

第十一章

壮族形象建构的共性规则

通过对上述九个维度生活活动的壮族形象建构功能及其打造的具体分析,我们可以看到,每一维度活动的壮族形象建构功能的具体呈现及其打造和形成的方法都是不完全一样的,但细加检视又可以发现这些不同的活动在呈现壮族形象建构的功能时,却又在遵循着某些共同的规则。这些规则也就是壮族形象建构的共性规则。这些规则虽然平时不显山不露水,但是都在暗中起着关键性的作用。现将这些规则概括出来,以便为今后开展自觉的壮族形象建构活动提供指导。同时为了叙述和理解的方便,笔者根据这些规则的内涵和性质的不同,将它们分为原则性规则、操作性规则和理念性规则三大类进行介绍。

第一节 原则性规则

所谓原则性规则,就是指壮族形象建构所必须要遵守的基础性规则。当然,作为原则性规则,也就意味着它是不能轻易改变的,即便有变动也只是轻微的,但大的结构性框架是不能变的。而这样的原则性规则,大致有以下几个方面的内容。

一 壮族形象的建构旨在建设和提升壮族

我们倡导壮族形象的建构,绝不仅仅是像画画那样勾画出一个可感的壮族形象就够了,而是为了实实在在地建设壮族、提升壮族,并借此提高壮族的知名度。这是壮族形象建构的总目标,而这样的目标,自然也是壮族愿望的反映。

这一壮族形象建构的总目的,同时也划定了壮族形象建构的底线,向建构者昭示了壮族形象建构的总方向，即它只能往有助于壮族的发展进步，建构正能量的壮族形象方向发展。当然也是希望所有的壮族形象的建构者，都能够遵守这一规则。如果出现与此目的相悖的建构活动，我们都会进行批评和反对，敦促他们改正，以便尽量地与我们相向而行。

这一目的，对于壮族形象建构来说至关重要。对于国内的建构者来说，它设定了壮族形象活动的范围，明确了什么样的壮族形象建构活动可以开展，什么样的不可以；而对于外国的建构者来说，它则表明了我们欢迎什么样的壮族形象建构。同时，它也确保了壮族形象的建构活动要符合壮族的根本利益，要能起到激发民族自豪感和民族团结的作用。如此之意义，也就决定了这一规则，是壮族形象建构活动必不可少的原则性规则了。

二 壮族形象建构要有认同壮族的意识

壮族形象建构的上述总目的能不能得到实现，很大程度上又取决于建构者能不能从思想上和情感上认同壮族，并在建构活动中自觉地彰显壮族元素。如果建构者对壮族不认同，那么，就会像一些历史文献的书写者那样总是在书写和建构壮族形象时采取鄙视、轻蔑的态度。这样肯定是建构不出具有建设性和积极性的壮族形象来的；相反，如果建构者对壮族很有感情，认同壮族文化，那么，他就能够理性地分辨和评价壮族的一切，在凸显壮族的发展进步和民族特性的同时，还能建构出来具有积极意义的壮族形象来，进而有助于实现上一节所说的壮族形象建构的总目标。可见，建构者的壮族认同意识，既是壮族形象建构的总目标的内在逻辑要求，同时也是建构好壮族形象的根本保证。

像电影《刘三姐》的编剧、导演、制作者，大都不是壮族人，但由于他们都高度认同壮族的山歌文化，所以，才能拍出既体现壮族山歌的魅力而又具有鲜明积极意义的壮族形象建构功能的《刘三姐》来。相反，有一些建构者即便是壮族人，如果没有形成正确、健全的壮族认同意识，也有可能会建构出违反本民族利益的壮族形象来，比如有的壮族年轻人就认为壮族的山歌太老土、太难听，可以想象以这样的壮族文化认同态度去进行创作，能够写出反映壮族山歌文化魅力的作品来吗？可见，壮族形象的建构是离不开认同壮族的意识的。缺了它，不但上一节所提到的壮族形象建构的目的没法实现，恐怕连壮族形象能不能建构得出来也是不能确定的。也正因为如此，认同壮族，也就成了壮族形象建构所必有的原则性规则了。

三 壮族形象建构还要认同一个"中华"国家

壮族形象建构除了需要认同壮族，追求显示壮族民族特性之外，还需认同一个"中华"国家。这既是现实，也是历史的必然要求，它关系到壮族形象建构的政治正确与否。

从现实来看，壮族的民族身份是共产党领导的中央政府认定和赋予的，是新中国56个民族中的合法成员之一。56个民族在中国共产党的领导下共同构成了一个多元一体的中华民族大家庭。经过长期的融合，各民族之间形成了"各美其美，美美与共"、你中有我、我中有你、谁也离不开谁的中华民族命运共同体。所以，56个民族个体与中华大家庭之间是特殊性与一体性的关系。56个民族各有其文化上的特殊性，但带着这些特殊性的56个民族又团结和统一在"中华"国家这个一体性之中，56个民族的特殊性是"中华"一体性之中的特殊性，其特殊性是寓于"中华"一体性之中的。壮族形象建构所体现的壮族认同和壮族民族特性，都是在认同一个"中华"国家这个大前提下进行的，追求的是壮族的民族特性与国家一体特性的统一。所以，倡导壮族形象建构，彰显壮族的特殊性，不是为了搞分裂，更不是为了谋求独立，而是为了形成中华"多元一体"的大格局，从某种意义上来说，也是对国家民族政策的认同，因为国家承认一个民族就是以具有独特的民族文化和民族特性为基本前提条件的。这是壮族形象建构所内含的政治逻辑，也是壮族形象建构必须遵守的政治底线，同时也是认同一个"中华"国家，所应有的主要内容。对于我们国家的这一"大一统"传统，连作为外国人的美国前国务卿基辛格也感受得很具体，他在《论中国》一书中说："中国历史上战乱频仍，中央政府几度荡然无存，天下大乱。然而仿佛受一条亘古不变的自然法则的左右，中央政权每次垮台，都会被重建。每个历史阶段，都有一个志在统一的人物站出来，基本上沿袭黄帝的做法，征服敌手，再次一统中国（有时是开拓疆土）。"[①]这也是《三国演义》卷首所说的："话说天下大势，分久必合，合久必分"。延续到今天，就形成了56个民族交错杂居、文化上

[①] [美]亨利·基辛格：《论中国》，胡利平等译，中信出版社2012年版，第2—3页。

兼收并蓄、经济上相互依存、情感上相互亲近的多元一体的中华民族命运共同体。壮族形象的建构就是在承认这一中华民族命运共同体的前提下进行的。从历史来看，任何一个胆敢违背"大一统"格局的人，最终都免不了遭到应有的惩罚。西夏的开国之君李元昊，就是这样的代表。

　　他的祖父和父亲都曾是党项族的首领，之前因为自身力量还不够强大，所以一直对宋朝称臣纳贡，靠着宋朝这棵大树的荫蔽，党项族也逐步积累起了自己的财富，实力大增。对此，李元昊本应要感激宋朝的恩德，永远不可与宋为敌才对，但是在李元昊的心里想干的是建立属于自己的政权，于是到了他执政的中后期，在他父亲去世之后，他便开始着手准备分离活动。先是在政治上打造真正属于自己的民族文化，塑造出自己民族的特性和本民族的认同感。同时，他还将唐、宋赐给的国姓废弃，改回了自己民族的姓氏，并且颁布了剃发令，要求自己族里的男子一律废弃原来的发型，剃成光头，否则格杀勿论，他自己本人还率先垂范，理上了新发型。在服饰上也强制必须穿自己民族的传统服饰，戴尖顶的帽子，身穿纯白圆领、窄袖、收腰的长袍。实行完这些规定之后，他还觉得不够，于是又创造出了自己民族的文字和语言，在他的领地上大加推行。当这些政治文化方面的东西都具备了自己的民族特性之后，公元 1038 年，李元昊建立起了属于自己的政权，开启了中国历史上一个古老而又神秘的王朝——大夏，[①] 但最终的历史结局是，他的国与族都消失得无影无踪了，逆大一统规则的结果自然只能是自取灭亡了。所以，壮族形象建构所追求的个性和特色的表达，是在认同一个"中华"国家的一体性的前提下进行的，这跟李元昊所追求的民族性有着根本的不同。而这正是壮族形象建构所必须遵循的又一条原则性规则。

四　壮族形象建构要有一种开放、包容的气度

　　壮族形象建构要认同一个"中华"国家，实质上也就要求壮族形象建构要有一种开放、包容的气度。虽然壮族形象建构的主体是壮族，但并不意味着只有壮族人才能参与，实际上不管壮族愿不愿意，多元主体参与壮族形象建构，其实就是一种客观的存在，在前面几章我们分析的九个维

[①] 参见《此国为了脱离中国，废文字，改国姓最后竟销声匿迹》，(2016-11-21)，https://baijiahao.baidu.com/s?id=1551574236043290&wfr=spider&for=pc。

度的壮族形象建构活动中，我们就可以感受到某些维度的建构活动的参与者是非常多元的，所以，对于壮族来说最好的做法，就是顺应这种情势，以一种开放、包容的气度来欢迎所有愿意参与壮族形象建构的人。而事实也证明了，多元主体的参与是壮族形象建构事业兴旺发达的重要保证。像电影《刘三姐》、南宁国际民歌艺术节和桂林的《印象·刘三姐》这三个有影响力且壮族形象建构功能显著的"作品"，都是多民族身份的人参与创造的结果。

虽然在这种多元主体参与的情况下，可能会有一些不怀好意的人参与并建构出了不好的壮族形象，但对此现象我们一方面要针对其错误的性质采取相应的批评策略，帮助其改正、提高；另一方面我们不能因此而因噎废食统统拒绝他者参与，毕竟这样的人总体上看还是少数的。对于壮族形象建构事业来说，"海纳百川，有容乃大"，还真的是一个必须遵循的准则。人多力量大，用在壮族形象建构事业上绝对是千真万确的真理，在有共同的旨趣与目标的指引下，参与的人越多，所形成的建构力就会越大。因此，壮族形象建构事业是亟需以一种开放、包容的气度来吸引对此有兴趣的人来参与，这是壮族形象建构所必须要遵循的又一原则性规则。

五 壮族形象的建构需要政府和建构者个体的共同努力

壮族形象建构，作为一种倡议，虽然客观上需要有更多的主体来回应，但是这种回应又不能是强制的，而是发自内心的认同。在这样的背景下，要想让壮族形象建构获得更多的主体来回应，政府这个主体要发挥作用，就显得很有必要了。

因为政府手中掌握着不少动员和引领大家的资源。首先，是舆论和宣传的工具。政府利用自己手中掌握的宣传工具，倡导和宣传有关壮族形象建构的理念，这样了解、认同这种倡议的人，就会多起来。其次，是行政资源。政府可以利用手中掌握的行政资源将自己倡导和宣传的壮族形象建构的理念贯穿到相关的政策和规划中，并敦促这一理念在各项具体工作中的落实。再次，是财政资源。政府可以利用手中的财政资源，来支持壮族形象建构的理念在各项具体工作中的落实，这一点也是别的主体所难以做到的。可见，壮族形象建构要想真正地从一种倡议走向现实实践，政府的作为和努力都是一个非常重要的倚靠力量。

当然，政府的动员和引领作用，最终还是要由个体来回应和具体落实。所以，建构者的个人努力也是壮族形象建构事业所不可缺少的。在很大程度上，建构者的个人才能、勤奋热情和创造性，是决定壮族形象建构水平的关键性因素。只有建构者个人乐意参与并贡献出自己的聪明才智等本质力量的时候，壮族形象建构事业才会取得一定的成就和辉煌，毕竟人民才是历史的真正创造者。

综上所述，可以看到，政府的动员、引领与建构者个体的努力，都是壮族形象建构事业所需要的。也只有双方的相互协同，相互促进，壮族形象建构事业才能做大、做强。这在我们前几章所作分析的一些维度的壮族形象建构活动中亦能够鲜明地体会得到。也正因为如此，政府和建构者个体的共同努力，才成了壮族形象建构所必须要遵循的原则性规则。

第二节　操作性规则

壮族形象建构作为一种活动，最终都离不开建构者的建构操作，而且其所要建构的壮族形象就体现于其建构操作的过程及结果上，因此，建构者除了需要遵循上文所提到的原则性规则之外，还需要遵循一些操作性规则。这些操作性规则，规范的是壮族形象建构者的操作行为，是建构者在进行建构操作时所必然会用到的普遍性规则。这些规则的内容概括起来主要有以下几个方面。

一　要同时把握各类壮族形象建构活动的一般规则和特殊规则

从微观的角度看，壮族形象建构活动是非常多样的，而且每一种的具体建构方式都会有所差别，而从宏观的角度看，则可以划归两类，一类是物质性的壮族形象建构，另一类是精神性的壮族形象建构。当然，这两大类里边，每一类又都可以细分出很多的类别。物质性的壮族形象建构，就包括各种工农业生产和各种服务业如快递、外卖、医疗、教育、电商、移动通信、广电网络、银行、交通运输、法律咨询、科技培训服务、公告文化服务等。而所谓精神性的壮族形象建构，就包括各类精神性的生产，比如以文字为媒介的各种意识形态的生产如政治、哲学、历史、经济、法律、教育、文学等，还有其他种类的艺术生产，如电影、电视剧、音乐、舞蹈、戏剧、曲艺、杂技、木偶、皮影、美术、雕塑等的生产，此外，像广大民众世代传承的人生礼仪、岁时活动、节日庆典、民间体育和竞技、手工艺等非物质文化遗产生产等。总之，不论是从微观的角度看，还是从宏观的角度看，壮族形象建构的种类都是很多的，建构者无论要参与哪一种类的建构活动，都需要既掌握这一类活动的一般操作规则，同时还需要掌握这一类活动体现壮族形象的特殊性操作规则。建构者只有把自己所从事的壮族形象建构活动的这两类规则内容都掌握好了，才能实现较好的壮族形象建构效果。

二 要学会灵活地以具体的实体对象来体现抽象的壮族形象

建构者无论从事哪一种类的壮族形象建构操作，其中都会涉及如何处理抽象的壮族形象与具体体现对象之间的关系问题。因为"壮族形象"一词，就像"壮族"一词一样，是一个抽象性的集体名词，现实中并没有一个具体的实体性的"壮族形象"与之对应。这也就意味着，所谓壮族形象的建构，实际上并不是要求我们直接建构出一个叫"壮族形象"的实体来，而是要建构出一个能够体现这一抽象性的"壮族形象"的具体实体对象来。这样，任何一个从事壮族形象建构活动的人其实都面临着一个如何以某些或者某一具体的实体对象去体现抽象性的"壮族形象"的问题。而能体现抽象性的"壮族形象"的具体实体对象也是很多样的，如一首壮族山歌、一份壮族美食、一个壮族民间故事、一个壮族历史人物、一个绣球、一幅壮锦等等，建构者如何从中选出最恰当的来使用，则是最能考验一个人的最具挑战性的问题。而这一问题的解决实际上涉及的是一个找寻和掌握如何以具体的实体对象体现抽象的"壮族形象"的操作规则的问题。而这一操作规则的找寻和掌握大致需要遵循以下步骤：

首先，是建构者要形成一个自己心中的抽象性的"壮族形象"，比如勤劳的壮族形象、敢于斗争的壮族形象、崇尚英雄的壮族形象之类的都是。这样的抽象性壮族形象，由于主要还是来源于建构者对壮族生活的理解和体验，因此，建构者不同，自然心中所构想出来的抽象性的壮族形象也往往有所不同，这在精神性类别的壮族形象建构活动中尤为明显。

其次，是建构者要为意向的抽象性"壮族形象"找到恰当的具体体现对象。这一步最为复杂，也最为关键。众多的具体体现对象哪一个是最恰当的？这需要一番复杂的思索。如果现实中没有现成的，建构者还得自己造出一个来，所以，过程还是蛮复杂、辛苦的。不过，建构者一旦选定了，抽象性的"壮族形象"与具体的体现对象之间就只存在着一一对应的唯一关系了。比如，现代歌舞剧《壮锦》的编者，就通过再读壮族民间传说故事《一幅壮锦》而产生了一个不同于以往理解的新的抽象性的"壮族形象"。以往多从道德的角度来解读这一故事，认为这一具体的故事体现的是诚实、不怕苦、积极进取的壮族形象和谴责怕苦怕累、贪图享受的壮族形象，编剧重新解读后认为这一故事体现的是一个寻找幸福的壮族形象。有了这一个新的抽象的"壮族形象"之后，编剧也就获得了重编故事的方向了。为了表现这一个新的抽象的"壮族形象"，编剧就将原故事中只有母亲和小儿子坚定寻找壮锦的情节改为母亲与两个儿子都同样坚定寻找壮锦。通过这样的改编和重构具体的体现对象，编剧才为自己心中新的抽象的"壮族形象"找到了一个唯一的具体体现对象。

再次，建构者找到了一个唯一的具体体现对象之后还需不断打磨以便达到两者的完美统一。在壮族形象建构活动中，建构者为抽象的"壮族形象"找到了具体的体现对象之后，不等于表现就自动完成，还需要建构者付出辛苦的劳动，为具体的体现对象与抽象的"壮族形象"之间的完美融合，进行辛勤的加工、修改和打磨，直至抽象性的壮族形象能得到很好的表现为止。

通过上面三个步骤，建构者就可以为心中抽象的壮族形象寻找到具体的体现对象了，而这三个步骤实际上也就构成了以具体的实体对象体现抽象的壮族形象的操作规则的内容了。

三 要学会巧借关联形象来建构壮族形象

由于壮族形象的建构需要借用具体的体现对象来体现，因而在壮族形象建构的操作中，还常常面临着借助一些非壮族的形象来加以体现的问题。最常见的是借用广西的县市形象、广西形象和中国形象来体现。而这就会涉及建构者如何借用这些关联形象来体现壮族形象的问题。为什么会出现借用这些关联形象的问题？

因为就迄今为止的现实情况看，各级政府在开展活动时大都是从自己所在层级的角度和名义来进行的，所以，它们开展活动首先要塑造的自然是它们各自所代表的区域地方的形象，比如县市级地方政府要塑造的自然首先是县市形象，省级政府要塑造的自然首先是省形象，中央政府要塑造的自然首先是中国形象。就广西来说，常见到关联形象相应的就分别是广西的县市形象、广西形象和中国形象，很少见到直接说要建构壮族形象的，但这些活动又显示出建构壮族形象的某些方便和优势之处。这种现实状况就决定了建构者如果想要借助这些关联形象的活动来建构壮族形象的话，就必须要学会怎样借助这些关联形象的活动来达到自己建构壮族形象的目的，这也就是俗话所说的借花献佛。而关于怎样借助的办法，其实也就是关于怎样处理壮族形象与其他关联形象之间的关系问题。

通常的借用规则，一般都是在开展这些关联形象的活动时，建构者要有意地凸显或者增加壮族元素，这样就可以在明面展示广西的县市形象、广西形象和中国形象的同时暗示到或者折射出壮族形象来。当然，还有一个最好的办法，就是各级政府在明面地塑造这些所谓的关联形象的时候也明面地说同时要建构壮族形象。此外，还有一种就是事后借用，即在政府开展相关的活动结束之后，借用其相关的材料，通过再加工来开展专门的壮族形象建构活动。这三种借用关联形象来进行壮族形象建构的办法，其实也就是借用的规则。它们使用起来其实都没有说的那么容易，都是比较复杂的，因为都存在着如何凸显和表现壮族元素和如何协调好壮族形象与那些关联形象之间的关系的两大问题。因此，也都需要建构者付出细心和耐心，同时还要有慧心才行。由于政府塑造关联形象的活动是常态，而且数量也比较多，这就决定了我们要借用到它们来建构壮族形象也将是一种常态，因此与此相关的操作规则，也就是我们经常要用到的。

四 要学会选择合适的表现载体

抽象性的"壮族形象"除了需要选择具体的体现对象来加以体现之外，还需要选择一个合适的表现载体来承载这个抽象性的壮族形象与具体的表现对象的结合体。因而，载体的选择，就显得重要起来了。而有关载体的选择办法，就构成了壮族形象建构的表现载体选择的操作规则了。对这一操作规则，建构者必须要了解和掌握。那么，壮族形象的表现载体都有哪些？相关的选择规则又有哪些呢？

而根据载体的形态和性质的不同，我们可以把壮族形象的表现载体大致分为四种：一是文本载体，二是物质性具象载体，三是舞台载体，四是形象性载体，五是网络载体。

所谓文本载体，主要是指以语言为表现媒介的纸质载体。这是精神性壮族形象建构活动最为常用的载体表现形式。依其内容的性质的不同，可以将这种文本的载体细分为：历史文本、文学文本、新闻文本、广告文本、哲学文本、科学文本。

所谓物质性具象载体，就是指以具体的物质性实体作为表现媒介的载体。这类载体的形态种类最为繁多，大到一个景区、一座桥梁、一条大道、一个村庄、一栋房子，小到一个绣球、一匹壮锦、一个铜鼓、一碗五色糯米饭等都可以成为构建和体现壮族形象的表现载体。

所谓舞台载体，是指以舞台表演为表现媒介的载体。这类载体都是以舞台表演的形式来建构或者体现壮族形象。如壮剧《赶山》、歌舞剧《妈勒访天边》、广西民族音画剧《八桂大歌》、桂林阳朔的《印象·刘三姐》、韦晴晴演唱《敬酒歌》、李思宇演唱《广西尼的呀》、宋祖英演唱《大地飞歌》等，都是通过舞台载体来展现壮族形象的。

所谓形象性载体，就是指以形象为直观表现媒介的广义文本。其常见的具体形式主要有影视、雕塑、摄影、美术等。电影《刘三姐》就是具有很强的壮族形象建构功能的形象性载体的代表作。

所谓网络载体，就是以网络作为表现媒介的载体。网络载体又可以细分为QQ群、微信、贴吧、网站平台、网络视频、微信公众号等。现在是数字化时代，网络平台的作用日显突出，因此，可以预见，网络载体会在未来的壮族形象建构中发挥着越来越大的作用。

那么，又该根据什么样的规则来为抽象性的壮族形象与具体对象的结合体来选择合适的表现载体呢？这需要建构者在自身目的与能力、结合体和具体的表现载体三者之间寻找到一个最为高效的平衡点，能够体现这个平衡点的载体，就是最合适的表现载体。但这样的载体可不那么容易找到和确定，因为不同的主体目的与能力不同，判定合适载体的标准也不一样。因此，壮族形象建构的表现载体的选择规则，就是以最能体现建构者的长处和目的、操作起来最得心应手为最高效的载体。这就是俗话所说的"没有金刚钻就不要揽瓷器活"。建构者如果擅长园林建筑的话，那么，园林建筑自然就是对他而言的最高效的壮族形象建构的表现载体。如果建构者是小说家的话，那么，小说自然就是于他而言的最高效的载体。如果观赏者、投资者有什么建构建议的话，也必须要经过建构者的吸收后才能再以他最擅长的方式体现出来。如果实在满足不了的话，那么投资者就只有另请别的建构者来进行创作或者改编了。总之，在建构者、投资者、观赏者三者之间，建构者仍然是选择壮族形象建构的表现载体的主要决定者，其他的主体只是起辅助作用。建构者所要做的就是认清这一规则，不要被来自各方面的意见所左右而迷惑。这样看来，建构者选择壮族形象建构的表现载体自然就不是一件难事，但难的是如何用好所选的表现载体以及如何吸纳各方面的意见而又不被干扰。

五 建构实践要本着实事求是的态度

在壮族形象的建构中，建构者要想建构出好的壮族形象，在具体操作上，需要做到实事求是，要符合事实、规律和真实。这无论是物质性的壮族形象建构，还是精神性的壮族形象建构，都是如此。

就物质性的壮族形象建构来看，实事求是的操作规则主要体现为科学地规划与实施，杜绝一切不顾实际的"浪漫化"操作。这样才有可能避免不必要的浪费和破坏性的后果。比如，不计环境损害的掠夺式采矿和开办工厂，还有不考虑市场规律盲目地扩大种植和养殖的规模，都属于违反实事求是的操作规则的行为，不但建构不出产业兴旺、日益富裕的壮族形象，反而还会建构出丑陋的、有缺陷的壮族形象。可见，物质性的壮族形象建构活动要取得成功，必须要讲究科学性，要实事求是地操作，来不得半点的马虎和"浪漫化"操作，否则，不但提高不了壮族群众的生活水平，改变不了壮族地区的落后面貌，反而还有可能恶化壮族群众的生活环境，造成壮族群众不必要的损失和负担，甚至还会促其返贫。

就精神性的壮族形象建构来看，实事求是的操作规则，主要表现为真实地反映和揭示特定领域的壮族形象状况，既不能"妖魔化"，也不能随意的"浪漫化"。精神性的壮族形象建构，主观性特征本来就比较明显，如果在操作的时候不以真实性为指导原则，那么，就很容易陷入"妖魔化"和"浪漫化"的陷阱里。比如，我国古代历史文献的壮族书写，书写者很显然就存在着"妖魔化"壮族的倾向，并进而导致了其所建构的壮族形象的一定程度的失真。即便是以情感性和想象性为重要特征的文艺创造，建构者也不能随意浪漫化地建构和塑造壮族形象，必须要依据生活的逻辑和情感的逻辑来进行想象，否则，所建构出来的壮族形象也因为缺乏真实性而被接受者所唾弃。可见，精神性的壮族形象建构活动，也是需要贯彻实事求是的操作规则的。

由上所述可见，壮族形象的建构操作，是不能离开实事求是的原则的，否则，就有可能走上损害壮族形象，妨碍壮族形象提升的歪路上去。因此，实事求是的操作规则，也就成了壮族形象建构操作所必须遵守的规则了。

六　要懂得为建构出来的"产品"打造知名度

壮族形象建构操作中，还有一个操作也是不能少的，那就是为体现壮族形象的"产品"打造知名度。因为无论是物质性的产品，还是精神性的产品，要想让其所体现的壮族形象能够为更多的人所知晓，进而充分地释放其壮族形象建构的功能，就需要为其做好打造知名度的工作，否则，就只能落得个"养在深闺人未识"而未能有效地发挥应有的壮族形象建构效果的后果。

那么，具体怎样来为"产品"打造知名度呢？常见的方法就是广告宣传。现在既是商品充裕的时代，也是信息时代，既有打广告宣传的必要性，同时也有打广告宣传的便利性条件，过去"酒好不怕巷子深"的旧时代已经被"好产品也要赚吆喝"的新时代所取代了，对所创造出来的具有壮族形象建构功能的"产品"进行广告宣传和推广，也是顺应时代潮流的表现。而打广告的方式其实是很多的，通过电视、报纸是最常见的，但除此之外，还有路边、墙头广告，影片、电视剧、相声里嵌入广告，参加产品展销会和博览会，街头发放，召开"产品"新闻发布会，巡回宣讲，或者是通过互联网的社交媒体如微信、微博、Q群等发送广告。总之，广告的方式多样，建构者可以根据"产品"的特性和自身的实力来选择合适的广告方式。

当然，除此之外，还需注意对"产品"知名度的维护。而维护的最好的方式就是质量的维护和提升。"产品"通过打广告，有了知名度，一旦为民众所知晓，那么，"产品"的壮族形象建构功能也得到了暂时的释放，但能不能让受众保持持久的印象，则还需要"产品"的质量来做保障。如果质量差，消费者体验不好，"产品"就成了"一次游"，比如有的乡村旅游和民俗文化旅游景点，一开始的时候游客很多，年接待游客都上二三十万人次，但后期因运营和景点内涵不能继续改善和提高，如今顾客已经减半了。可见对"产品"的质量的维护和提升是万万不可掉以轻心的。而"产品"质量的维护和提升，亦可通过塑造和突出"产品"的个性化差异、不能全面的与他人"同质化"来体现,比如自从电影《刘三姐》让刘三姐出名了之后,对刘三姐题材、名声的利用,就成了广西人的一个喜好,其中桂林阳朔的《印象·刘三姐》的实景山水演出、南宁市艺术剧院创作的大型舞剧《刘三姐》、桂林市创作的民族歌剧《刘三姐》等,都可以算是这方面的代表。这三个"产品",都体现出了自己的个性化追求,满足了观众的不同的审美需要,不仅起到了保养和刷新刘三姐这个文化品牌的作用,而且还能凭此个性化的创造,从不同的角度建构出多样化的壮族形象来,真是一举多得。

由上所述可见,为了充分地发挥"产品"的壮族形象建构功能,建构者还必须重视对"产品"知名度的打造,这是壮族形象建构操作不可缺少的重要组成部分。

第三节 理念性规则

壮族形象建构活动既需要原则性规则和操作性规则的指导,同时也需要建构者对这些规则本身有一个正确的认识,才能最终用好这些规则,并促使壮族形象建构活动获得可持续发展的思想动力。在此,笔者将对这些规则本身的认识、理解概括为理念性规则。而这些理念性规则之内容,可以集中地体现在以下两个方面。

一 要认识到壮族形象的建构永远在路上

壮族形象建构之目的既然是要建设和提升壮族,因此,也就意味着它是一项长久的事业,因为只要壮族存在,那么,关于壮族的建设和提升就会永远存在。为此,对于壮族形象的建构,不要抱有任何毕其功于一役的想法。只要壮族还继续存在,壮族形象的建构需求就会始终相伴。因此,对于壮族形象建构事业,我们要有一种永远在路上的理念。这一理念性规则,除了受壮族形象建构目的的支撑之外,还受到以下几个要素的支持:

首先,从壮族自身的意愿看,壮族也总是希望自己能够随着时代的发展而不断发展的。世上恐怕没有哪个民族愿意永远停留一个状态而不愿意发展的。这一特性,也就意味着壮族需要不断地建设自己和发展自己,而这也就意味着,壮族形象的建构事业也就不能停止。壮族形象的建构永远在路上，也就成了一种必然的要求了。

其次，从建构的创新特性看，壮族形象的建构也不能止于一役。在建构壮族形象时，完全地去模仿别人，是不能长久的，也是没有前途的，即便是以标准化生产为特征的物质性壮族形象建构也不例外，比如所谓的"山寨"产品，不就常常被人看作是低能、低端的表现吗？至于精神性的壮族形象建构活动，则更是连"山寨"性模仿也不容许的，不仅不能"山寨"别人，甚至就是连自己也不能"山寨"，一是因为读者不买账，二是因为学术规范、精神性创作的规律不允许。这些建构特性的要求，决定了壮族形象的建构者必须要不断的创新和发展，而这也就决定了壮族形象的建构永远走在创新的路上，永远没有止境。

再次，从壮族形象维护的不易性，亦可以见出壮族形象的建构是永远在路上的。俗话说：创业难，守成更难。用在壮族形象建构上面，也同样恰切。建构出一个蕴涵壮族形象建构功能的知名产品或者知名品牌是不容易的，需要建构者投入非常多的时间、精力和资本，但是毁坏掉它却很容易，只要相关运营一停止，或者运营不善，人们就会逐渐地将其淡忘。比如过去曾有以黑衣壮为名的品牌和产品，就因各种原因而停止了生产，所以，现在很多人都记不得它们了。当然，这样的情况，不只是壮族形象建构活动有，在其他形象的建构活动中也有，比如，山东省花了好几亿的广告费在央视黄金时段宣传和打造"好客山东"的形象，就因青岛的"一只宰客虾"而严重受损。还有一些即便经历了上百年风雨的老字号产品和品牌，也因不能顺应时代潮流及时地加以创新，或者是经营不善，而关门倒闭了，其产品只有一些上了年纪的人还依稀记得，而年轻人则完全不知道了，麻子剪刀，就是这样的例子。这些例子，其实也都从各自的角度告诉我们，壮族形象的维护当然也是不容易的，而这一特性，亦决定了壮族形象的建构永远在路上。

最后，发展进程中不时出现的隐忧，也决定了壮族形象的建构永远在路上。一般来说，发展、变化从总体上看总是件好事，但发展、变化并不意味着，就只带来好的方面而没有负面的影响。比如我国工业化、城镇化的发展过程，大大地改变了中国和壮族的面貌，但也应看到由此而产生的乡村的空心化、乡村文化、壮族传统文化的衰落等负面的后果。如果任由这种状况发展下去，那么，壮族之为壮族的文化特性，亦必将泯灭矣。而要扭转这样的不利趋势，就意味着我们不仅要做很多的保护与传承的工作，而且还需要做更多的壮族传统文化的创造性转化的工作。而这些工作的存在，也就意味着与此相关的壮族形象建构活动，根本就停不下来。

由上所述可见，壮族形象的建构，永远不可能停止，永远在路上。西方谚语云："罗马不是一天建成的"，同样，壮族形象的建构也不是一天就能建得成、建得尽的，它需要一代代人持续不断地建构下去。这是我们对壮族形象建构事业所应该持有的基本信念。有了这样的信念，我们就能永葆壮族形象建构的热情和动力，而不至于一旦小有成就，就有停一停、歇一歇的想法。这样，壮族形象建构事业才会永不止息，不断提高。

二 要正确认识壮族形象建构规则的"变"与"不变"

对壮族形象建构规则的认识，还有一个方面也很重要，就是要辩证地认识建构规则的"变"与"不变"的成分。就"不变"的方面来说，一是指壮族形象建构需要规则这一点是不变的，也就是古人所说的："不以规矩，不能成方圆"的意思；二是指上文所提到的"原则性规则"和"操作性规则"中有相当多的内容也是不能变的；就"变"的方面来看，一是指壮族形象建构规则的运用要结合具体情境灵活贯彻实施，没有一个固定的模式，即便是体现同一建构规则的具体做法，也是非常灵活多样的，比如同样是以书面文学的形态去建构壮族形象，不同的作家所用的方法和手段就不完全相同；二是指壮族形象的建构规则会随着事物和社会的发展变化而进行或增或减的调整，比如历史文献的壮族形象书写和建构的歧视态度及相应的规则，在新中国实现民族平等政策之后就不能用了，需要以新的书写规则来取而代之。

因此，在进行壮族形象建构的时候，要拿捏好建构规则的这个"变"与"不变"的尺度。该"不变"的就不能变，就要好好遵守，知道什么事情能做，什么事情不能做；而该"变"的就一定要随机应变，且不可犯过去保守派的"祖宗之法不可变"的固执的错误。这样，我们才可以一方面保证壮族形象建构沿着正确的方向前进，另一方面又能够让壮族形象的建构保持着与时俱进的先进性和前沿性，顺利地实现壮族形象建构的时代性目标，使壮族形象能够随着时代的发展进步而不断的更新与提升，稳步地实现壮族的不断发展进步的总目标。可见，建构者有这样的理念性规则还是非常重要的，它关系到壮族形象建构的总目标能不能得到与时俱进的实现。

总之，壮族形象建构的共性规则大致就有如上所述的内容，它们是壮族形象建构活动的共同遵循，在此揭示这些规则，一方面是便于人们更好地了解和掌握壮族形象建构的规律；另一方面就是有助于让人们的壮族形象建构沿着正确、稳定、健康的方向前进，促进壮族的发展、进步与提升。相信随着更多的人了解和使用这些规则来建构壮族形象，壮族形象建构的事业必将向着更高的水平迈进。

参考文献

一 著作

《尚书》
《礼记》
《周礼》
（汉）司马迁：《史记》
（汉）班固：《汉书》
（南朝宋）范晔：《后汉书》
（魏）刘劭：《人物志》
（北齐）魏收：《魏书》
（晋）陈寿：《三国志》
（唐）令狐德棻：《周书》
（唐）魏征等：《隋书》
（宋）司马光：《资治通鉴》
（宋）司马光：《涑水纪闻》
（宋）周去非：《岭外代答》
（元）脱脱等：《宋史》
（明）屈大均：《广东新语》
（明）魏濬：《峤南琐记》
（明）朱辅：《溪蛮丛笑》
（明）邝露：《赤雅》
（明）《梧州府志》
（清）徐松：《宋会要辑稿》
（清）《广西通志》
（清）《柳州府志》

（清）《西窿州志》

（清）《容县志》

（清）《武缘县志》

（清）《象州志》

（清）《镇安府志》

（清）《天河县志》

（清）《宾州县志》

（清）《北流县志》

（清）《象州志》

（清）《富川县志》

（清）《白山司志》

（清）《昭平县志》

（清）苏士俊：《南宁府志》

（清）顾炎武：《天下郡国利病书》

（清）黄山冈：《粤述》

（清）李调元辑：《粤风》

（民国）《永福县志》

（民国）《迁江县志》

（民国）《贵县志》

（民国）《雷平县志》

（民国）《思恩县志》

（民国）《桂平县志》

（民国）《宜山县志》

（民国）《怀集县志》

（民国）徐松石：《粤江流域人民史》

（民国）刘锡蕃：《岭表纪蛮》

陈丽琴：《多学科视野下壮族女性民俗文化研究》，民族出版社2013年版。

范宏贵、顾有识：《壮族论稿》，广西人民出版社1989年版。

范西姆主编：《中国歌谣集成·广西卷》，中国社会科学出版社1992年版。

费孝通：《中华民族多元一体格局》（修订本），中央民族大学出版社1999年版。

何承文、李少庆翻译整理：《壮族排歌选》，广西民族出版社1982年版。

黄革：《瑰丽的壮歌》，广西民族出版社1990年版。

黄桂秋：《桂海越裔文化钩沉》，中国书籍出版社2013年版。

黄桂秋：《壮族麽文化研究》，民族出版社2006年版。

黄汉儒等：《壮族医学史》，广西科学技术出版社1998年版。

黄佩华：《南方女族》，广西民族出版社1991年版。

黄庆印：《壮族哲学思想史》，广西民族出版社1996年版。

黄现璠：《壮族简史》，广西人民出版社1957年版。

黄现璠、黄增庆、张一民：《壮族通史》，广西民族出版社1988年版。

黄勇刹：《壮族歌谣概论》，广西民族出版社1983年版。

李富强、白耀天：《壮族社会生活史》（上、下），广西人民出版社2013年版。

李向春：《山歌里的人生：壮族》，云南大学出版社2001年版。

梁庭望：《壮族文化概论》，广西教育出版社2000年版。

梁庭望、廖明君：《布洛陀——百越僚人的始祖图腾》，外文出版社2005年版。

梁庭望、农学冠：《壮族文学概要》，广西民族出版社1991年版。

梁庭望整理：Fwen cienzyiengz（《传扬歌》），广西民族出版社1984年版。

廖明君：《壮族自然崇拜文化》，广西人民出版社2002年版。

罗世敏主编：《大明山的记忆——骆越古国历史文化研究》，广西民族出版社2006年版。

罗志发：《壮族的性别平等》，黑龙江人民出版社2007年版。

蒙元耀：《远古的追忆——壮族创世神话古歌研究》，民族出版社2012年版。

孟华主编：《比较文学形象学》，北京大学出版社2001年版。

农冠品、曹廷伟编：《壮族民间故事选》，广西人民出版社1982年版。

欧阳若修等著:《壮族文学史》（一、二、三），广西人民出版社1986年版。

潘其旭:《壮族歌圩研究》，广西人民出版社1991年版。

潘其旭:《壮族歌圩研究》，广西人民出版社2010年版。

邱振声:《壮族图腾考》，广西人民出版社2006年版。

商壁:《粤风考释》，广西民族出版社1985年版。

谈琪:《壮族土司制度》，广西人民出版社1995年版。

覃彩銮:《神圣的祭典 广西红水河流域壮族蚂𧊅节考察》，广西人民出版社2006年版。

覃彩銮:《壮族干栏文化》，广西民族出版社1998年版。

覃彩銮:《壮族蚂𧊅节》，北京科学技术出版社2013年版。

覃彩銮、卢运福主编:《多维视野中的来宾壮族文化》，广西民族出版社2005年版。

覃德清:《壮族传统文化与现代建构》，广西人民出版社2006年版。

覃金盾主编:《壮族原生态音乐》，武汉理工大学出版社2014年版。

覃九宏收集整理:《传统情歌精选》，广西民族出版社2002年版。

覃乃昌:《壮族稻作农业史》，广西民族出版社1997年版。

覃乃昌:《壮族嘹歌研究》，广西民族出版社2008年版。

覃乃昌主编:《布洛陀寻踪——广西敢壮山布洛陀文化考察与研究》，广西民族出版社2004年版。

覃尚文、陈国清:《壮族科学技术史》，广西科学技术出版社2003年版。

覃兆福、陈慕贞摘编:《壮族历代史料荟萃》，广西民族出版社1986年版。

王明珂:《华夏边缘——历史记忆与族群认同》，社会科学文献出版社2006年版。

韦苏文:《千年流波——中国布洛陀文化》，黑龙江人民出版社2011年版。

杨伯溆:《全球化:起源、发展和影响》，人民出版社2002年版。

杨树喆:《师公·仪式·信仰——壮族民间师公教研究》，广西人民出版社2007年版。

杨宗亮:《壮族文化史》，云南民族出版社1999年版。

玉时阶:《壮族民间宗教文化》,民族出版社 2004 年版。

张声震主编:《布洛陀经诗译注》,广西人民出版社 1991 年版。

张声震主编:《壮族通史》(上、中、下),民族出版社 1997 年版。

郑超雄:《壮族文明起源研究》,广西人民出版社 2005 年版。

邹威华:《斯图亚特·霍尔的文化理论研究》,中国社会科学出版社 2014 年版。

二 译著

[美] 埃里·凯杜里:《民族主义》,张明明译,中央编译出版社 2002 年版。

[法] 爱弥儿·涂尔干:《宗教生活的基本形式》,渠敬东、汲喆译,商务印书馆 2016 年版。

[美] 爱德华·萨义德:《东方学》,王宇根译,生活·读书·新知三联书店 1999 年版。

[英] 安东尼·史密斯:《全球化时代的民族与民族主义》,龚维斌、良警宇译,中央编译出版社 2002 年版。

[英] 安吉拉·默克罗比:《后现代主义与大众文化》,田晓菲译,中央编译出版社 2001 年版。

[美] 本尼迪克特·安德森:《想象的共同体:民族主义的起源与散布》,吴叡人译,上海人民出版社 2005 年版。

[美] 菲利克斯·格罗斯:《公民与国家——民族、部族和族属身份》,王建娥、魏强译,新华出版社 2003 年版。

[美] 亨利·基辛格:《论中国》,胡利平等译,中信出版社 2012 年版。

[美] 黄仁宇:《万历十五年》(增订纪念本),中华书局 2006 年版。

[美] 杰弗里·巴洛:《壮族:他们的历史文化与民族性》,金丽等译,广西民族出版社 2011 年版。

[美] 凯瑟琳·考普(白荷婷):《创造壮族—中国的民族政治》,侬春明译,电子版(内部资料),2000 年。

[美] 克利福德·格尔茨:《文化的阐释》,韩莉译,译林出版社 1999 年版。

[美] 克利福德·吉尔兹:《地方性知识——阐释人类学论文集》,王

海龙、张家瑄译,中央编译出版社 2004 年版。

［美］ 刘禾:《语际书写——现代思想史写作批判纲要》,上海三联书店 1999 年版。

［德］ 马克思、恩格斯:《马克思恩格斯全集》第 1 卷,人民出版社 1995 年版。

［英］ 马丁·阿尔布劳:《全球时代——超越现代性之外的国家和社会》,高湘泽、冯玲译,商务印书馆 2004 年版。

［法］ 米歇尔·福柯:《疯癫与文明》,刘北成、杨远婴译,生活·读书·新知三联书店 2003 年版。

［法］ 米歇尔·福柯:《规训与惩罚》,刘北成、杨远婴译,生活·读书·新知三联书店 2003 年版。

［法］ 米歇尔·福柯:《知识考古学》,谢强、马月译,生活·读书·新知三联书店 2003 年版。

［美］ 尼尔·波兹曼:《娱乐至死》,章艳、吴燕莛译,广西师范大学出版社 2009 年版。

［美］ 乔纳森·弗里德曼:《文化认同与全球性过程》,商务印书馆 2003 年版。

［美］ 塞缪尔·亨廷顿:《文明的冲突与世界秩序的重建》,周琪等译,新华出版社 2002 年版。

［美］ 塞缪尔·亨廷顿:《我们是谁?美国的国家特性面临挑战》,程克雄译,新华出版社 2005 年版。

［英］ 斯图亚特·霍尔:《文化身份与族裔散居》,见陈永国译,载罗钢、刘象愚主编《文化研究读本》,中国社会科学出版社 2000 年版。

三 论文

安金勇:《多元一体格局下中华民族认同研究》,硕士学位论文,陕西师范大学,2013 年。

崔新建:《文化认同及其根源》,《北京师范大学学报(社会科学版)》2004 年第 4 期。

但兴悟:《"大一统"中国的重新塑造:近代边疆危机与建省改制》,《学海》2008 年第 5 期。

邓新星:《论中华民族共同体认同感的建构》,《西北民族大学学报

(哲学社会科学版)》2016 年第 5 期。

丁琴海：《论全球化时代的文化认同》，《国际安全研究》2009 年第 2 期。

都永浩：《民族认同与公民、国家认同》，《黑龙江民族丛刊》2009 年第 6 期。

范可：《边疆与民族的互构：历史过程与现实影响》，《民族研究》2017 年第 6 期。

范可：《信任、认同与"他者"：关于族群、民族的一些思考》，《广西民族大学学报（哲学社会科学版）》2013 年第 6 期。

范文：《习近平新时代中国特色社会主义思想的理论框架》，《国家行政学院学报》2018 年第 2 期。

范兆飞：《中华民族多元一体格局下的壮族国家认同状况研究》，硕士学位论文，广西大学，2013 年。

费孝通：《关于我国的民族识别问题》，《中国社会科学》1980 年第 1 期。

费孝通：《简论我的民族研究经历与思考》，《北京大学学报（哲学社会科学版）》1997 年第 2 期。

高晶：《论黄佩华的壮族书写》，硕士学位论文，广西民族大学，2015 年。

高永久、朱军：《论多民族国家中的民族认同与国家认同》，《民族研究》2010 年第 2 期。

龚永辉：《构筑各民族共有精神家园：第四次中央民族工作会议精神学习札记之六》，《民族论坛》2014 年第 12 期。

龚永辉：《中华民族意识及其调控规律——献给香港回归年》，《广西民族学院学报（哲学社会科学版）》1997 年第 1 期。

韩震：《论国家认同、民族认同及文化认同——一种基于历史哲学的分析和思考》，《北京师范大学学报（社会科学版）》2010 年第 1 期。

何叔涛：《论多民族国家民族认同与国家认同的特点及互动》，《云南民族大学学报（哲学社会科学版）》2011 年第 6 期。

何星亮：《"大一统"理念与中国少数民族》，《云南社会科学》2011 年第 5 期。

和晓蓉：《心灵传承视角下壮族布洛陀信仰的当代重构及其意义》，

《广西民族研究》2011 年第 4 期。

贺金瑞、燕继荣：《论从民族认同到国家认同》，《中央民族大学学报（哲学社会科学版）》2018 年第 3 期。

黄桂秋：《壮族民间麽教文化与布洛陀文化》，《广西民族研究》2003 年第 3 期。

黄现璠：《民族调查与研究 40 年的回顾与思考（遗稿）》（上），《广西民族研究》2007 年第 3 期。

黄现璠：《民族调查与研究 40 年的回顾与思考（遗稿）》（下），《广西民族研究》2007 年第 4 期。

来仪：《略论清政府民族观及民族政策对促进各民族"多元一体"化的影响》，《青海社会科学》2004 年第 4 期。

郎维伟等：《中华民族共同体意识与"五个认同"关系研究》，《北方民族大学学报（哲学社会科学版）》2018 年第 2 期。

李富强：《壮族是创造的吗？——与西方学者 K. Palmer Kaup 等对话》，《桂海论丛》2010 年第 2 期。

李连进：《"蛮"为古代壮族族称考》，《民族语文》1994 年第 4 期。

李素娟、贾文鹤：《壮族花婆神话的文学人类学解读》，《中南大学学报（社会科学版）》2014 年第 2 期。

梁庭望：《论侬智高反宋的实质：保境爱国正义战争》，《广西民族研究》2001 年第 4 期。

刘娜：《从民族认同到国家认同——民族发展政治理路解读》，硕士学位论文，中央民族大学，2007 年。

刘婷：《民族文化当代重构的实践理性——以壮族布洛陀为例》，《西藏大学学报（社会科学版）》2017 年第 3 期。

刘婷：《壮族布洛陀文化的当代重构及其实践理性——那县的田野表述》，博士学位论文，中南民族大学，2012 年。

罗彩娟：《布洛陀信仰与壮族族群认同的神力研究》，《百色学院学报》2016 年第 4 期。

罗彩娟：《从"归顺"到"靖西"：边疆地区壮族的国家认同研究》，《广西师范大学学报（哲学社会科学版）》2017 年第 3 期。

罗彩娟：《历史记忆与族群认同：作为壮族主源的"骆越"文化表征》，《广西民族研究》2017 年第 6 期。

罗彩娟：《文化表达与族群认同：以武鸣壮族龙母文化为例》，《广西民族研究》2015 年第 3 期。

罗彩娟：《一部民族融合的历史：广西民族关系史浅论》，《广西民族师范学院学报》2011 年第 4 期。

罗彩娟：《壮族的民族认同与国家认同相辅相成——广西师范学院黄桂秋教授访谈录》，《民族论坛》2014 年第 9 期。

罗彩娟：《族群认同理论研究述评》，《广西师范学院学报（哲学社会科学版）》2014 年第 4 期。

罗彩娟、高威：《壮族认同研究表述》，《广西师范学院学报（哲学社会科学版）》2017 年第 5 期。

莫炳坤、李资源：《中国少数民族与大一统思想认同》，《湖北社会科学》2017 年第 5 期。

牟钟鉴：《从宗教学看壮族布洛陀信仰》，《广西民族研究》2005 年第 2 期。

纳日碧力戈：《试论建设中华各民族共有精神家园》，《西部蒙古论坛》2017 年第 4 期。

纳日碧力戈：《中华民族共同体认同的创新思考》，《中国民族》2017 年第 Z1 期。

纳日碧力戈、于春洋：《现代民族国家遭遇"去中心化"挑战评析》，《云南大学学报（社会科学版）》2016 年第 5 期。

娜拉：《大一统思想在中华认同中的作用》，《民族论坛》2005 年第 6 期。

钱雪梅：《从认同的基本特性看族群认同与国家认同的关系》，《民族研究》2006 年第 6 期。

冉光荣：《中国古代"大一统"国家观与民族关系》，《中华文化论坛》1994 年第 1 期。

时国轻：《广西壮族民间信仰的恢复与重建——以田阳县布洛陀信仰研究为例》，博士学位论文，中央民族大学，2006 年。

孙凯民：《中华民族共同体认同建设研究》，博士学位论文，内蒙古大学，2017 年。

覃彩銮：《布洛陀神话的历史文化内涵》，《广西民族研究》2004 年第 1 期。

覃乃昌:《布洛陀文化体系论》,《广西民族研究》2003年第3期。

王光荣:《布洛陀文化的凝聚力》,《南宁师范专科学校学报》2006年第2期。

王婧琳:《"中华民族多元一体格局"视角下民族认同与国家认同关系研究》,硕士学位论文,中国青年政治学院,2012年。

王钦:《认同理论的起源、发展与评述》,《新疆社科论坛》2009年第2期。

威尔·金里卡、刘署辉:《多民族国家中的认同政治》,《马克思主义与现实》2010年第2期。

韦顺莉:《荣耀与追求:广西壮族土司民族认同之考察》,《广西民族研究》2007年第3期。

韦顺莉:《壮族宽容文化心理之表现》,《广西民族研究》2002年第5期。

徐赣丽:《民间信仰文化遗产化之可能——以布洛陀文化遗址为例》,《西南民族大学学报(人文社科版)》2010年第4期。

徐杰舜、杨军:《从多元走向一体与一体凝聚多元——中华民族共同体建设的理论与战略》,《思想战线》2017年第2期。

徐黎丽:《论多民族国家中民族认同与国家认同的冲突——以中国为例》,《西北师范大学学报(社会科学版)》2011年第1期。

杨鹏飞:《中华民族共同体认同的理论与实践》,《新疆师范大学学报(哲学社会科学版)》2016年第1期。

袁娥:《民族认同与国家认同研究述评》,《民族研究》2011年第5期。

张宝成:《民族认同与国家认同之比较》,《贵州民族研究》2010年第3期。

张声震:《在〈壮族通史〉首发式上的发言》,《广西民族研究》1997年第4期。

张云:《少数民族与中国历史上的"大一统"》,《学海》2008年第5期。

赵春香:《现代民族国家认同的冲击与重构》,硕士学位论文,西南政法大学,2015年。

钟星星:《现代文化认同问题研究》,博士学位论文,中共中央党校,

2014年。

朱文旭：《"蛮"语义及其文化现象》，《西南民族学院学报（哲学社会科学版）》1997年第4期。

邹华芬：《自我、他者与国家——新时期以来我国少数民族题材电影的身份表述》，《西南民族大学学报（人文社科版)》2008年第10期。

四　报刊文章

白岩松：《你想象的美国其实是中国》，《中老年时报》2012年10月5日。

陈静：《首批广西农业品牌目录公布　百余品牌入选》，《广西日报》2018年8月21日。

谌贻照、李斌：《柳州螺蛳粉"爆红"路径及启示：一碗粉"烹"成大产业》，《广西日报》2018年8月22日。

丁建庭：《珍惜个体背后代表的国家形象》，《南方日报》2015年4月14日。

方彬楠、王潇立：《牙膏份额不足1%　8家子公司5家亏损　两面针陷多元发展死循环》，《北京商报》2016年9月5日。

海印子、刘同舫、陈立新：《发展马克思主义重在构建当代文化认同》，《社会科学报》2018年8月23日。

季国平：《至情至性，恢宏悲壮——看壮剧〈壮锦〉有感》，《中国文化报》2012年12月20日。

蒋林：《大型史诗壮剧〈赶山〉南宁首演》，《广西日报》2012年8月23日。

刘昆：《广西长寿乡的困境：巴马是失败的案例，不想再去》，《光明日报》2015年12月23日。

马小军：《中国更深度参与全球治理》，《学习时报》2016年9月5日。

马云：《挑起世界的担当，我们要有文化自信》，《钱江晚报》2016年12月3日。

潘林青等：《多地农产品深陷价低卖难窘境：苹果喂鸡　果农砍树》，《经济参考报》2015年12月8日。

沈桂萍：《准确认识和把握中华民族共同体认同》，《中国民族报》

2015 年 3 月 27 日。

孙静、张桂涵：《广西巴马因长寿闻名涌入大量养生者　环境被污染》，《北京青年报》2013 年 12 月 8 日。

孙鹏远：《〈一幅壮锦〉："民族精神"的追寻与思考》，《南国早报》2012 年 12 月 15 日。

孙鹏远、李岚：《"刘三姐"身世的四十年纷争》，《南国早报》2007 年 4 月 4 日。

谭唐：《宾阳县三维轨枕，铺向世界》，《南宁日报》2015 年 8 月 25 日。

翁晔：《广西巴马：世界长寿乡的思与变》，《经济参考报》2015 年 8 月 24 日。

阳化杰：《"大一统"的思想来源及其历史影响》，《光明日报》2008 年 6 月 21 日。

杨讴、屠丽美：《日本游客在泰集体裸舞遭批　中国游客不幸"躺枪"》，《环球时报》2016 年 3 月 10 日。

袁思东：《江西连发数道禁令，向机关干部"葛优躺"开刀!》，《信息日报》2016 年 9 月 11 日。

曾永联、张华勇：《传承骆越文化，打造壮乡品牌》，《广西日报》2010 年 4 月 23 日。

张榕博等：《全民"捕虾"也是纠错良机》，《齐鲁晚报》2015 年 10 月 9 日。

赵超：《柳州螺蛳粉"爆红"路径及启示（下）：告别"土"与"小"迎来"优"与"强"》，《广西日报》2018 年 8 月 23 日。

郑永年：《中国形象工程为何适得其反》，《联合早报》2014 年 12 月 16 日。

周武：《孔飞力谈中华帝国晚期的国家与社会》，《东方早报》2016 年 2 月 28 日。

后 记

对壮族形象建构问题的思考和写作，随着书稿的最终修改完成，终于可以告一段落了。细算起来笔者在此问题上的盘桓不觉间竟已有了将近十五个年头。虽然作为一项省级社科课题立项是2009年，但是笔者对这一问题的思考却萌发于2004年。在发表了3篇文章之后，由于要转入博士论文的写作，对此问题的思考只好暂时中断。等到2007年博士毕业才又接着思考这一问题。于是，2008年以此申报课题，2009年获得立项。正要准备大干一场的时候，不料由于有一些集体性项目要紧急完成，所以，立项之后，并没有能够专注于此，等完成了集体性项目之后，时间不觉间已到了2014年了，这时想起已经被严重耽误了的壮族形象建构的研究课题，已经不能再拖了。于是，才心无旁骛地专注于课题的研究上，但随着研究的深入，困难也就接踵而至。这一跨学科性质的问题，让笔者知识的欠缺和视野的狭窄暴露无遗。其实在2005年刚开始的时候，困难就已经呈现了，通常是刚写好的稿子，到了第二天又被推倒重来，重来以后又被推倒，反反复复地修改，效率自然就很低了。

不过，细想这效率的低下，除了与本人的能力与准备的不足有关之外，还跟与课题相关的社会文化氛围和文化形象话语的不充足有着密切的关系。笔者2005年开始动笔写的时候，不仅还没有人研究壮族形象建构的话题，社会上大众化地谈论文化形象的话题也不多见，相关话题多囿于学术圈。即便当时已有歧视河南人的全国首例"地域歧视"诉讼案发生了，但是也还没有上升到"河南人形象"的高度来全国谈论。真正引爆民众谈论形象话题、运用形象话语热潮的是2008年北京奥运会。随着北京奥运会的临近，媒体有关奥运举办与中国形象和北京形象关系的话题也日益增多起来。在媒体的"轰炸"性引领下，形象话题和形象话语逐渐成了大众口头常谈和常说的了。上至高官下至百姓，说起形象话语都已经是非常上口的了，因而人们谈论的形象的范围也在不断扩大，有政府形象、干部形象、公务员形象、企业形象、产品形象、商标形象、学校形象、教师形象、医院形象、医生形象、警察形象、法官形象、运动员形象等等。北京奥运会的举办真的起到了撬动中国形象话语普及化的作用。经历了北京奥运会前后的形象话题和形象话语的洗礼之后，民众的形象建构意识和言说形象建构的能力有了很大的提高。

因此，到了2012年之后，人们对形象问题的谈论已经显得很有深度和富于理性色彩了。人们不仅会深挖形象事件的原因，而且分析起其危害性来也是头头是道。最典型的是2015年国庆黄金周期间发生在山东青岛的"一只38元大虾"的宰客事件。这一事件通过媒体报道之后，轰动了全国。从报道反映出来的情况看，人们不仅大都从形象的角度来认识这件事情，而且还将之危害性上升到了比较高的位置来认识。比如有的网友就调侃说，山东省在央视黄金时段花了好几亿做的"好客山东"形象广告，被"一只虾"毁掉了。有的说毁掉的还有青岛的城市形象，让人不敢来青岛旅游了。这些议论，就将一个省和城市的形象与一只小小的虾子联系起来了，从中也能让人感受到了省份形象、城市形象的建构是与每一个人及其做的每一件事都可能会有直接的关联。甚至国家形象的建构也是如此。中国人出国旅游、经商、办企业，出现的一些不良行为也常被大家从形象的角度来谈论和认识，比如中国游客的不文明举止如不排队、大声喧哗、在风景名胜区乱刻乱画、乱丢垃圾、不讲卫生、甚至随地大小便等，都给中国形象带来了损害，像泰国、法国的一些酒店甚至拒绝接待中国人，或者是张贴出针对中国人的有关告示。他们已经无意识地将某些不良行为当作中国人的标签与中国人联系在了一起。对这些事件的报道和谈论，也大都从形象的角度。更大一些的涉及国家形象的涉外事件，最典型的莫过于2013年广西上林人到加纳挖黄金被打击的事件了。当时，国内外舆论都作了报道，其中从中国形象的角度来进行相关报道和评议的自然也是不少的。

对于笔者来说，媒体舆论中的这些大大小小的事关各类形象建构问题的报道，真的是给予了笔者思考和研究壮族形象建构课题以很大的启发，思路上的，话语上的，观点上的，事件材料上的，不一而足。它们最终让笔者逐渐摆脱了最初进入课题时所遭遇到的不知如何言说的困境，书写推到又重来的次数也逐渐减少，直至帮助笔者最终完成课题的书写任务。可以说，课题的研究和撰写，深刻地得益于中国现实生活中的形象话题与形象话语的逐渐增多与走向成熟的过程。由此也让笔者对马克思在《〈政治经济学批判〉序言》中说过的一句话有了深刻的共鸣感，他说："人类始终只提出自己能够解决的任务，因为只要仔细考察就可以发现，任务本身，只有在解决它的物质条件已经存在或者至少是在生成过程中的时候，才会产生。"以此来看，本论题提出的时候，研究条件的确还不够成熟，后来随着形象事件、形象话题以及形象话语的增多，进行研究和书写的条件也就逐渐充足起来了，最终也让笔者得以比较满意地结束了课题。当然，研究所得的答案，离穷尽壮族形象建构问题还差很多，充其量也只是迈开了第一步，但笔者却很希望本书能够起到抛砖引玉的作用，能吸引到更多的人来关注和研究这个具有开放性和延展性的壮族形象建构的问题。

  本书在写作的过程中，得到了广西壮学研究会会长覃彩銮先生和文学院院长韦树关先生的热情鼓励，在此表示衷心的感谢！

  最后还衷心感谢广西壮族自治区哲学社会科学资金和广西民族大学广西民族文化保护与传承研究中心建设资金对本课题研究和出版的资助！这些资助为本书的顺利出版提供了重要的保证。

欧宗启

2019 年 9 月 12 日